每天学点心理学全集

李睿◎编著

H.P.H 哈尔滨出版社
HARBIN PUBLISHING HOUSE

图书在版编目（CIP）数据

每天学点心理学全集／李睿编著. —哈尔滨：哈尔滨出版社，2009.11（2020.10重印）
ISBN 978-7-80753-772-4

Ⅰ. ①每… Ⅱ. ①李… Ⅲ. ①心理学－通俗读物 Ⅳ. ①B84-49

中国版本图书馆CIP数据核字（2009）第102769号

书　　名：每天学点心理学全集
MEI TIAN XUE DIAN XINLIXUE QUANJI

作　　者：李　睿　编著
责任编辑：尉晓敏　李维娜
责任审校：李　战
封面设计：华夏视觉

出版发行：哈尔滨出版社（Harbin Publishing House）
社　　址：哈尔滨市松北区世坤路738号9号楼　邮编：150028
经　　销：全国新华书店
印　　刷：天津文林印务有限公司
网　　址：www.hrbcbs.com　www.mifengniao.com
E-mail：hrbcbs@yeah.net
编辑版权热线：（0451）87900271　87900272
销售热线：（0451）87900202　87900203

开　　本：710mm×1000mm　1/16　印张：18.75　字数：260千字
版　　次：2009年11月第1版
印　　次：2020年10月第2次印刷
书　　号：ISBN 978-7-80753-772-4
定　　价：49.80元

凡购本社图书发现印装错误，请与本社印制部联系调换。　服务热线：（0451）87900278

目 录

一 每天学点心理学——心态篇

心相约：知足方能常乐 …… 2
心相约：保持良好的心态 …… 5
心相约：自信是成功的法宝 …… 8
心相约：满怀热情让生活充满色彩 …… 11
心相约：不为别人不了解自己而苦恼 …… 13
心相约：不因贫困而不快乐 …… 15
心相约：不为过去的事而后悔 …… 17
心相约：不要有太多的欲望 …… 21
心相约：要有坚忍不拔的毅力 …… 23
心相约：别为怒气付“高昂的学费” …… 26
心相约：别让“浮躁”搅乱了内心 …… 30
心相约：开阔心胸，远离嫉妒 …… 33

二 每天学点心理学——处世篇

心相约：处世做人的原则不可弃 …… 38
心相约：有过错就要及时改正 …… 40
心相约：不要轻易指责批评他人 …… 43

心相约：小不忍则乱大谋 …… 46
心相约：会吃亏的人才能占“便宜” …… 49
心相约：微笑拉近心与心的距离 …… 52
心相约：把握人心中那杆秤 …… 55
心相约：努力扮演好自己的角色 …… 58
心相约：自己不喜欢，就别推给别人 …… 61
心相约：不要小聪明，做个有大智慧的人 …… 64

三　每天学点心理学——口才篇

心相约：让幽默为你说话 …… 68
心相约：尽量用柔和的语言与人交流 …… 71
心相约：学会“见什么人说什么话” …… 73
心相约：表达出你的诚实与热情 …… 76
心相约：说对方感兴趣的事 …… 80
心相约：要发自心底地赞美别人 …… 82
心相约：恭维别人要恰到好处 …… 84
心相约：巧妙运用“情感共鸣” …… 87
心相约：抓住漏洞，进攻薄弱 …… 90
心相约：表达不同意见的秘诀 …… 93
心相约：说话要以“攻心为上” …… 95

四　每天学点心理学——交友篇

心相约：心胸豁达才能广交益友 …… 98
心相约：多为别人着想 …… 102
心相约：投资真感情，收获真友谊 …… 105
心相约：朋友可以温暖我们的人生 …… 107
心相约：帮助别人就是成就自己 …… 110
心相约：与志同道合的人相交 …… 113

心相约：对朋友也要把握分寸 …… 116
心相约：朋友也要分等级 …… 119
心相约：成人之美是一种美德 …… 122

五　每天学点心理学——爱情篇

心相约：爱情与婚姻里的男人女人 …… 126
心相约：爱情需要宽容与呵护 …… 128
心相约：表面光鲜的爱情不一定牢固 …… 131
心相约：追求实实在在的爱情 …… 134
心相约：不要对爱吹毛求疵 …… 136
心相约：“好男人”也会变“坏”吗？ …… 139
心相约：要嫁就得嫁给幸福 …… 144
心相约：男人要学会与女人相处 …… 148
心相约：向妻子表达你的爱 …… 154
心相约：婚姻中是否也需要讲礼貌，献殷勤？ …… 157

六　每天学点心理学——工作篇

心相约：从改变自己做起 …… 160
心相约：努力要从现在开始 …… 163
心相约：别把功劳全揽在自己头上 …… 165
心相约：从一点一滴做起 …… 167
心相约：工作中不要给自己借口 …… 169
心相约：使自己变得不可替代 …… 171
心相约：化工作压力为前进的动力 …… 174
心相约：你的工作效率取决于你的工作情绪 …… 177
心相约：试着站在老板的角度去想问题 …… 180

七　每天学点心理学——学习篇

心相约：兴趣是求知最好的老师 …… 184
心相约：学习贵在独立思考 …… 187
心相约：学习贵在创新 …… 191
心相约：学习要实事求是 …… 194
心相约：天才出于勤奋 …… 197
心相约：学习须用心专一 …… 201
心相约：管好自己的时间 …… 203

八　每天学点心理学——能力篇

心相约：能力比金钱更重要 …… 208
心相约：能力比学历更重要 …… 210
心相约：能力出众则威重 …… 213
心相约：能力是成功者必备的法宝 …… 216
心相约：充分相信自己，挖掘自身潜能 …… 219
心相约：给自己不断“充电” …… 221
心相约：能力大小决定机会多少 …… 224
心相约：努力提高自己的综合素质 …… 227

九　每天学点心理学——事业篇

心相约：梦想成就未来 …… 230
心相约：制定一个合理的奋斗目标 …… 232
心相约：保持一颗坦然的心 …… 235
心相约：别让拖沓误了你 …… 237
心相约：有“舍”才能有“得” …… 239

心相约：让自己一步步走向成功 …… 242
心相约：把精力放在有价值的事情上 …… 245
心相约：细节决定人生成败 …… 247
心相约：竞争的最高境界——“双赢” …… 250
心相约：精心守护好自己的事业 …… 252

十　每天学点心理学——财富篇

心相约：致富需要有良好的心态 …… 256
心相约：财商影响贫富，致富需要规划 …… 258
心相约：致富路上，后来者可以居上 …… 261
心相约：财路在绝望中产生 …… 265
心相约：相信“没有什么不可能” …… 268
心相约：走在别人前面去淘金 …… 272
心相约：想赚钱必须把钱看轻 …… 275
心相约：“错误”有时也是机会 …… 278
心相约：智慧是永远的财富 …… 280
心相约：财富需要我们去发现 …… 282
心相约：投资前的心理准备 …… 284
心相约：合作可以成为追求财富的途径 …… 287
心相约：节俭是财富大厦的基石 …… 290

一

每天学点心理学——心态篇

心相约：知足方能常乐

一个人知道满足，心里面就时常是快乐的，达观的，有利于身心健康。相反，贪得无厌，不知满足，就会时时感到焦虑不安。用叔本华的观点来说，就会使人生在欲望与失望之间痛苦不堪。

在开始心理学话题之前，我们先来看一则小故事吧：

动物园里有一只刚来的小猴子，它被关在笼子里。

动物园的工作人员给它安置了一个很漂亮的“家”，每天都喂它喜爱的食物。可是它还是不高兴，它想念它的爸爸妈妈，想念它从前的伙伴。它很伤心，总是不停地大叫，结果吵得其他动物都跟着一块儿叫喊起来。

一位工作人员看到这只猴子这么不老实，决定好好教训它一番，他用电棒去击打小猴子，可是小猴子叫得更凶了。

这时，另一位工作人员走过来，他对他的同事说：“让我试试吧！”

他把小猴子装进一个很小的笼子里，然后吊在关老虎的房间里。老虎还以为是给自己送上美餐来了，饥渴地盯着小猴子。小猴子吓得歇斯底里地叫了起来。这让老虎更加兴奋，它跳起来扑向猴子。

小猴子以为自己完了，叫得越发尖利了。但老虎没有碰到猴子，因为笼子离地面的高度是它达不到的。所以它的一次次尝试只是在白费力气。小猴子吓坏了，它叫了一夜，直到第二天早上它才回到它的“家”里。

回到“家”的小猴子没有了老虎的威胁，逐渐安静了下来，很快睡着了。

有时候我们就像这个小猴子。为什么我们总是会怨天尤人呢？那是因为我们从未遇到过十分糟糕的情况。珍惜现有的一切，懂得满足的人是幸福的。

一个人知道满足，心里面就时常是快乐的，达观的，有利于身心健康。相反，贪得无厌，不知满足，就会时时感到焦虑不安。用叔本华的观点来说，就会使人生在欲望与失望之间痛苦不堪。

现实生活中，我们看到不少铤而走险而落得身败名裂的人正是因为欲壑难填，贪得无厌而走上犯罪道路的。看到这些人的犯罪事实，很多人都会由衷感叹说："要是他早一点收手，大概也不会走到这一步！"不知大家注意到没有，这些感叹所流露的，正是"知足"的思想啊！问题是，一旦受贪欲支配，又哪里会知足，哪里会收得住手呢？

所以，"知足"不是没有追求；"知足常乐"更不是平庸的表现，相反，倒是很难得修炼成的德行，尤其是在我们这个物欲诱惑滚滚而来，挡也挡不住的时代。

人是应该有更高的追求，但这与知足并不矛盾，做人要想有好的心态，就是要能将这二者有效地结合起来。实现了一个目标后，可以为下一个目标准备，但不能在这个目标还没实现时就想得到更多，那就变成了贪婪，事实上，知足才是最好的追求动力。

知足常乐的人很容易被人们认为是胸无大志。因为这些人往往在竞争异常激烈的今时今日，却不去争，不去怨，不去嫉妒伤害他人，而是平和乐观地生活着，这样就导致别人以为他们没出息、没能力。这显然是一种错误的观点，知足并不代表不进取，无大志或拒绝与人竞争。它只是我们生活的一种态度而已，是一种看透世事无常后的大彻大悟罢了。

不与人比，坚持自己的成功原则，不用处心积虑地算计别人，懂得知足，那么你将拥有真正而长久的快乐。

再给大家讲一则小故事。

两个人同时在向上帝祈祷："万能的主啊！让我再年轻一回吧……"上帝听到后，召见了他们，要他们说出原因。

第一位说："我是一名教授。尽管我脑子里装的知识很多，受到不少人的尊敬，然而我从未感到有丝毫的快乐。因为，我那宝贵的青春年华全都是在无休止的学习和无尽的书本中度过的。我没有足够的时间享受恋爱的感觉，也没有精力去舞厅寻求刺激。我所拥有的只有知识和迂腐，而我现在非常想过那种快乐潇洒的日子——我想再年轻一回！"

第二位说："我是个乞丐，这一生我从未有过快乐的感觉，走到哪都会受到别人的冷眼。在我年轻的时候，我把时间全都浪费在无聊的玩闹中。我没受到过知识的熏陶，也没感受到劳动的快感。我所拥有的只有饥饿和愚昧，而我现在所羡慕的是知识和创造。主啊！让我再年轻一回！"

"去吧，我会让你们再年轻一回的。"上帝挥挥手，同意了他们的要求。

两人又重新回到了人间，生命从 18 岁开始。

教授将所有的书本都扔在了一边，每天沉湎于玩乐之中。

乞丐则沉醉于无尽的书本之中，在知识的海洋里畅游，不久，他便考入了自己理想的学府……

一眨眼的工夫，十年过去了，上帝又召见二人，询问他们再度年轻的感受。

教授满脸愧色，一句话也说不出来，因为，他已经变成了乞丐。

乞丐说："感谢上帝！通过这么多年的努力学习，我成了一个备受人们尊敬的教授，终于感受到了生活的快乐。"

这个故事告诉我们这样的道理：不要总是埋怨自己的境况不佳，要学会知足，知足的人才会快乐。

心相约：保持良好的心态

成功者与失败者之间的区别是：成功者始终用最积极的思考、最乐观的精神和最丰富的经验支配和控制自己的人生。失败者则刚好相反，他们的人生是受过去的种种失败和疑虑所引导和支配的。

为什么有些人就是比其他的人更成功，拥有不错的工作、良好的人际关系、健康的身体，整天快快乐乐，拥有高品质的人生，似乎他们的生活就是比别人过得好，而许多人终日忙忙碌碌地劳作却只能勉强维持生计。其实，人与人之间并没有多大的区别，成功与否的秘密就是人的“心态”。

心理学家指出：积极的心态，能够激发起我们自身的所有聪明才智；而消极的心态，就像蜘蛛网缠住昆虫的翅膀、脚足一样，束缚我们才华的发挥。

有一首诗对人的心态有着这样的描述：

“如果你认为被击败了，
那你必定被击败。
如果你认为不敢，
那你必然不敢。
如果你不敢想胜利，
那么你肯定失去胜利。
如果你认为会失败，
那你已经失败。”

有两位年届70岁的老太太，一位认为到了这个年纪已经是到了人生的尽头，于是便开始料理后事；另一位则认为一个人能做什么事不在于年龄的大小，而在于有什么样的想法。于是，她在70岁高龄之际开始登山，其中几座还是世界上有名的山。她在95岁高龄时，登上日本的富士山，打破了攀登此山年龄最高的纪录。她就是著名的胡达·克鲁斯。

成功者与失败者之间的区别是：成功者始终用最积极的思考、最乐观的精神和最丰富的经验支配和控制自己的人生。失败者则刚好相反，他们的人生是受过去的种种失败和疑虑所引导和支配的。

同样完成一件事，不同的态度收获可能不同。

在生活的各个方面，态度都是一个大问题。健康积极的态度是面对一系列问题所必不可少的。

有对老夫妇，过得很清贫。一天，他们想把家里唯一值点钱的马牵到市场上换些有用的东西。老头儿到了市场，先用马换了头母牛，又用母牛换了只羊，再用羊换了只肥鹅，又用鹅换了母鸡，最后用母鸡换了一口袋烂苹果。

但每次交换，他都想给老伴儿一个惊喜。

在一家小酒店歇息时，老头儿遇上两个美国人。闲聊中谈起了他换东西的经过，两个美国人听后哈哈大笑，说老妇人非骂死他不可，老头儿说绝对不会，美国人就用一袋金币打赌，于是三人一起回到老头家中。

见老头儿回来了，老妇人非常高兴，兴奋地听着老头儿讲换东西的经过。每听老头儿讲到用一种东西换了另一种东西时，她都充满了喜悦。

她嘴里还不时地说着："哦，我们有牛奶了！"

"羊奶也不错"！

"哦，鹅毛多漂亮！"

"母鸡可以生很多蛋！"

最后老头儿说换了一口袋烂苹果时，她仍旧高兴地说："我们今晚就能吃苹果馅饼了。"

结果，美国人输掉了一袋金币。

老妇人之所以总是充满了惊喜，是因为她保持着一种很平和的心态，尽管总是吃亏，但她总能乐观地安慰自己，因而时时都保持着快乐的心情。

很多人之所以活得很累，是因为他们总是徘徊在"有"与"无"之间，做着毫无实际意义的计较与取舍。对于具体的事疑虑重重，不能够果决地做出取舍。他们对既定的目标或者是别人的成就，总是心向往之，却又不愿付出积极的努力。“临渊羡鱼”之心有，“退而结网”之举无。总是幻想着那个目标在我们一夜醒来之后唾手可得。

我们在做任何事的时候，都先要放在个人的“得”与“失”的天平上进行称量，怀着功利心评估一切，担忧着付出与回报的比率，总是以世俗的价值观猜测未来可能发生的一切。因而，我们就不能果决地做出选择。于是，我们失去了很多成就事业的机遇，到头来却抱怨命运对自己的不公。我们之所以没有达到所崇尚的那个目标，只是由于我们的心中总是有着太多的功利性顾虑，缺乏舍身一搏的勇气。这又怎么能说命运没有给予我们机遇呢？任何成功的耀眼光环下必定有过艰辛的付出，但是，我们的局限就在于不能放弃既得的利益。患得患失，是我们心中永远的痼疾。

关键在于我们的目的性太明确，我们的欲望太直接，我们的目光太短浅，我们的修养太世俗，我们的思想太近功利，不能舍弃一切弘扬德行，也缺乏笃信的诚意，因而，我们只能是平庸的。只要心中有“仁”，自然能够处“有”处“无”，坦然自在。“焉能为有，焉能为无？！”

如果我们能够像下面故事里的比尔那样，自然就会内心平和而快乐了。

比尔在城里开了一间五金店，生意还不错。但他却是一个对会计一窍不通的人。他从不用账簿，支票他都装进一个深色的信封内；现金钞票放在雪茄盒里；到期的账单都插在票插上。

做会计师的小儿子对他说：“你每天不记账，根本就不清楚你一天的支出、收入是多少，也不知道一天的利润是多少。你这样经营是不行的。”

比尔说：“我只知道我来城里前只有一条裤子和一双鞋——这就是我所拥有的一切。而现在，我有一间很好的五金店，一栋房子和两辆汽车。我还有一个善解人意的妻子和两个可爱的孩子：一个是大学老师，一个是优秀的会计师。”

“我的利润就是这些！”比尔说完笑着看着小儿子。

抱着一颗平和的心去看待人生，不要让欲望占据了心灵。不要把生活想得太复杂了，生活其实很简单，只要你时刻怀有一颗平常的心，踏踏实实做事，那么生活就不会抛弃你。

心相约：自信是成功的法宝

心理学家告诉我们：只有自己轻视自己，别人才会轻视你。生命的价值，在不同的心理状态下就会有不同的意义，拥有良好的心态，学会爱自己，生命就有意义和价值。如果你相信自己是最好的，那么你做的往往也是最好的。

心理学中有一条“杜根定律”，该定律是由美国职业橄榄球联会前主席 D. 杜根提出来的，这个定律就是：“强者不一定是胜利者，但胜利迟早都属于有信心的人。”从心理学的角度来分析，就是说一个人的人生成败是由信心决定的。一个人在关键时刻发挥的作用往往取决于他心理素质的高低。

一位心理学家为了验证心态能对人的行为产生非常大的影响，他做了一个特别有趣的实验。他吩咐七个人穿过一间房子，这七个人在没有任何防备的情况下，顺利地穿过了黑暗，走出了房子。

这时候心理学家让他们打开了房内的一盏灯，在昏黄的灯光下，刚刚走过去的房子内的一切，不禁让这些人都惊出一身冷汗。

原来他们看到刚才穿过房子通过的竟是一座小木桥，而这间房子的地面完全是一个大水池，里面还游动着几条可怕的大鳄鱼。

当心理学家再一次提出让他们穿过这间房子的时候，他们之中的许多人已经不敢再尝试了。

过了很久，才有三个胆大的站了出来。

第一个走过的人显然已经没有上次那么勇敢，他谨慎了很多，过了很长时间才穿过这间房子。

第二个人紧张地踏上了小木桥，走到一半时，竟趴在小桥上爬了过去。

第三个人已经没有一点勇气，他没能走上几步，就一下子趴下了，不敢再向前移动。

最后，心理学家又打开房间内的另外九盏灯，这时候明亮的灯光让他们看到了屋里的真实情况。

他们发现在小木桥下方还装有一张安全网，由于网线颜色极浅，所以他们都没有看见。当心理学家向他们提出同样请求的时候，这次七个人当中有五个人站了出来。心理学家不知另两个人为什么还不愿意，就去问他们，原来他们是担心安全网不牢固。

通过心理学家的这个实验我们就可以看出，由于这七个人开始是在黑暗当中穿过房子，他们看不到任何东西，所以即使有许多危险，这七个人仍然没有任何胆怯心理，他们是在毫无畏惧的心理状态下穿过房子的。而当心理学家打开屋内的一盏灯，他们看到了面临的可怕场景，产生了畏惧，恐慌的心理，已经没有了信心。所以当心理学家再向他们提出同样问题的时候，他们才会出现与前一次截然不同的心理状态，他们感到有些顾虑了，虽然有三个人还是敢于尝试着去走那个窄窄的小木桥，但他们都明显地因胆怯而信心不足了。当心理学家把屋内的另外九盏灯也都打开，他们看到了真相，他们知道了真实的情况并不像他们想象的那么可怕，这时候他们就又燃起了自信，就又有人表示敢于通过小木桥了。而另外两个人担心的是安全网是否牢固，而比没有看到安全网时也有了很大勇气。

由此我们得出了这样一个结论，能力低下并不是一个人失败的根本原因，一个人的自信心、精神状态才起着决定作用。

一个人的心理状态不但能主导成败，还可以影响到人的外貌。有一个女孩，她长相很丑，因此她的自信心减弱了，她也不再去注重自己的形象，整天邋邋遢遢的，做事也不求上进。

为了改变女孩的心理状态，心理学家想出了一个办法，他让大家每天都对丑女孩说一些赞扬性的话语，比如说“你真漂亮”“你真能干”“今天表现不错”等，以增进她的自信，出乎意料的是，人们发现女孩真的变漂亮了。

她的长相真的变了吗？没有，吸引大家的是她的精神状态。她不再邋遢了，变得积极起来，平时也喜欢打扮了，做事变得主动，不断展示自己的风采。正是由于大家的赞扬才使她产生了自信心。而她对自己有了自信，所以大家才觉得她漂亮了。

有些人做事经常没有自信，这样一来就很难达到他们理想的效果，那么怎样才能充满自信呢？心理学给出了这样的答案：经常回忆一些成功的往事，建立成功的自我形象，可使你获得自信。当你怀疑自己能否做好某件事的时候，当你为自己的困扰感到自卑的时候，不妨多去想想自己的一些成功经历，这样你就会信心倍增。千万不要沉溺于对失败经历的回忆中，否则你会为自己的状况产生更加消极的情绪。应该面向积极的一面，相信自己一定能够做好它。

所以人们应该多关注一下自己的成功，多留意成功过程中的每一个环节，多感受一下成功的经历，这样你就越发觉得自己是一个成功者。它会强烈地向你暗示，你原来具有把握成功的决策力和行动力，你能够导演成功的人生。恰如英国的罗伯·希里尔所说的："对自己有信心，是所有其他信心当中最重要的部分，缺少了它，整个生命都会瘫痪。"

心理学家告诉我们：只有自己轻视自己，别人才会轻视你。生命的价值，在不同的心理状态下就会有不同的意义，拥有良好的心态，学会爱自己，生命就有意义和价值。如果你相信自己是最好的，那么你做的往往也是最好的。

心相约：满怀热情让生活充满色彩

作家拉尔夫·爱默生说的一句话很好地道出了“杜利奥定律”的精髓：“一个人如果缺乏热情，那是不可能有所建树的。热情像糨糊一样，可让你在艰难困苦的场合里紧紧地粘在这里，坚持到底。它是在别人说你‘不行’时，发自内心的有力声音——‘我行’。”

“没有什么比失去热忱更使人觉得垂垂老矣。”这一观点被人称为“杜利奥定律”，该定律是由美国自然科学家、作家杜利奥提出的。

一个持积极心态的人的生活往往是光明的，而持消极心态的人，他的生活往往是灰暗的。为了判断一个人是乐观者还是悲观者，心理学家曾做过“半杯水实验”。

悲观者面对半杯水说：“我就剩下半杯水了。”而乐观者则说：“我还有半杯水呢！”

那个说“我就剩下半杯水了”的人为既定的现实而感到悲哀，那失去的半杯水让他悲哀。所以他就很容易沉浸在过去的挫折与失败中不可自拔，自然也就很难让自己快乐。而那个说“我还有半杯水”的人则从积极的角度去看这个问题，他觉得“我还有半杯水，而不是一点水也没有了”。抱着这样的想法，他的内心也就很容易产生轻松和愉悦感。而这种对生活充满热情的乐观者，他的内心世界也往往是充满光明和希望的。

人所持有的态度不同，那么他的内心活动就会有很大的不同，这样一来对他的事业与人生的成败也会产生很大的影响。我们举个例子来说明一下乐观心态对人的成功的影响。在美国，有个知名的游泳选手叫麦特·毕昂迪，他 1988 年代表美国参加了奥运会，当时他被认为是继马克·史必兹之后极有希望再夺七项金牌的人。但就是这样一个人们寄予了很大期望的人，在第一项 200 米自由泳中竟落居第三，在第二项 100 米蝶泳中也被第二名在最后时刻超过去了。

为此绝大多数人开始为他担心：因为大家觉得接连两次失金肯定会对他的后续表现产生影响。但没有想到的是，他在随后的五项比赛中竟然接连夺冠。出现这样的结果，心理学教授马丁·沙里曼并不感到意外，因为他在比赛前的一段时间，曾为毕昂迪做过乐观影响的实验。那是在一次游泳表演后，毕昂迪表现得很不错，但教练却没有为他的表现显出肯定的样子，而是故意告诉他得分很差，让他稍作休息再试一次，结果他们发现这并没有影响毕昂迪的正常发挥。而参与同一实验的其他队友却因此影响了成绩。

通过这个实验，我们可以得出这样的心理学结论：乐观者面临挫折仍相信形势会向好的方向发展。乐观使人即使在困境中也不感到冷漠、无力和沮丧。乐观和自信一样，使人生的旅途更顺畅。乐观的人不把失败看成是定局，而结果往往正如他们所愿。

毕昂迪并不是天生就比别人强多少，他能够在比赛中屡屡获胜，正是因为他有一颗非常乐观的心，他的心态非常好。这也就是他虽然在前面的比赛中失败却没有影响到后面良好发挥的原因了。毕昂迪的真正过人之处就在这里。所以，人与人之间的差距并不在于智商上的差异，而主要在于心态的不同。看一个人是否有成功人士的特质，首先要看他是否具有热情积极的心态。一个人心态积极，乐观地面对人生，乐观地接受挑战和应付麻烦事，那他就很容易获得成功。

那么高度乐观、满怀热情的人应该具有什么样的特质呢？首先应该学会自我激励；能为实现目标去寻求各种方法；面对困境决不会轻易产生一些消极的心态；能自我安慰，知道变通，能将艰巨的任务分解成容易解决的部分。而相比较而言，悲观的人则把失败归之于个性上无力改变的恒久特质，个人对此常听之任之。

心理学的分析结果表明，如果一个人失去热忱，精神状态不佳的话，那么他做任何事都将处于不佳状态。人在焦虑、生气、抑郁、沮丧的状态下就很难有效地接受信息，或妥善地处理信息。悲观者智力的发挥也会受到严重的影响，因为沮丧悲观的情绪压制大脑的思维能力，从而使人的思维瘫痪。为此，作家拉尔夫·爱默生说的一句话很好地道出了“杜利奥定律”的精髓：“一个人如果缺乏热情，那是不可能有所建树的。热情像糨糊一样，可让你在艰难困苦的场合里紧紧地粘在这里，坚持到底。它是在别人说你‘不行’时，发自内心的有力声音——‘我行’。”

心相约：不为别人不了解自己而苦恼

整天因别人对自己的评价而耿耿于怀，计较着名利得失，又能做出什么成绩来呢？又何能留名千古呢？不必要考虑别人如何看待自己，关键是自己是否努力，做出了什么成绩。那些总想把名字刻在石头上谋求不朽的人，其实名字比石头更早地腐烂朽蚀，被人忘记。

很多人总是因别人不了解自己而苦恼，其实这种烦恼是多余的，我们不必强求别人了解自己，存心自有天知。“知我者希，则我者贵。”（老子《道德经》）

陈平，西汉阳武人。在他小的时候，正逢社祭，人们推举陈平为社庙里的社宰，主持祭社神，为大家分肉。陈平把肉一块块分得十分均匀。为此，地方上的父老乡亲们纷纷赞扬他说：“陈平这孩子真是心灵手巧，分祭肉，分得真好，太称职了！”陈平却感慨地说：“假使我陈平能有机会治理天下，也能像给大家分肉一样恰当、称职。”

陈平长大后，学识广博，足智多谋，屡次用妙计辅佐刘邦定天下。

陈平的乡亲们只看到了陈平分祭肉的功夫，却哪里知道他治国平天下的抱负。而陈平则只是坚定自己的信念，向着自己的理想迈进，最终他取得了成功。

如果你只是一味地想着让别人了解你，肯定你，那你用什么去学习，去干事业呢？其实当你通过自己的努力具备了非凡的知识和本领后，别人想不了解你恐怕也难了。

要想从人的内心中祛除因为别人不了解自己而引发的苦恼，我们就先从心理学的角度来探讨人的命运。当我们把命运“看透”，心中的烦恼自然就烟消云散了。

命运就好比是一手既定的牌，不论你所持有的牌型如何、点数大小，都有一种契机蕴涵在里面，关键看你如何使用，次序如何确定，牌路如何建立。这一切取决于你自己。因为你的合作伙伴很可能持有好牌，他会给你有力的支持，关键在于你如何运用手中的牌，调用并协调他的潜力，使他能够给你以支持。他在等待着给你支持的机会。否则，命运就将你打翻在地，使这一切都成为虚设，使这样的一副好牌最后只能垫付出去而无从发挥任何的效力。那么，这就是你的失败，而且怨不得别人，因为只有当最后摊牌以后，你才知道懊悔，但那时已经迟了。这就是悲剧。但是如果你恰到好处地把握了，你的人生则会是另外的一种样子。这同样在于你自己。所以，对于你手中的牌型，你应当深入地分析，寻求那有力的一击。这是你唯一的机会，要么成就人生，要么一败涂地。唯一的区别在于，牌局可以推倒重来，人生却是一次性消费，一旦出手就无可挽回，没有机会令你重新开始，这就是人生值得珍惜的魅力所在。因此，怨天尤人，毫无意义，重要的是在于自己的努力。一次又一次地面向命运发起冲击。如何改变，就在于积极进取。

命运又是公平的，它从你这里拿走了什么，往往又会用其他方式给你以补偿。关键在于，当大雾弥漫了视野，未来的路无从分辨，更无从延伸的时候，你是否仍然坚守了内心的执著，是否依然义无反顾地朝前迈进。

做人之根本是脚踏实地地努力。求名当求实名，应当刻苦努力，尽力使自己名实相副。

这世间徒有虚名的人很多，只因为虚名的负累，整天忙于浮躁地迎来送往，使他们的人生显得虚幻而毫无意义。这样的人没有谁真正地为后人留下可供称颂的业绩。所以，还是果决地放弃那些虚浮的赞颂之词，实实在在地做事，至少也可以做一个实在的人，不必要为了不副其实的虚名分心。

整天因别人对自己的评价而耿耿于怀，计较着名利得失，又能做出什么成绩来呢？又何能留名千古呢？不必要考虑别人如何看待自己，关键是自己是否努力，做出了什么成绩。那些总想把名字刻在石头上谋求不朽的人，其实名字比石头更早地腐烂朽蚀，被人忘记。只有一心为人民谋福利的人才真正地留传诵记在人们的心里，世世代代传颂不已。

心相约：不因贫困而不快乐

天文学家和数学家拉格朗日的父亲在都灵担任战时财务主管，然而他父亲的多次投机活动把家产全部赔尽了。他的家庭重新陷入贫穷的深渊。功成名就以后，拉格朗日还习惯于把他的功名和幸福归功于当初的艰难生活条件对他的磨炼。“如果当初一开始我就富裕的话”，他说，“我就很可能成不了数学家了。”

一幢陈旧的宅院紧邻着一条狭窄而暗淡的街巷，一盏昏黄的路灯洒下一些光明，一位年逾八旬的老者颤颤巍巍地站在这里，衣着寒碜，面容清瘦。围绕着他站立的是他的学生，此时，他们众星捧月般地仰望着他飘飘的白发。他们一代一代从老师的身边走过，老师仍然一年一年固守在这里，静候他们到来，又目送他们离去。也许老师已不记得他们中的一些人了，但是，他们总是年年在这个时间来看望他，听几句教诲，其实只需要看一眼老师，心灵就会获得宁静。他们中的一些人出入国界，但是他们的灵魂深处，总也走不出这条陋巷，走不出这双眼睛的期待。

德之所居，何陋之有？

自古以来，圣贤皆出贫困。贫困检验人品，历艰难困顿而后知有君子。

“三十年河东，三十年河西”，是谓人生易逝，坎坷不平，没有谁能够保持永远的幸运。不论得意于河东，还是飘零于河西，能够固守做人的原则，是值得敬佩的。

无数的事实表明，充满生机活力的个人主义对他人的生活和行为产生着强有力的影响，并真正成为对人们最好的实效教育。同这种实效教育相比，学校所给予人们的教育只能算做最简单的文化启蒙而已。

科学、文学和艺术界的伟人们——这些伟大思想的传道者和伟大心灵的使者——他们并不是不食人间烟火的神，他们属于生活中各种不同的阶级或阶层的人，他们同样来自学校、车间、农舍，来自穷苦人家的茅草房或来自富贵人家的高楼大厦。

他们的成功，证明了这个世界上没有不可战胜的困难。相反，在很多情况下，困难已被证明是他们最好的帮手。通过克服千难万险并取得成功的例子可谓不胜枚举，在现实生活中也比比皆是。这些事例正印证了这句格言——顽强的意志可以使人成就任何事业。

尽管他们的早年生活如此困难，这些杰出人物通过发挥他们的天赋，最终取得了坚实和永久的声誉，这是人世间任何财富也无法买到的。事实上，拥有财富被证明是比低贱的出身条件对人生的成长起更大的阻碍作用。天文学家和数学家拉格朗日的父亲在都灵担任战时财务主管，然而他父亲的多次投机活动把家产全部赔尽了。他的家庭重新近陷入贫穷的深渊。功成名就以后，拉格朗日还习惯于把他的功名和幸福归功于当初的艰难生活条件对他的磨炼。“如果当初一开始我就富裕的话”，他说，“我就很可能成不了数学家了。”

只要我们看一看这些成功者中那些更为出色的人物的遭遇，，我们就可以说，早年遭遇的艰难和困境还真是一个人走向成功的必要条件。

心相约：不为过去的事而后悔

我们大都喜欢房子被清扫过后焕然一新的感觉，当你拭掉门窗上的尘埃与地面上的污垢，把一切整理就绪之后，整个人也好像突然得到一种释放。其实，在人生诸多的关口上，我们几乎随时随地都得“清扫”。尽管有些东西我们仍然留恋不已，但不丢掉又会成为负担，会拖拽你向前的脚步。

任何事对于我们的人生来说，都是唯一的，不可能重复发生。只有当我们走过了，才获得了经验，也才明了本该如何如何，就会更好，但是，一切都已时过境迁，永远也不可能有修正的机会了。人生的意义也就在于此，在这短暂的过程中，那些必然上演的内容按照时间的顺序一幕紧接着一幕急于上演，中间没有休场，而每一个段落都只有一次。不论留下的是什么，无愧还是遗憾，也都只是一晃而过。

我们总是在时过境迁之后，悔其所非，叹之不及。人生就是如此奇妙。当你有所认知的时候，已经是明日黄花，空余悲叹，无复挽回。当一切都已成过往，我们才发现那时潜伏着很多的契机，有着扭转乾坤的机缘。只是当时我们没有洞察其幽微，作出的选择可能是最不好的。我们没有把握到最好的。于是我们后悔、懊恼。于是我们总幻想着要是能够重新开始，我们会做得更好。由衷地感叹，假如年轻十岁，可以如何如何，但却不作当即的努力。那么，即使真如所愿，仍然是一如既往。因为，只是空叹，根本就没有付诸努力的决心。

人生偶有失意，在所难免，一时得意容易让人忘形；但为失败哀怨，对现实不满也是无用之举，一切当以心宽化解之。

俗话说：“不如意事常八九。”如此人生岂不让人伤心透了？非也。“好事多磨”这句话你一定知道。我们就应该有这个信念：失意是一种磨炼的过程，心即使在冰冻三尺之下也不会凉的。有瑞雪兆丰年之说，雪愈大，年愈丰。

“比海更宽的是天空，比天空更大的是人的心灵。”不论生活怎样折磨人，怎样将你压缩在一个四方的小盒子里，思维的空间都是不受限制的，心灵的视野没有樊篱，无比宽广，任你驰骋。来去自如，生命的迷人之处恰恰就在这里！

站得高，你就看得远。赤橙黄绿青蓝紫，七彩人生，各色不同；酸甜苦辣咸，五种味道，各有所好；喜怒哀乐悲恐惊，七种情感，品之不尽。我们总是希望自己的人生是一帆风顺的，其实一帆风顺的人生在现实中是不存在的。就算真的存在，如果一生无挫折，未免太单调、太无趣、太乏味。没有失败的尴尬和忍辱，哪来成功的喜悦？也许你就是忍受不了人情的冷暖和失败的打击，抱头哀叹，早已说过“不如意事常八九”，你自己还会遇到，那就当它是横亘于你面前的一块石头吧。摆正它，踏上去，也许视野会更开阔，心胸会更豁达呢！

许多人都很善良，常常把宽容给了陌路人，把温柔给了爱人，却忘了给自己留一点。有一句话很有用，叫“没什么”。对别人总要说许多“没什么”，或出于礼貌，或出于善良，或出于故作潇洒，或出于无可奈何；或是真不在意，或是别有用心。不管出于什么，谁让生活有那么多不尽如人意之处？如果你要劝解自己，也要学着这样去想，这么去说。

缺少阳光的日子很忧郁，你要学会说“没什么”，失去朋友的生活很寂寞，你要学会说“没什么”。自己已经很累了，需要一种真诚的谅解，说句“没什么”，对你自己疲惫的面容，对你自己疲惫的心灵。这么说着，并不是让你放纵所有的过错，只是渴求自拔；也不是决意忘怀所有的遗憾，只是拒绝沉溺。自己劝慰自己才管用。

总之，失意在所难免，权且把心放宽，别把过去的事情放在心上，该放弃的就潇洒地放弃。

有些东西，虽然你可能很不愿意放弃，但是为了做事，为了有更大的空间容纳更多的东西，我们必须得舍弃它。

所谓破镜难圆，覆水难收。生米既已煮成了熟饭，说也无益，劝阻徒劳，追究也于事无补，不如当做一次心灵的清扫，该丢弃的就丢弃，不让心灵背负太重的负担。这样才能轻松生活，快乐做事。

你一定有过年关前大扫除的经验，当你一箱又一箱地打包，你是不是很惊讶自己在过去短短几年内，竟然积累了那么多的东西？你很懊恼，埋怨自己为何没能在事前花些时间对它们进行整理，淘汰一些不需要的东西，否则，今天就不会光是为了清理这些箱子，压得你连背脊都直不起来！

人生做事又何尝不是如此？在做事的过程中，每个人不都是不断地在积累经验和知识？这其中也包括你的亲情、人际、健康、名誉、地位、财富、知识等等；另外，当然也包括了挫折、压力、烦恼、郁闷、沮丧等等。在这些积累的过程当中，有的早该丢弃而未丢弃，有的则是早该储存而未储存。

问自己一个问题："我是不是整天忙忙碌碌，把自己弄得疲惫不堪，以至于总是没能好好静下心来，替自己'清扫'？"心灵扫除的意义，就好像是生意人的"盘点库存"，你总要了解仓库里还有什么，还有多少。某些货物如果不能在限期内销售出去，最后很可能因为积压过多的资金而拖垮你的生意。

我们大都喜欢房子被清扫过后焕然一新的感觉，当你拭掉门窗上的尘埃与地面上的污垢，把一切整理就绪之后，整个人也好像突然得到一种释放。

其实，在人生诸多的关口上，我们几乎随时随地都得"清扫"，念书、出国、就业、结婚、生子、离婚、换工作、退休……每一次的转折，都迫使我们不得不丢弃该丢弃的，尽管有些东西我们仍然留恋不已，但不丢掉又会成为负担，会拖拽你向前的脚步。

多年来，阿华始终坚持一个习惯：每个星期六早上，利用别人不上班的时间，把自己的办公室彻底清理干净。平常下班回到家后，她也会在梳妆台前花一点时间，反省一天中发生的事，顺便对明天该做的事作计划。

阿华很喜欢这种"向过去说再见"的清扫方式，把从前的自己作一个了结，然后，迎接一个全新的开始。

阿华自行创业以来，每年的业绩都是维持高增长。通常，人一旦站在高峰，总是很容易沾沾自喜，甚至是得意忘形。阿华则不是，她总是告诉自己："一定要让自己随时放空，重要的不是回头看，而是往前看接下来的路该怎么走。"她知道，有一天假使荣誉不再，过去所有的辉煌都会一笔勾销。

数年前，阿华有过一次深刻的搬家经验。由这次搬家，她真正体验出人要随时懂得"舍"。譬如，有些当初爱不释手的摆设，等换了新房子之后，却和新环境格格不入，甚至变成最碍眼的累赘，连味道、风格通通都走样了！

这个体验让阿华产生很大的警惕：原来，人是会变的。以前认为不能丢弃的东西，并不保证自己会珍爱一辈子，不论是过去的收藏、衣服、品位、嗜好、成就、地位、财富，最后都可能不再属于你。

阿华常常被人问及：“你事业做得那么好，如果在事业与家庭之间作一个选择，你要选择哪一样？”她总是毫不犹豫地回答：“除了家庭以外，我什么都可以放弃。”

对阿华而言，“家”就是最适合进行心灵大扫除的场所。她很反对一些人，下了班之后到处找乐子，找地方狂欢，好像非得把所有的精力耗尽才罢休。她很怀疑，这样的人没有足够的休息，疲累没有得到充分缓解，将如何面对明天？

外人看阿华，生活井然有序，而且总是神清气爽。她说，这得归功于自己每天勤于“内在清扫”，所以，已经没有留下什么值得烦恼的事了！

不过，有时候某些因素也会阻碍我们进行扫除。譬如，太忙、太累，或者，担心扫完之后，必须面对一个未知的开始，而你又不确定那些是不是你想要的结果，万一现在丢掉，将来又捡不回来，怎么办？

的确，心灵清扫原本就是一种挣扎与奋斗的过程。不过，你可以告诉自己：这一次的清扫，并不表示是最后一次的清扫。而且，没有人规定你必须一次扫干净，你可以每次扫一点，但至少在目前，你必须立刻丢弃那些会拖累你的东西。

心相约：不要有太多的欲望

人生是复杂的，但有时又很简单，甚至简单到只有取得和放弃。应该取得的完全可以理直气壮，不该取得的就应该毅然放弃。取得往往容易心地坦然，而放弃则需要巨大的勇气。若想把生命之舟驾驭好，每个人都面临着一个永恒的课题：学会放弃！

心理学家通过研究人的心理后发现，世界上所有的人都是有欲望且有私心的。我们说某个人无私，也并不能表明这个人就完全没有私心，只是他（她）在道德和理性的指导下，能够更多地替别人着想，而放弃自己的一些东西。客观地讲，“私心”是人人皆有的，只是程度不同而已。“人不为己，天诛地灭”这句话确实是有事实根据的。

大思想家荀子曾说：“人生而有欲。”欲望与人的生命一样是与生俱来的，人的一生都为欲望所纠缠、所苦恼。欲望本身无可厚非，只是欲望的层次和道德的境界不同而已，关键在于对待它的态度。有人肆意妄为，有人恪守规则。这世界上值得我们追求羡慕的东西实在太多了，欲望是生命运动的动力，没有欲望，就不会有需求，没有需求，就不会有发展。所以人的欲望也就没有止境。但是也要知道什么时候该回头，要有所自律，有所节制。不然，欲望发展成为贪婪，就会在欲望中沉沦，迷失方向。

“人到无求品自高”，人无所求则不阿。做到对一切名利无动于衷，就是真正的最高的定力。有所欲求，何得刚正？曾子也说：“求于人者畏于人。”真正要做到“君子坦荡荡”，养成“弃天下名利如敝屣”，达到无欲无求的境界。

首先我们要弄清楚一个概念。“无欲”不是指一点欲望也没有，像个木头人或非出家不可，而是说不该有过分的欲望——贪欲。没有贪欲，就可以做到坚持自己做人的原则，至大至刚。

而一旦有了贪欲，不是“吃人家的嘴短，拿人家的手短”，就是“英雄难过美人关”，哪里还谈得上什么刚毅呢？

在“没有金钱是万万不能的”的时代，贪污腐败成为社会的一大公害，其根源和背景固然是相当复杂，但从贪污腐败者个体的情况来看，无一不是因为欲壑难填而造成的。不管你职位有多高，资历有多老，一旦陷入贪得无厌的欲望之中，就会成为金钱和物质的奴隶，陷入万劫不复的深渊之中，身败名裂，还有什么刚毅可言呢？

因此，从某种意义上来说，反腐倡廉也就是节制贪欲。

当然我们也不提倡禁欲主义，不能走向另一个极端。

晋代陆机《猛虎行》有云：“渴不饮盗泉水，热不息恶木阴。”这讲的就是在诱惑面前要保持清醒，懂得放弃。

以虎门销烟闻名中外的林则徐，便深谙放弃的道理。他以“无欲则刚”为座右铭，做官40年，在权力、金钱、美色面前做到了洁身自好。他教育两个儿子“切勿仰仗乃父的势力”，其实这也是他本人处世的准则：他在《自定分析家产书》中说：“田地家产折价三百银有零”，“况目下均无现银可分”，其廉洁之状可见一斑；他终其一生，从来没有沾染拥姬纳妾之俗，在高官重臣之中实属罕见。

在我们的现实生活中，也需要有一种放弃的清醒。其实，在物欲横流、灯红酒绿的今天，摆在每个人面前的诱惑实在太多，特别是对手握重权的人来说，可谓“得来全不费工夫”。这就需要保持清醒的头脑，勇于放弃。

如果抓住想要的东西不放，甚至贪得无厌，就会给自己带来无尽的压力和痛苦，甚至将自己已有的成功也一并毁掉了。

人生是复杂的，但有时又很简单，甚至简单到只有取得和放弃。应该取得的完全可以理直气壮，不该取得的就应该毅然放弃。取得往往容易心地坦然，而放弃则需要巨大的勇气。若想把生命之舟驾驭好，每个人都面临着一个永恒的课题：学会放弃！

对于我们平庸之人来说，能怀有一颗本分善良的心，淡泊名利，对人宽容，对生活不挑剔，不苛求，不怨天尤人，富不行无义，贫不起贪心，就是智慧。

人要生存，就需要满足最基本的需求，但又不可贪得无厌，因为人生所追求的不仅仅是最基本的需求，也就是不可存太多的贪欲，否则便真会跌入万劫不复的深渊了。

心相约：要有坚忍不拔的毅力

一个人不论坚持做什么，都要有敬业的精神，要有坚忍不拔的毅力。不要管别人在做什么，只是一味地埋头努力，做好自己的事情，别人的成就永远是别人的荣耀。只有自己的努力，才是实实在在的。

我们每个人生活在这世界上都应该自强，处富贵不宜骄傲，居贫贱不失尊严。即使处在极端的困苦中，也应当建立自己的信心，志存高远。

在我们这一生中会见到许多人或物，得遇知己、挚友、良师是一种幸运，彼此间的默契与意气相投总会让人感动得愿意感谢冥冥中的那份注定，感受那无声的契合。其实，人生不论成功与失败，富裕或清贫，重要的是自己感觉到活得像个人。

达到人生的极致，必须经历岁月的磨炼。首先要能够严肃地解剖自己，勇于审视自己的无知；然后，让生活的钝锉砥砺去那些尖锐的棱角；在经历过来自各个方面的击打与非议后，使你对这世态炎凉有所体悟，仍然坚守着做人的本分，从而建立起自己的思想，那么你就将走向成熟。当你走过了命运为你准备的必经之路后，经受了苦难的打磨，那么你的思想的火花就将闪耀出光芒。是的，每个生活的细节，不论甘苦，各有滋味，都可能欣赏到生活的某种高贵气质。那么，就这样开始打造自己的精致人生吧。何在乎贫富贱贵，何在乎歧视或礼遇？只要我心安泰。

我们无论做什么，都要有一条路走到底的坚持精神，那种固守不易的执著毅力是值得钦佩的。

为山九仞，功亏一篑，中途而废，缺乏坚持的精神，一篑之止则废，而致憾恨，至痛也。一篑之继则成其功，至悦也。功败垂成，往往系于一念之间。

要想成就事业，就要有行百里而半九十的自励自警，更要有百折不回、义无反顾的勇气。

一个人不论坚持做什么，都要有敬业的精神，要有坚忍不拔的毅力。不要管别人在做什么，只是一味地埋头努力，做好自己的事情，别人的成就永远是别人的荣耀。只有自己的努力，才是实实在在的。

坚持恒久地努力做下去，也让别人为我们的成功欢呼喝彩。不论多么艰难，一旦开始就不要放弃。一切的成功或失败，关键在于我们自己，在于我们是持之以恒还是中途放弃。

人生中有很多的遗憾，总是令我们难以承受。不论命运如何，我们没有理由放弃努力。即使此生无所成就，也应当奋力追求。

只要我们在春天播下了种子，那么就有在秋天收获的希望。

富兰克林说："有耐心的人，无往而不利。"耐心需要特别的勇气，对理想和目标全然地投入，需要不屈不挠、坚持到底的精神。这里所谓耐心是动态而非静态的，主动而不是被动的，是一种主导命运的积极力量。这种力量在我们的内心源源不断，但必须严密地控制和引导，以一种几乎是不可思议的执著，投入到既定的目标中，才具有人生价值。

唯有坚忍不拔的决心才能战胜任何困难。一个有决心的人，任何人都会相信他，会对他付以全部的信任；一个有决心的人，到处都会获得别人的帮助。相反，那些做事三心二意、缺乏韧性和毅力的人，没有人愿意信任和支持他，因为大家都知道他做事不可靠，随时都会面临失败。

许多人最终没有成功，不是因为他们能力不够、诚心不足或者没有对成功的热望，而是缺乏足够的耐心。这种人做事时往往虎头蛇尾、有始无终，做起事来也是东拼西凑、草草了事。他们总是对自己目前的行为产生怀疑，永远都在犹豫不决之中。有时候，他们看准了一项事业，但刚做到一半又觉得还是另一个职业更为妥当。他们时而信心百倍，时而又低落沮丧。这种人也许可能短时间取得一些成就，但是，从长远的人生来看，最终还是一个失败者。世界上没有一个遇事迟疑不决、优柔寡断的人能够真正成功的。

成功有两个最重要的条件：一是坚定，二是忍耐。通常，人们往往信任那些意志最坚定的人。意志坚定的人同样也会遇到困难，碰到障碍和挫折，但即使他失败，也不会一败涂地、一蹶不振。我们经常听到别人问这样的话："那个人还在奋斗吗？”也就是说“那个人对前途还没有绝望吧？”

如果对公司的前景作了种种惨淡的描述后，仍然不为所动，意志坚决；同时，言谈举止之中能够做到处处谨慎大方，并能显示忠诚可靠、富有勇气的个性，这样的人才是许多大公司所推崇的。没有这些品质，无论才学如何渊博，也无法得到老板的认同。

一位经理在描述自己心目中的理想员工时说：“我们所亟需的人才，是意志坚定、工作起来全力以赴、有奋斗进取精神的人。我发现，最能干的大体是那些天资一般、没有受过高深教育的人，他们拥有全力以赴的做事态度和永远进取的工作精神。做事全力以赴的人获得成功的几率大约占到九成，剩下一成的成功者靠的是天资过人。”

这种说法代表了大多数管理者的用人标准：除了忠诚以外还应加上韧性。具有韧性的人能够经受挫折，决心固然宝贵，但有时会因力量不足、能力有限而受阻，而唯有借助韧性，方能长驱直入，无人能敌。

永不屈服、百折不回的精神是获得成功的基础。库雷博士说过：“许多青年人的失败都可以归咎于恒心的缺乏。”的确，大多数年轻人颇有才学，具备成就事业的种种能力，但他们的致命弱点是缺乏恒心、没有忍耐力，所以，终其一生，只能从事一些平庸的工作。他们往往一遭遇微不足道的困难与阻力，就立刻退缩，裹足不前，这样的人怎么可以担当重任呢？如果你想获得成功，就必须为自己赢得美誉，让周围的人都知道，一件事到了你的手里，就一定会做成。

一旦你树立了意志坚定、富有忍耐力、头脑机智、做事敏捷的良好名声后，无论在哪里，你都能找到一个适合你的好职位。与之相反，如果你自己都看不起自己，只知糊里糊涂地生活，一味依赖别人，那么你迟早有一天会被人踢到一边。

心相约：别为怒气付“高昂的学费”

生气是害人害己的恶劣情绪。我们想要做事情，就必须学会克制怒火，学会忍让、宽容、理解别人。这样自己不生气了，别人也会尊敬你！

生活中很多人都爱发脾气，而当一个人因生气使自己的情绪恶化到失去控制的时候，往往会出现一些过激的行为，后果往往是不堪设想的。那些我们耳闻目睹的争吵、厮打甚至是杀人事件，大都是因为没有控制好自己的情绪，在心理发生波动和扭曲的情况下发生的。

每当我们遇到让自己生气的事情时，应该先努力让自己平静下来，好好想一想，为什么会有这样的情况发生，到底是别人的错还是自己身上也有问题；即使是别人错了，自己是不是有必要长久地沉浸在气愤中“不可自拔”；自己在愤怒的情况下采取的“解气”行动将造成怎样的后果；是不是得不偿失的……当你冷静地考虑过这些以后，或许你的怒气就已经消减大半了。

能够很好地控制自己情绪的人才是一个成熟且容易成功的人。我们来看看下面这个例子。

张洋和志远是一对好朋友，他们都是学艺术的，都喜欢绘画，两人经常在一起画画，探讨艺术。后来志远谈了一个女朋友，此后，志远的大部分时间都用来陪女孩子，而很少和张洋在一起了。对此，张洋并没有往心里去，他想：这也难怪，人家有了女朋友，自然要经常去陪女孩子。

志远还像往常一样经常约张洋一起去户外写生，张洋当然答应了。但每次志远都是迟到了好久．更多的时候则是干脆打电话说不来了。张洋开始还能够理解和容忍，但后来志远几乎每次都是这样，张洋就受不了了，心想：你处女朋友没错，我也没主动耽误你的时间，可是你要是没有时间就不要主动约我了吧？这样耽误我的时间，你却和女朋友去约会。于是张洋开始渐渐对志远有意见了。

一次，志远又约张洋去写生，张洋开始有点犹豫，但想了想还是答应了，结果张洋等了一下午，连一个电话也没接到。这下张洋气坏了，他开始回忆起从志远交女朋友开始的每一次失约。张洋肯定自己没有过错，就决定大骂志远一顿，然后和他绝交。

张洋回到家里，突然看到了志远给自己画的画像，那时候他们经常在一起画画，就都互相画了对方的半身像送给对方。张洋冷静了些想：志远还是个不错的人，除了在这件事情上有些过分外，其余各方面都不失为一个好朋友，就因为这点事情绝交太可惜了。何况或许他也有难处呢？我应该和他好好谈谈。

当天晚上，志远来找张洋。张洋把自己的不满和想法都向志远说了。志远说，自己就是专门来道歉的。他和女朋友刚刚发生了误会，电话又没带在身上，于是想，张洋是自己的哥们，怎么着也没什么，可是女朋友就不能不哄了，于是就放了张洋的鸽子。

志远向张洋道了歉，还笑嘻嘻地对张洋说："等以后你也有了女朋友，可以无数次放我鸽子，怎么样？而且我现在和女朋友的关系很稳定了，我经常和她提起你，她还说想见见你呢！有时间我把她介绍给你认识吧！"

就这样，误会解除了，张洋和志远还是像以前一样的"铁哥们儿"。一场风波过去了，宽容和理解让他们的友谊更加坚固。

我们来分析一下这件事情，很明显，张洋在这场"误会"当中是占理的，他有理由发火，但他却知道克制自己，在自己生气的时候，分析事情的经过和原因。他能处在对方的立场上想问题，而且还具有容人过错的度量。对于志远来说，有了这样的朋友真是再好不过了！

控制怒气，能化干戈为玉帛，能让即将发生的风波平息，能让人和人之间相互理解。

控制怒气的最大因素，就是冷静。冷静让人在生气的时候停下来思考，这样在思考的时候，不仅怒气得到了缓解，而且能把事情想得更透彻。

在生气的时候冷静下来，想一想，为什么会这样？对于这件事情，我有什么责任？对方有没有什么值得理解的地方？这样，不仅站在自己的立场去想问题，而且要站在对方的角度去想，甚至站在中立的角度去想。这样想过之后，就会有一个处理的办法很自然地出现在你的脑海里。而这个时候的你，已经很清楚事情的对错，也不再冲动。即使别人真的错了，你也能够用最冷静的态度去面对了！

在生气的时候，你如果不能让自己冷静，不能控制自己的“冲动”的话，可能就会给自己酿造难以吞咽的“苦果”。

我们来看看下面这个例子，你就知道“制怒”有多么重要了。

明辉是一家部门公司的主管。年轻有为的他有拼搏精神和创新意识，做起事情来雷厉风行，从不耽误。但就是这样一个人，偏偏有一个缺点——脾气不好，爱冲动，而且一发起火来就不管不顾，不能自控。

一天早晨，明辉醒来，发现自己睡过了头，很可能耽误一个重要的会议。他马上就变得心情很坏，不由得生起自己的气来。他匆匆地穿衣洗漱，却发现自己的爱人还没有准备好早餐。于是他马上冲爱人发起火来，他爱人向他解释说家里的电源出了毛病。他气愤地说那就应该早一点去买外卖。妻子觉得他这样的要求太过分，于是两个人就吵了起来。直到他们的女儿被父母激烈的争吵吓得大哭起来，明辉才气冲冲地空着肚子去上班。

半路上又遇见堵车，他本来心情就不好，这下更是急躁地拼命按着鸣笛。因为情绪不好，又太着急，他的车在路口还与别的车发生了摩擦，险些出现大的交通事故。明辉被这一连串的事情弄得暴躁异常，他愤愤地想：今天是怎么了？怎么就那么不顺呢？

到了公司，会议已经开始了，明辉因为迟到被点名。会议中，有人提出的想法和他的想法相反，明辉就和他在会议上争论起来。由于明辉的脾气暴躁，再加上这一早上就没一件顺心的事情，他们的争论马上由工作的问题而转向了人身攻击。会议不欢而散，领导把他叫到办公室单独和他谈了一下，让他调整一下自己。明辉点着头出来了。

明辉回到自己的部门后，又发现有人把昨天的工作弄出了乱子，这下明辉又火了，将犯错的下属大骂一通，他的大嗓门让整个部门的人都听见了。有人上来劝解，明辉更生气，因为他的工作也没做好，明辉刚想下一个就找他谈话呢，于是又马上骂起了他。这个劝解的人感觉很委屈，自己是来打圆场的，怎么又挨上骂了呢？于是马上和他针锋相对，两个人大吵了起来。

这样的大吵大闹惊动了领导，领导再次将他找去谈心。

几天后，经过董事会一致投票，明辉被免去了主管职务。原因是脾气暴躁、爱发火，不能和人冷静地沟通，做事独断专行，还有就是和下属的关系紧张。

对于公司这样的决定，明辉很不服气，他认为自己是个称职而且很出色的主管。于是明辉怒气冲冲地去找老板理论，正巧老板在和几个高层开会。明辉当场就和老板大吵起来。老板开始还在冷静地劝说，但过了一会就被明辉激怒了，和他吵了几句，就宣布将明辉开除。就这样，明辉愤愤地离开了公司。他因为无法克制自己的怒火而失去了下属的支持与爱戴，最后，又由于无法克制自己的怒火，连工作也没有了！

我们经常会因为生活中的琐事而生气、愤怒。有的时候可能是因为别人的伤害、欺骗或是语言冲撞，甚至是无心的误会。但处在愤怒中的人是极易冲动的，而且很难克制。有很多人因为自己的一时气愤，而犯下了让自己追悔莫及的过错。

明辉就是在怒火中烧的情况下，去与老板理论，结果自己不能克制自己的怒气，事情没有得到很好的解决，连工作也丢了。如果明辉能够克制自己的怒气，什么事情都等到自己冷静的时候再去处理，相信结局就不会是这样了！

生气不仅伤害自己，还会伤害别人。例如故事中的明辉，就因为自己的气，伤害了自己的爱人，使夫妻之间发生了口角；他还伤害了自己的女儿，女儿被吓哭；此外，他还伤害了他的同事……

可见，生气是害人害己的恶劣情绪。我们想要做事情，就必须学会克制怒火，学会忍让、宽容、理解别人。这样自己不生气了，别人也会尊敬你！

心相约：别让“浮躁”搅乱了内心

每个人都难免会遇到一些指责、批评甚至是毁谤、陷害，但每个人面对它们的态度却是不一样的。我们应该让自己在平时养成以平和的心态去面对事物的良好习惯和心境。在逆境中只要不浮躁、不急躁、不愤怒、不冲动，那样的人，通常都能渡过难关。

浮躁是普遍存在于现代人内心的一种心理，浮躁往往会与烦闷、压抑、暴怒等情绪联系在一起。当某人听到了不顺心的话，或碰到了不如意的事的时候，心情就会变坏，人也会变得浮躁。这时候保持一种平和的心态就很重要了，平和的心态不但能化解人的浮躁与暴躁，还能让人十分冷静地处理问题，让自己的境遇不断地变得更好。

李强大学毕业后到美国留学，身处异乡的他满怀憧憬，希望自己能在这里打拼出一条成功之路。

他拿着自己名牌大学的毕业证书和博士学位的证书到处求职。但他跑了很多大公司，却没有一家公司愿意聘请他担任重要的职位。

李强开始困惑和浮躁起来，他想：自己的博士学位可不是骗来的，怎么就找不到一份像样的工作呢？但几天以后李强又冷静了下来，想：或许我真的有不适合高层的地方需要我慢慢地发现，既然是这样，那么我就安心地先找一个简单的工作来干吧！于是李强收起了他的所有学位证书，到一家跨国公司申请做一个“程序录入员”，这次，他自然马上被录用。

对于拥有博士学位的李强来说，这份简单的工作根本就是小菜一碟，但他仍然一丝不苟，十分投入地做自己的工作。慢慢地，主管发现他能发现程序中的错误，并加以改正，非常不简单，一般的程序录入员肯定做不到这一点，于是就找到李强。在主管的询问之下，李强亮出了自己的学士学位证书，主管看后马上汇报给领导，感觉一个拥有学士学位的人才只做一个程序录入员太可惜了。老板了解了情况后，马上给李强调动到了一个更好一点的位置。

李强在新的岗位上依然干得兢兢业业，而且这个时候，他已经有更多的机会和老板接触。慢慢地，老板发现李强不同于一般的大学生，因为李强提出的建议常常显得与众不同，很有采纳价值。于是老板找他单独谈话，李强又在谈话的时候拿出了自己的硕士学位证书。老板再次高兴地提升了李强。

又过了一段时间，老板发现李强在新的岗位上依然表现得非常出色，而且他似乎很适合在高层工作，就又找他谈话。这一次，李强才拿出了自己的博士学位证书。老板笑着问他，为什么当初不直接拿出博士学位证书呢？李强回答说："我虽然学位很高，但缺乏工作经验和社会经验，在从程序录入员开始一直到现在的日子里，才是我真正学到东西的时间，现在的我才有能力和资格担任公司里的高层职务！"就这样，老板对他的能力已经完全了解了，所以就毫不犹豫地对他委以重任。而李强也就从此拥有了施展才华的空间和机会。

我们现在来对李强从开始的失败到后来的成功作个分析。李强开始的时候找工作屡屡失败，是因为他的浮躁。而后来他的一步步升迁，却是因为他的不浮躁。老板不是因为他的证书才任命他为高层，而是对他的人品和能力的双重肯定才给了他一个广阔的发展空间的！

李强并没有自视才高，陷入浮躁与自负的泥潭，而是冷静地分析了自己的处境和外部环境，并找出了适合自己的理想之路。

现在很多有文凭的高学历青年都很浮躁，他们认为自己手上的证书应该是自己一步登天的通行证，而事实未必如此，大多数人往往是在现实中失望。

事实证明，有资本的人更应该避免浮躁。无论是有资金、有才华，还是有人脉，这些都不是让自己变得浮躁的理由。相反，越是有基础、有资本，就越是应该冷静、谦逊、平和和认真地面对自己的每一个工作和每一个阶段的处境。这样的人是睿智的，因为他们知道自己的价值该如何体现，也知道自己的未来该如何创造。他们避开了浮躁不安、骄傲自大的泥潭，将自己引领到了成功的彼岸。

我们再来看一个案例。

乔治在二战期间被迫逃到了瑞典，在那里生活。他曾经在维也纳当过很多年的律师，工作经验和生活阅历都十分丰富。于是他想在瑞典找一份工作应该不难，但他想错了。

会说好几个国家的语言，而且能说能写的乔治给很多公司写信，表明了自己求职的想法，但大多数公司都说在战争时期，他们并不需要一个秘书，但已经把他的资料存进了档案，需要的时候会和他联系。

面对这样的状况，乔治正在烦心的时候，他又接到了一封回信，信上说："你对我们的行业的了解根本就是完全错误的，你既错误又愚蠢，我们即使需要秘书，也不需要一个像你这样的人，因为你的瑞典文实在是太差劲了，错别字比比皆是，更别提什么语法了……"

乔治被这封没有礼貌的回信气火冒三丈，心想：这个人居然如此狂妄，自己的瑞典文写得不通，还敢指责别人。于是他马上写了一封回信，大概内容是羞辱对方的语句，而且言辞激烈，丝毫不给对方留面子。

当信写完以后，乔治突然不生气了，他又想：会不会他说的很对呢？瑞典文我确实不算是精通，或许真的犯了错误也说不定。如果是那样的话，我就必须加紧学习，然后才能在这里找到工作。这个人可能能帮助我，尽管他本意不是这样！他故意将信件写得如此傲慢无礼，就一定是知道了我的很多错误，我应该感谢他，而不是羞辱他！

主意打定，乔治就把原来的那封信撕掉，重新写了一封很谦逊的回信。信中，他不但表示了感谢，并虚心地向对方请教瑞典文，还表示自己将努力将瑞典文学好，希望经常能够得到对方的批评、指正。对方很快给他回信，居然也客气起来，并且最让乔治意外的是，他被录用了！就这样，乔治并没有在遭到羞辱的时候与对方针锋相对，也没有浮躁暴怒，而是虚心地接受对方的观点，礼貌地面对对方的指责。就这样，乔治的谦逊和冷静让他得到了一份工作。

每个人都难免会遇到一些指责、批评甚至是毁谤、陷害，但每个人面对它们的态度却是不一样的。就像乔治，他就按捺住了自己的浮躁与怒火，转而用一种平和的心态去面对写信人的羞辱和无礼，却收到了意外的效果。我们甚至可以说，只有能够调控自己脾气的人，才能主宰自己的人生。

我们应该让自己在平时养成以平和的心态去面对事物的良好习惯和心境。在逆境中只要不浮躁、不急躁、不愤怒、不冲动，那样的人，通常都能渡过难关。

心相约：开阔心胸，远离嫉妒

嫉妒是由一种不良的心理状态引起的偏激反应，引发嫉妒心理的原因多种多样，但克服的办法却是很简单也很直接的，只要能够对自己看问题的角度稍作调整就会发现，嫉妒别人是完全没有必要的。嫉妒别人，实际上是对自己的一种惩罚和虐待，是对自己的一种心理折磨。

我们平时常常会说某人嫉妒心很强，那么什么是嫉妒心理呢？由于嫉妒这种社会心理和行为是一种比较复杂的社会心理的产物，给嫉妒心理下一个简洁明了的定义是一件相当困难的事。对此进行研究的学者在如何界定嫉妒心理的含义时多有争论。《心理学大词典》中对嫉妒给出了这样的定义："与他人比较，发现自己在才能、名誉、地位或境遇等方面不如别人而产生的一种由羞愧、愤怒、怨恨等组成的复杂情绪状态。"

综合来看，嫉妒心理具有以下三个特点。

一、嫉妒心理具有明显的对抗性，由此可能引发巨大的消极性。嫉妒心理是一种憎恨心理，具有明显的与人对抗的特征。嫉妒心理的对抗性来源于比较过程中的不满和愤怒情绪。而且，这种对抗性常常带来对社会的巨大危害性。

二、嫉妒心理具有普遍性。嫉妒是一种完全自然产生的情感，古今中外，没有哪个社会和国家的居民完全没有嫉妒心。在现实生活中，一旦看到别人比自己幸运，心里就"别有一番滋味"。这"滋味"是什么呢？就是嫉妒心理的情绪体验。我们每个人都会有这种经历。

三、嫉妒心理具有不断发展的发泄性，且无法轻易摆脱。发泄性是指嫉妒者向被嫉妒者发泄内心的抱怨、憎恨。一般来说，除了轻微的嫉妒仅表现为内心的怨恨而不付诸行为外，大多数的嫉妒心理都伴随着发泄行为。并且，这种发泄的欲望具有无法轻易摆脱的顽固性。

由此，我们很容易看出来，嫉妒是一种可怕的心理，它能让冷静的人失去理智，让善良的人产生恶念，让杰出的人变得可憎，让谨慎的人走向极端。那么，杜绝嫉妒的心理法宝是什么呢？应该是正确地看待自己，不要和人攀比、树立远大的志向和保持宽广的胸怀。

我们应该正视自己，不能妄自菲薄，要善于认识到自己的优点和与众不同的地方。此外，我们不要和人进行狭隘的比较，如果你非要和达·芬奇比绘画、和莎士比亚比写作、跟帕瓦罗蒂比唱歌……那么恐怕你只有恼怒和郁闷的份了。

在任何时候，知道自己的特点，并加以磨炼，你会发现自己也是很出色的。有远大理想的人根本没有时间去嫉妒别人，更多的时候是被人嫉妒。

给自己树立一个伟大的志愿，并在自己的理想中陶醉、奋斗，你就会发现，和你的理想比起来，去嫉妒别人是多么可笑。

杜绝嫉妒的根本是要保持宽广的胸怀，一个胸怀宽广的人，是能容人的，即使是别人犯了错误都可以原谅，又何况是别人的才华或是富有呢！

具有嫉妒心理的人往往是得不偿失的。这里有一个真实的故事，讲的就是因为嫉妒引发的悲剧。

有一对夫妇，两个人都是非常著名的作家。他们年轻的时候就是因为对于文学的共同爱好而相互爱慕的，后来更是因为对相互才华的肯定而结合在一起。应该说他们是幸福的，但就在男作家 61 岁的时候，却残忍地杀死了他的爱人。

原来，在他们认识当初，男作家的名气就已经很大，而女作家还只是文坛的新秀。但渐渐地，女作家居然后来居上，其写作的才华和名气都超越了她的丈夫，这让男作家无论如何也接受不了。他嫉妒的烈火已经无法扑灭，他开始抽烟、酗酒、打骂自己的妻子。

女作家因为无法忍受丈夫的嫉妒和打骂，很长一段时间都是在朋友家里寄宿。这样的日子就一直持续着，直到有一天，女作家和男作家的新书同时出版，女作家的书买得很好，刚一出炉就创下了销售几十万册的好成绩，而男作家的书却只卖出了几千册。男作家再也无法忍受这个曾经每天和他朝夕相处的女人，更容忍不了她比自己更出色。于是悲剧发生了，他将枪口残忍地对准了跟他生活了半辈子的爱人，之后，又绝望地把枪口对准了自己……

本来在外人眼中两个人是天作之合，不仅有共同的志趣，又是生活中互相帮助的伴侣，谁也想不到他们之间会发生这样的悲剧。而悲剧的源泉，却仅仅是因为男作家的嫉妒。

可怕的嫉妒，可以夺走相濡以沫的感情，夺走宝贵的生命，还可以夺走美好的前程。

赵峰以优异的成绩考入一所名牌大学，现在读大三，学的是历史人文学科。刚上大学的时候，他很愿意帮别的同学的忙，而且为人热情、大方，性格很开朗。所以他和班里的同学以及各个学科的老师的关系都很融洽，老师和同学们对他的印象也很好。提起他来，可以说是“有口皆碑”。

由于在这所名牌大学里集中了全国各地的“精英”，赵峰虽然成绩很不错，但在这个“精英”云集的集体中，他并不突出，慢慢地，赵峰的心理就发生了变化。他受不了看到别的人比他出色，比他强。老师表扬其他的同学，他的心里就酸溜溜的，认为那个同学做的也没什么了不起的；他看到别的同学家境富裕，心里就嫉妒，并埋怨自己的出身不好；他看到别的同学拿了奖学金或是提为学生干部，就嫉妒得连觉也睡不好……

赵峰有一个同学，和他是同乡，两个人的学习成绩不相上下，而且又是同一年考进的大学，所以赵峰就特别注意他，总是暗地里和他比较。那个同学上了大学以后，学习成绩不断提高，后来还被提为班级里的干部，这下赵峰的嫉妒心更盛了，就总是认为老师对他有偏爱，所以才让他做班干部。渐渐地，由于赵峰的嫉妒心不断升级，他的注意力已经完全由学习转移到了自己这个同乡的身上。他总是关心他的一举一动，想抓住他的把柄，向大家宣布他不如自己，到处说这个老乡的坏话。同学们开始慢慢地讨厌赵峰了。

为了把自己的老乡比下去，在竞选班级干部的时候，赵峰居然暗地里做小动作，拉选票，结果他的阴谋被同学们识破，选举结果只有一票，而且是他自己投的。

老乡的成绩一直名列前茅，赵峰自认为比不上他，但由于嫉妒心作祟，赵峰居然在考试的时候作弊。接连两场的考试，赵峰的作弊都没有被发现，赵峰很得意，以为这次一定能超过这个老乡同学，然而就在第三场考试的时候，他作弊被监考老师抓了个正着。监考老师对他说："前两场考试我就注意你了，想给你次机会，希望你有所收敛，结果你居然连续三场都靠作弊来应试。我再也不能容忍你的行为了！"赵峰当场就痛哭流涕地求老师放过他这次，但学校的制度是无情的。经过分析处理，学校的教务处作出了开除赵峰学籍的处分决定。就这样，赵峰因为自己的嫉妒和攀比令自己失去了在大学里毕业的资格。

从赵峰的身上，我们应该看到，嫉妒是一种害人害己的不良心理。在嫉妒心理的驱使下，人们会迷失心性，无视道德，身心被残害，最终导致思想偏激，行为极端，酿造恶果。一味地沉浸在比较和嫉妒中，思维会紧张，人会很累，并且就像赵峰那样毁了自己的前程。

嫉妒心理对每个人来说，都是有伤害的，会严重影响自己的成长与进步。与其花费时间和精力去嫉妒别人，不如增加自己的本领和修养，等到自己的品德和成就都得到了别人的羡慕的时候，自己的价值就得到了体现，别人也会尊重你、信任你！

嫉妒是由一种不良的心理状态引起的偏激反应，引发嫉妒心理的原因多种多样，但克服的办法却是很简单也很直接的，只要能够对自己看问题的角度稍作调整就会发现，嫉妒别人是完全没有必要的。嫉妒别人，实际上是对自己的一种惩罚和虐待，是对自己的一种心理折磨。

二

每天学点心理学——处世篇

心相约：处世做人的原则不可弃

社会的演进与时尚的变化，不是个人的愿望所能左右的。但是，天地正道是永恒存在的，无论世俗何等喧嚣，做人的原则永远不能放弃。

孔子说："人而不仁，如礼何？人而不仁，如乐何？"孔子所说的仁，就是存有仁慈博爱之心。礼、乐只是形式。仁是孔子思想的核心，注重人的内在精神。礼乐是对社会秩序的规范性规定，是外在形式的具体表现。

这是孔子针对三家大夫僭越礼、乐的不敬行为而发的感慨。世事变化，人心不古，其礼乐又能在多大范围和程度上发挥作用呢？又能规范约束什么呢？

人如果放弃了做人的原则，放任自己，肆意而为，不愿意好好做人，谁又能拿他怎么样呢？社会文化道德对他又能有多少约束呢？其人生又能有什么好的结果呢？

我们做人的原则就是要始终坚持做一个仁德的人。

一个10岁左右的男孩一直赤着脚站在鞋店的外面，盯着橱窗。他的双腿因寒冷而颤抖着。

一个妇人在鞋店里注视了小男孩一阵后走出来对他说："小家伙，你看什么？"

"我求上帝能给我一双鞋子。"男孩回答。

妇人领着孩子走进鞋店，请售货员给男孩子拿半打袜子。然后，她问售货员能不能给她一盆水和一条毛巾。售货员很快拿给了她。

她带着小家伙走到鞋店后面，脱下手套，跪下，洗他的小脚，并且用毛巾把它擦干。然后给男孩穿上刚买的袜子，又给男孩买了一双鞋子，还把其余的袜子装在一个袋子里，递给男孩。

她轻轻拍着小男孩的头说："小家伙，现在你一定感觉舒服多了吧！"

当她转身准备离去时，惊讶的孩子抓住她的手，含泪望着她的面孔问："你是上帝的妻子吗？"

对于处在寒冷中的小男孩来说，这位给予他温暖的妇人在他眼里就是最有仁德最善良的人。仁德总能给苦难者一线希望，仁德的人总是受到众人的尊敬和爱戴。仁德，是天底下最美的名字。

社会的演进与时尚的变化，不是个人的愿望所能左右的。但是，天地正道是永恒存在的，无论世俗何等喧嚣，做人的原则永远不能放弃。

大道不行，将欲何往？

既然我道上体天心，为人间"木铎"，最终总被接受，"谁能出不由户？"我道自在，自有人走，这是必然的途径，只是人们还没有找到自由行走的途径。

正如我们亲眼所见：在我们居住的房间，总会有苍蝇、飞蛾、蜜蜂等小生灵不邀自来。然而，它们却再也找不到出去的路，于是它们努力地寻找飞向阳光飞向自然的自由之路。透过窗户，看见了它们向往的天地，于是就奋力奔赴，然而，无情的事实是，总被窗户的玻璃硬硬地挡回。它们很是不解，看到的是多么美妙的景观，而且也没有什么阻挡，为什么会被拒绝，而不能融入这美妙的世界。

平庸如我辈的人们，也莫不如此，心中崇尚着大同世界，向往着美好的境界。似乎就可看见，可是却无从抵达。心灵告诉我们，就在我们身边，但是却总是碰壁，就是找不到奔赴的路。天道自在，而我们却不知向哪个方向努力，只是盲目地奔走。而各种不和谐的声音喧嚣争吵不已。

于是先哲慨叹，门户大开，你们自由地走啊！我道自在，"何莫由斯道也？"其实这根本就不是门户的问题，在于行走者的眼睛，直到有一天最终发现了门径。

坚持真理，仍然可能会被人所误解，还可能会被别有用心的人所中伤、诬陷。人都有自己的原则，所不同的是能否坚持到底，中途放弃或改变的，就不能叫原则。那么其人也就不可称其为有气节。只有始终如一地坚持自己的原则，在任何状况下都不放弃，以生命维护自己的尊严与高贵，这样的人才是有气节的，是值得钦佩的。

心相约：有过错就要及时改正

心理学家指出：很多人内心理明知自己有错，却不敢于承认，这是缘于人的虚荣心。心理学家还指出，明知自己有错，而不愿承认也不愿去改正的人将会失去很多。这样的人容易让失败成为自己的一种习惯。

在这个世界上，没有哪个人会永远不犯错误。任何人都难免犯错，但关键是当你发现自己有了过错，就应及时地改正，不能满不在乎，一错再错。

心理学家指出：很多人内心理明知自己有错，却不敢于承认，这是因为人的虚荣心。心理学家还指出，明知自己有错，而不愿承认也不愿去改正的人将会失去很多。这样的人容易让失败成为自己的一种习惯。

大家应该都听说过龟兔赛跑的故事。兔子与乌龟赛跑，本来兔子比乌龟跑得快很多，但当兔子快接近终点时，见已经把乌龟落下很远了，便以为胜利非它莫属，而放心大胆地在路上睡起觉来，可当它睡醒后，却发现乌龟已经爬到了终点，取得了最终的胜利。兔子犯了骄傲轻敌的错误，以致最终失败。如果重新比赛一次的话，兔子还会犯像上次一样的错误吗？

这里就给大家讲述这则新龟兔赛跑的故事。

乌龟自从赢了那场比赛后，一直都得意扬扬。一天，它心血来潮，又约了兔子再来一次赛跑。

这一次，乌龟和上次一样，从起点一路慢慢努力往前爬。它走了大半的路也没见兔子在途中休息，心里便开始有些纳闷。不过它还是没有停止它的脚步，依旧坚定地向终点前进。等快抵达目的地时，它却发现兔子早就到达终点，一直在那里等着它。

乌龟于是问兔子：“你今天怎么不在路上玩耍或休息一下呢？”

兔子笑着对乌龟说:“我怎么能连续两次犯同样的错误呢? 我又不是一个傻瓜? ”

这当然只是一则寓言故事，但从中我们却可以悟出这样的人生哲理：自己犯了错误就要及时改正，从失败中吸取教训，反省并更正之。如果我们能够坚持这样去做的话，离成功也就不远了。

历史上有不少这样的例子。

战国时代，楚襄王终日和几个近臣奢侈淫乐，对国家大事漠不关心。大臣庄辛直言劝谏，对楚襄王说:“您如果一直这样不理政事，楚国就要危险啦! ”襄王听后很不高兴，骂道：“你老糊涂了吗? 故意说这些险恶的话惑乱人心? ”庄辛见襄王根本没有认识到自己的错误，不听劝告，便伤心地说:“如果你一直宠信这些人，楚国一定要灭亡。请允许我到赵国躲一躲。”襄王一怒之下，也不阻拦，就让庄辛去了赵国。

庄辛到赵国才五个月，秦国果然派兵攻打楚国，襄王被迫流亡到阳城。襄王这才觉得庄辛的话都是正确的忠言，赶紧派人找回庄辛，承认自己的过错。

庄辛见襄王的确认识到了自己的错误，并一心改正，便诚恳地说:“我听说，看见兔子想起猎犬，这还不晚；羊跑掉了补羊圈，也还不迟……”

西晋时，周鲂有一个儿子叫周处，他身体强壮，勇猛过人，但却总做一些危害乡亲的事情。有一次，周处遇到一位老者，见他满面愁容，便问:“现在风调雨顺，连年丰收，你们为什么还不高兴呢? ”

老者说:“没有除掉‘三害’，怎么能高兴呢? ”

周处又问:“什么是‘三害’？”

老者说:“南山的白额虎、长桥的蛟龙，加上你周处，就是‘三害’。”

周处听罢，道:“你们不要担心了，我帮你们除掉‘三害’。”

周处首先来到南山，杀死了白额虎；然后又跳入河中，斩了蛟龙；然后自己拜陆机和陆云为师，努力求学读书，磨炼品德。一年以后，很多地方都请他去做官。

公元 297 年，周处任建威将军，与振威将军卢播一起，在安西将军夏侯骏的领导下，去讨伐氐（国名）人齐万年。齐万年听到周处来，说道:“周处文武双全，如果他没有受限而来，我打不过他，如果他受了限制，那我就可以打败他。”

第二年一月，齐万年率兵七万，驻扎在梁山。夏侯骏派周处带领五千人去攻打。

周处说：“军队没有后援，肯定会失败。这不仅会送了我自己的命，而且会使国家遭受损失。”夏侯骏一意孤行，不听周处的劝告，强命他出战。结果，周处带领五千人与齐万年的数万兵马，激战一整天，最后弓弦断了，箭也射光了，但是还没有援军来。周处的手下劝他撤退，周处扶着剑说：“今天就是我尽忠的日子。”

最后，周处壮烈战死。

周处知错而改，由一个起初被人看做是“三害”之一的坏人，变成后来为民除害、为国尽忠的英雄好汉。

知错能改所反映出的是人的一种美德。品德高尚的人总是严于律己，发现自己的过失，及时改正。因此，古人说：“知错能改，善莫大焉。”

哪个人没有过错呢？一个人有过错，特别是偶尔犯了过错，我们不能就此认为这个人是无可救药了。一个人有了过错，真心悔过，把过错改过来就好了。一个有道德的人，就要有公开承认自己的错误，公开改正自己的错误的勇气，这不仅不会降低自己的威信，反而会提高威信。

心相约：不要轻易指责批评他人

从社会上很多成功人士的身上，我们往往能够找到这样一个共同点，那就是他们很善于为人处世。他们处世成功的秘诀之一就是：不轻易指责、批评别人。

心理学家告诉我们这样一条更好地与人相处的法则——多责己，少责人。在讲这条法则之前，我们先来看这样一则案例。

有个人家里养了一只机灵可爱的鹦鹉。一天，来访的朋友提醒女主人说：“你家的鹦鹉是不是病了，老是咳嗽，看起来很痛苦的样子。”

这位女主人一听，十分紧张，仔细留意后还真发现这只鹦鹉有咳嗽的毛病，赶紧将其送往宠物医院。经过兽医的诊断，结果这只鹦鹉很健康，一点毛病也没有。

那么，这只鹦鹉又为什么会咳嗽呢？其实，它并不是真正的咳嗽，而是在学那个抽烟很凶的女主人的咳嗽声。

当出现矛盾或问题时，我们总是把目光盯在别人的身上，指责对方的错误和过失，也许，真正的原因出自自身，只是我们从来都以为自己不会错。所以，根本就不曾察觉到自己的毛病，更不会自省。

我们要记住，跟别人相处的时候，我们所相处的不是绝对理性的动物，而是充满了情绪的变化、成见、自负和虚荣的东西。

刻薄的批评曾使得英国著名的小说家托马斯·哈代放弃了写作。批评使得英国诗人托马斯·查特登走向自杀。

本杰明·富兰克林年轻时并不圆滑，但后来却变得富有外交手腕，善与人应对，因而成了美国驻法大使。他的成功秘诀是：“我不说任何人的坏话，只说人家的好处。”

只有不够聪明的人才批评、指责和抱怨别人——的确，很多愚蠢的人都这么做。但是，善解人意和宽恕别人，需要有修养自制的功夫。

托马斯·卡莱尔说过：“一个伟大的人，以他对待小人物的方式，来表达他的伟大。”

鲍勃·胡佛是个有名的试飞驾驶员，时常在航空展览中表演空中特技。一次，他在圣地亚哥表演完后，准备飞回洛杉矶。正如《飞行》杂志所描写的，在空中300米的高度，两个引擎突然熄灭了。凭借娴熟的技艺，他总算化险为夷，操纵着飞机着了陆，所幸没有人受伤，但飞机严重损坏。

在迫降之后，胡佛第一个行动是检查飞机的燃料。正如他所料到的，他所驾驶的这架第二次世界大战时期的螺旋桨飞机里面，装的居然不是汽油，而是喷气机燃油。

回到机场，胡佛要求见见为他保养飞机的机械师。那位年轻的机械师为所犯的错误愧悔不已。一见到胡佛，他的眼泪便顺着面颊流下。他不但毁了一架昂贵的飞机，甚至差点造成3人丧命。

你可以想象胡佛当时的愤怒，并猜想这位荣誉心极强、凡事都要求精细的著名飞行员一定会痛斥这位粗心大意的机械师。但是胡佛并没有责骂和批评他，相反，他用手臂围住那位机械师的肩膀，对他说：“为了表明我相信你不会再犯错误，我要你明天再为我保养F51飞机。”

从社会上很多成功人士的身上，我们往往能够找到这样一个共同点，那就是他们很善于为人处世。他们处世成功的秘诀之一就是：不轻易指责、批评别人。

林肯之所以在为人处世上非常成功与此就有紧密的联系。

卡耐基对林肯的一生研究了10年，而且花了整整3年时间写作、润饰了一本书——《人性的光辉》。他对林肯的性格和居家生活作了详细、透彻的研究，尤其对林肯为人处世的方法更有心得。

林肯曾经也是一个喜欢批评别人的人吗？的确是这样，他年纪的时候，不仅喜欢评论是非，还写信写诗讽刺别人。他常把写好的信丢在当事人很容易发现的乡间路上。

林肯在做见习律师的时候，仍然在报纸上发表文章公开攻击敌视他的人。

1842 年秋天，他又写文章讽刺一位自视甚高的政客詹姆士 · 席尔斯。林肯在《春田时报》刊出了一封匿名信，讽刺他一番，令镇上的人都捧腹大笑起来。席尔斯是个敏感而骄傲的人，看到这封信后怒不可遏，最后查出写信的人是林肯，他跳上马，去找林肯，向他提出决斗。林肯迫于情势和为了维持荣誉，只好接受挑战。他有选择武器的权力，由于手臂长，他选择了骑兵的长剑，并且向一位西点军校的毕业生学习剑术。决斗的那一天，他们在密西西比河岸碰面，准备一决生死，幸好在最后时刻他们的同伴阻止了这场决斗。

这是林肯一生中最惊心动魄的一桩事，这也让他在为人处世方面学到了无价的一课。他从此再也没有写过一封侮辱人的信件，他不再取笑任何人了，从那时起，他没有为任何事批评过任何人。

美国内战期间，林肯好几次更换波多马克军的将领，但这些将军相继惨败，令林肯失望至极。全国有半数的人，都在痛骂那些差劲的将军，但林肯却一声不吭，不作任何表态。他最喜欢的一句名言是："不要评议别人，别人才不会评议你。"

当林肯太太和其他的人对南方人士有所非议的时候，林肯回答说："不要批评他们，如果我处在同样的情况下，大概也会跟他们一样。"

心相约：小不忍则乱大谋

无论任何时代，搬弄是非之徒就是靠着那些爱听信片面言辞的人的耳朵，达到其扰乱人心的目的，奸猾邪巧之人总是在阴暗的角落罗织着中伤他人之事。如果你不能够忍耐，而逞一时之愤，必将激化矛盾，导致激反，为患更甚，造成不可挽回的损失。

苏东坡在《(春秋)定天下之邪正》中引太史公语说：“为君父而不知《春秋》者，前有谗而不见，后有贼而不知。为人臣子而不知《春秋》者，守经事而不知其宜，遭变事而不知其权。”就是说：眼前有进谗言的小人，背后有暗害自己的贼子。固守经典规定的常道，不知道适宜与否，遭遇突然发生的重大事件，不知道随机应变。这样的话就很危险了啊。

无论任何时代，搬弄是非之徒就是靠着那些爱听信片面言辞的人的耳朵，达到其扰乱人心的目的，奸猾邪巧之人总是在阴暗的角落罗织着中伤他人之事。如果你不能够忍耐，而逞一时之愤，必将激化矛盾，导致激反，为患更甚，造成不可挽回的损失。虽欲澄清事实，结果却适得其反，帮助小人成全其阴险的用心。因此，不要因为小人的中伤而乱了阵脚，也不要因为一时的冲动而自陷被动。在小人的圈套中，总会有人受到伤害。以忠厚拙讷的品德诚恳待人，自始至终认真地做好自己的事情，那些中伤的谣传便会随着时日的积累不攻而自破。

我们可以从中国历史长河中看到很多因“忍”而成就功业的事例。

春秋战国时期，吴国和越国同处江南，相互交战，积下了很深的矛盾。先是越国杀死了吴王阖闾，后来阖闾之子夫差又将越王勾践俘虏了。勾践为了保住自己的性命，由他的大臣文种买通了吴王的大臣，以割地、赔款、进献美女等极为优厚的条件向吴王投降。

在这些利益的驱使之下，夫差同意越国投降，但仍把勾践夫妻作为俘虏押往吴国，这样越国就会陷入混难，再也不会对吴国构成威胁。

夫差将勾践押回吴国都城后，将他们夫妇软禁于一间石室之中，让他们干最脏最累的活儿，勾践整天蓬头垢面地干活儿，没有丝毫怨言，似乎忘记了屈辱，已甘心为奴了。夫差还经常派人去察访。察访的人向他报告说勾践夫妇生活非常艰辛，但干活却很勤快，从不偷懒，并没有看到不轨的举动。

夫差出门时，还让勾践为他牵马，来到大街时，侍从还高声大喊："快来看呀，现在站在你们面前的是越王勾践，他现在已经沦落为大王的马夫了。"于是街人纷纷上前对勾践又是推搡又是打骂。尽管勾践受尽了羞辱，但并没有异常的行为，似乎已麻木不仁了。

时间一长，夫差认为勾践已经胸无大志，对他的管束也逐渐松懈了。

一次，夫差受了风寒，在宫中养病。勾践知道后，带着焦急的神情前来探望。当他进门时，夫差正在大便，为避免尴尬，夫差赶紧钻进被窝。勾践走到跟前，揭开马桶盖子，观察了一下粪便的颜色，再探出头去闻粪便，最后竟蘸了粪便放在嘴里尝一下，然后对夫差说："恭喜大王，大王的病已无大碍，马上就会好的。"

夫差被他的异常之举搞糊涂了，忙问："你怎么知道的？"

勾践回答说："我看大王的粪便是黑色的，闻了以后有奇臭，尝了以后却带了一丝苦味，说明肚中的毒物已经经过粪便排出，毒物既出，大王的病也就没有大碍了。"

夫差听了非常高兴，说："难得你如此真心。"勾践煞有介事地回答说："儿子为父亲尝便，古时候就已经有了，臣子为君王尝粪，就从我开始吧。"

夫差听了十分感动，说："等我病好了以后，就会放你们回国。"

几天之后，夫差的病好了，他履行了自己的诺言，放勾践夫妇回国，这时在越国代王主政的大臣文种已带人来接了。

回国以后，勾践卧薪尝胆，励精图治，使越国恢复了元气。后来他趁吴王夫差出兵与中原大国争霸之时，攻打吴国，经过多次战斗，终于把吴国打败了，夫差走投无路，只得自杀。勾践忍小谋大，发奋图强，不仅打败了吴国，而且一度称霸诸侯。

我们再来看一则历史中的典型案例。

秦国派兵围攻赵国，赵国自知难以抵抗强秦的攻打，便向齐国求救。齐国并没有拒绝赵国的求助，但有一个条件，那就是要赵威后的儿子长安君到齐国做人质。

赵威后很疼爱自己的儿子，担心他到齐国做人质会遭受伤害，因此说什么也不肯答应。然而国难当头，如果不答应齐国提出的条件，齐国就不会出兵帮助赵国抵抗秦军。最后，左师触龙委婉地劝赵威后："诸侯的子孙，没有一个连续几代继承爵位的，因为他们过分受宠，没有什么功绩。现在不如借这个机会让长安君为国立功，将来才能站稳脚跟啊！"这番话终于说服了赵威后，答应了齐国的条件，让儿子长安君到齐国去做人质。齐国随即出兵救赵，最终解除了赵国的危难。

小不忍则乱大谋。成大事者，应该忍受得住眼前的屈辱，敢于和命运抗争。

现实生活中，我们要能够忍受小人的中伤，在很多事情上都要懂得"忍"。不懂得"忍"的人必然无法成就大事业。

心相约：会吃亏的人才能占“便宜”

吃亏就是占便宜！年轻人更应该记住这一点，这是你积累工作经验，提高自己做事能力，扩大人际关系网络的最好办法，如果样样想占便宜，那最后一定会吃亏，而且还可能吃大亏。

现实生活中有很多人过于看重得失，唯恐自己吃一点亏，在一些小是小非上也会斤斤计较。有些人发现自己吃了点亏，甚至会恼羞成怒，大打出手。当有人劝他何必为这点小事而这样计较的时候，他会说：“这个社会就是弱肉强食，有些人啊，你不跟他计较，他就觉得你老实，觉得你傻。我可不想既吃了亏，又让人说自己是傻瓜……”

这话听起来还真有些道理，如果真是碰到了某些存心欺负人，而且你让着他，他就得寸进尺的人，我们也没必要跟他一味地客气，该保护自己利益的时候一定要坚定地站出来。

不过话说回来，社会上这么蛮不讲理的人毕竟是少数，俗话说，人心都是肉长的，当我们友好、宽容而又大气地跟人相处时，往往能够跟人把关系处理得很好。其实，我们在与人交往的时候，就算吃点亏，又能怎样呢？而且从很客观的角度来讲，当我们觉得自己有点吃亏时，如果抱着一种“吃亏说不定能占便宜”的想法来做事，你将受益无穷。

现实中的吃亏主要有两种，一种是“主动吃亏”，一种是“被动吃亏”。为了更好地解释这两种吃亏的不同，我们来作个假设——假设你是某公司的一名员工。“主动吃亏”是指你主动争取吃亏的机会，这种机会是指没有人愿意做的事、困难的事、报酬少的事。这些事因为没有便宜可占，因此大部分人不是拒绝就是不情愿，而你却主动争取去做，老板当然对你刮目相看。以后无论是升迁还是自行创业，他都有可能帮你，这对今后你的人际关系大有帮助。最重要的是，在你做事情的过程当中，可以磨炼你做事的能力和耐力。这样一来，你不但懂的东西比别人多，也进步得比别人快，这是你的一种无形资产，绝对用钱买不到。

“被动吃亏”是指在未被告知的情形下，突然分配你去干一件你并不喜欢的工作，或者工作量突然加大。碰到这种情形，除非是健康因素或家庭因素，否则就应承担下来，如果仔细观察一下周围的环境，发现你完全没有抗拒的余地，那更应该“愉快”地接下来。

也许你不太情愿，但在这种情势之下，也只好用“吃亏就是占便宜”的想法来自我安慰，要不然怎么办呢？至于有没有“便宜”可占，那是很难说的，因为那些眼前之“亏”也许是对你的一种磨炼，考验你的心志和能力，是为了重用你啊！

如果你把我们上面的假设移植到实际生活中，你会发现学会吃亏真的会给你带来好运。因为人都喜欢占便宜，你吃一点亏，让他人占一点便宜，那么你就不会得罪人，人人当你是好朋友！何况拿人家的手短，吃人家的嘴短，今天占你一点便宜，他人的心理也会过意不去，只好在恰当的时候回报你，这就是你“吃亏”之后占到的便宜！

有位面摊老板在客人的面里主动加了块肉，使得这个客人觉得到他那里吃面比到别处吃划得来，而且得到尊重，于是他就成了面摊的老主顾。这位老板只是多花了一块肉的成本，就买到了客人对他的信赖，你说，是不是吃了一点亏却占了大便宜呢？可见，学会“吃亏”也是一种受益的方法。吃亏和占便宜是相辅相成的。

有一个年轻人大学刚毕业就进入出版社做编辑，他很有能力，文笔也很好，但更可贵的是他的工作态度。那时出版社正在进行一套大书的编辑，每个人都很忙，上司没有增加人手的打算，于是编辑部的人也被派到发行部、业务部帮忙，但整个编辑部只有那个年轻人接受上司的指派，其他的都是去一两次就厌烦了，私下里还不停地抱怨“不是我们负责的事情，干吗总是让我们来做……”

而那个年轻人却总说：“吃亏就是占便宜嘛！”事实上也看不出他有什么便宜可占，因为他要帮忙包书、送书，像个苦力一样！后来他又去业务部，参予直销的工作，此外，连取稿、跑印刷厂、邮寄……只要有要求，他都乐意帮忙！

两年过后，他自己成立了一家出版公司，做得非常成功。原来他是在“吃亏”

的时候，把出版的整个流程都摸熟了，掌握了独立创业的本事和经验。他最终是占了便宜啊!

吃亏就是占便宜! 年轻人更应该记住这一点，这是你积累工作经验，提高自己做事能力，扩大人际关系网络的最好办法，如果样样想占便宜，那最后一定会吃亏，而且还可能吃大亏。

想占便宜拿点儿好处，这是人性，问题是聪明人不只你一个，当每个人都想占点便宜的时候，最终的结果将是不但谁也占不到便宜，而且还会把彼此的关系搞得越来越差。

心相约：微笑拉近心与心的距离

心理学家认为，在社交场合，微笑是最好的“润滑剂”，我们在日常生活中都有这样的体验。不仅如此，心理学家还指出，正面的、积极的、友善的情绪有“传染效应”：对陌生人微笑，表达出敬意，不仅能给对方带来快乐，也能给自己带来一个正面情绪的回馈，从而得到快乐，缓解烦躁情绪。

人们都喜欢和面带微笑的人在一起，一个简单微笑拉近了人与人之间的距离，让心情变得欢快起来。如果一个人喜欢微笑，那么他就会更容易放松身心，得意的微笑使人备感自信；善意的微笑使人温暖、幸福……微笑——是内心深处的自然流露，融化了人间的寒冷；是生命里最美妙的音符，时时触动着人的心弦。

不知从什么时候起，小王就变成了一个很抑郁的人，平时经常发脾气，让人感觉别人都欠他东西似的，很小的一件事情，常常会让他对人大动干戈，邻居及周围的人都不敢轻易接近他，就连他家门口的一片玫瑰花，也很少有人驻足。据说有一次，一个街坊从花丛中采了一朵玫瑰，被小王看见了，只见他拿着笤帚凶神恶煞地跑了过来，吓得街坊撒腿就跑，唯恐伤到自己。还有一次，他为了不让人接近他的玫瑰花，竟然拿着一把菜刀冲出来。

很多人都害怕他，但对他的做法也很不理解，不就是一簇花吗，犯得着这样吗？甚至有一部人认为，小王精神上有问题，才做出这样的举动来。

有一个星期天，一位小姑娘突然来到这片玫瑰花前，她十来岁，看着一朵朵美丽的玫瑰花在阳光照耀下闪闪发光，显得十分迷人。

小女孩一下子停住了脚步，她低头会心地微笑起来，依依不舍地在花丛边走来走去，一会儿，她停下了脚步，把小手伸向了一个硕大的花朵。突然，旁边的一个阿姨猛地跑到她跟前，拍了拍她的肩膀，小女孩不知怎么回事。正在这时小王走了出来，他满脸怒气，气势汹汹，当他将一张狰狞的脸朝向小女孩时，小女孩显得很镇定，她纯真地向小王微笑着。

从此以后，小女孩就隔三岔五地来到小王家门口，而且每一次都会冲着小王微微地笑，以此来表达友好。有一天，小女孩又来到玫瑰花旁边，这时已经有不少鲜花凋零了。小女孩显得很伤心。这时小王走了过来，他冲着小女孩微笑了，用一只温暖的大手轻轻地拍小女孩的肩膀。

原来，小王的妈妈在世的时候，她就非常喜欢玫瑰花，这门口的玫瑰花也是她栽种的。妈妈的去世，让小王很伤心。他看到这一片玫瑰花就想起了去世的母亲，于是他就格外珍视这片玫瑰花，不准任何人打扰。小女孩的出现，尤其是她那美丽的微笑，让小王感觉花儿的美丽是要有人欣赏的。就像人的感情，必须要相互交流，才会更加美好和永久。

心理学家认为，在社交场合，微笑是最好的“润滑剂”，我们在日常生活中都有这样的体验。不仅如此，心理学家还指出，正面的、积极的、友善的情绪有“传染效应”：对陌生人微笑，表达出敬意，不仅能给对方带来快乐，也能给自己带来一个正面情绪的回馈，从而得到快乐，缓解烦躁情绪。

阿汤是一家 IT 公司的职员，因为平时工作压力比较大，他一有时间就会到电脑面前，似乎玩网络游戏才是他放松的最好方式。他不爱出门，也不去户外郊游，更没有心思去逛街。如果有必需的东西，他就直接网购。家里大大小小的商品几乎都是他通过这种方式买来的，所以说阿汤也算是为中国电子商务的发展作了不小的贡献了。

他很另类，于是人们就给他取了个响亮的名字——宅男汤。

宅男汤没有时间和女孩子交往，他女朋友凤华竟然也是他从网上“淘”来的！两人开始只是网恋，一年以后，凤华特意从外地来到宅男汤的身边。

刚见到宅男汤时，凤华十分开心，他有着俊美的外表，非凡的气质。起初的一段时间，他们相处得很融洽。可是时间一长，凤华便发现宅男汤有很多地方让自己看不惯，他竟然连袜子也要网购，如果让他陪自己一起逛街，他也是爱理不理的样子。凤华的浪漫和宅男汤的古板渐渐地开始对峙。

而且，最让凤华不能容忍的是，宅男汤很少显出微笑的样子，这和他俊美的外表很不和谐。为了改变宅男汤，也为了让自己快乐一些，凤华决定用一些办法改变一下现状。

凤华在大学期间选修过心理学，她自己认为，对付忧郁型宅男的最好方法，就是微笑！

从此，每天清晨，凤华总是和太阳公公一起起床，为宅男汤做上早餐。待宅男汤醒来，她会首先绽放出甜美的微笑，然后耐心地告诉他，你吃的这些东西，是我辛辛苦苦做出来的，即便是全世界最大的电子商务公司，也没有的卖。

每一天，每一个微笑，每一个有趣的话题，渐渐让宅男汤的心理发生了巨大的变化。他开始喜欢陪凤华外出了，而且人也精神了不少，微笑也多了起来。宅男汤，又变成了当初的阿汤哥！

凤华幸福地说："阿汤，并不是你不懂幸福，而是你藏起了自己的微笑。其实，美好的东西与别人分享才会更有价值，微笑也一样。你冲人微笑一次，他的心里就温暖一次，而你也会很开心。"

我们要善于发掘生活的美好，在紧张忙碌的工作之余，要给心灵一片栖息的土壤，这样我们才会过得更好。不要把微笑收藏起来，其实，给别人一个微笑就是给别人一份温暖，也是给自己一份幸福。心理学家说得对：当你用微笑换来对方会心一笑，或者换来对方的好心情时，你其实就是在用微笑换来"双赢"。

心相约：把握人心中那杆秤

心理学家认为，运用冷热水效应去获得对方好评，是赢得人脉的基础。在日常生活中，我们需要一些交往的技巧，它可以让我们很容易赢得别人的认同，从而有利于我们更好地生活。当我们有不如意的时候，或是误伤他人的时候，就可以巧妙运用冷热水效应，这样我们面临的境遇就截然不同了。

如果我们将手伸进一个温水杯子里，我们几乎没有什么感觉。但当我们先将手伸进冷水中，再抽出放入温水中时，我们会感到有明显的热度；而当我们先将手放在热水中，再放到温水中，会感觉到温水明显凉很多。实际上这就是冷热水效应。从心理学的角度来讲，每个人心里都有一杆秤，只不过是秤砣大小不一致，也不固定。秤砣随着心理的变化而变化。当秤砣变小时，它所称出的物体重量就大，当秤砣变大时，它所称出的物体重量就小。人们对事物的感知，主要就是受秤砣的影响。因此在人际交往中，人们要善于运用这种冷热水效应。

心理学家认为，运用冷热水效应去获得对方好评，是赢得人脉的基础。在日常生活中，我们需要一些交往的技巧，它可以让我们很容易赢得别人的认同，从而有利于我们更好地生活。当我们有不如意的时候，或是误伤他人的时候，就可以巧妙运用冷热水效应，这样我们面临的境遇就截然不同了。

小张在一家电脑公司做销售，每个月他都能卖出 20 多台电脑，领导对他的表现也非常满意。可最近一段时间，由于经济危机的影响，他的销售工作也出现了困难。为了让领导有个心理准备，也为了让自己能有一个好的心态，他就向销售部领导反映了一些最近的情况：“由于经济危机的影响，最近市场不景气，我估计这个月最多能卖 5 台电脑。”领导也认同经济危机对市场的冲击非常大，于是就默认了小张的观点。一个月过后，小张的成绩让领导有些惊喜，因为他竟然卖了11台电脑，比他预言的要好很多。如果先前他不和领导说这些话，恐怕他的这个成绩就要受到指责。因为他并没有达到平时的业绩。实际上，小张在这里正是运用了冷热效应。小张一开始就把最糟糕的情况——顶多卖5台，报告给领导，使得领导心中的“秤砣”变小，因此当业绩出来以后，领导心中的“秤砣”变大，对小张的评价自然就提高了。

王小姐是一位名副其实的草根写手，她经常写一些关于烹饪方面的东西。她善于把文字与图片很好地结合起来，让人很容易学到一些简单的烹饪知识，于是网友们也很喜欢她写的书。她平时很少演讲，有一次，某网络频道邀请她去做客，希望她能介绍一些烹饪方面的经验。她很紧张，为了让自己平和一些，她的开场白是：“我是一个普普通通的家庭主妇，自然不会妙语连珠，因此恳请各位专家对我的发言不要笑话……”经她这么一说，听众心中的“秤砣”变小了，她自己心里的“秤砣”也变小了，由于顾忌少了，她开始滔滔不绝地讲起来，讲完后，听众十分高兴，他们一致认为王小姐的讲话是成功的，还认为她的口才已经达到了极高的水平。

由此可见，冷热水效应还是获得良好评价的重要手段。

心理学家还指出，运用冷热水效应，可以促使对方同意你的建议。对此，鲁迅先生曾举过这样一个例子，他说：“如果有人提议在房子墙壁上开个窗口，势必会遭到众人的反对，窗口肯定开不成。可是如果提议把房顶扒掉，众人则会相应退让，同意开个窗口。”

娜姐和秀姐是一家大公司的谈判高手，她们就非常善于运用“冷热水效应”，许多业务就是这样谈成的。因为她们的业绩，公司员工也都非常尊重和信赖她们。在一次新员工培训大会上，这两位黄金搭档终于向大家公开了她们的秘诀。一般情况下，娜姐总是喜欢强硬，她的姿态让对方灰心丧气，一筹莫展，常常在心理上把对方压倒。而就在对方感到困惑时，秀姐就以另外一种截然不同的姿态出现了，她会提出一个折中的方案供双方选择，当然这个方案也就是她们谈判的目标方案。面对这个突然给自己台阶下的人，对方就会很容易接受。这个过程中，娜姐预设的苛刻条件缩小了对方心中的“秤砣”，而秀姐的另一种方式，就让对方心中的“秤砣”又得到了一定程度的复原。

此外，心理学家还认为，运用冷热水效应，可让对方高兴。

有一次，在某体育场外，人潮涌动。因为怕看不到某歌星的演唱会，人流不断涌向狭小的售票口。为了维持现场秩序，一个售票员终于想出了一个办法。他告诉大家售票活动将暂停，再过 20 分钟，售票将继续进行，要求大家必须先排好队。这一举动，不禁让过于疯狂的粉丝们如释重负地松了口气。待粉丝们排列后，这位售票员说，现在开始售票。粉丝们瞬间便疯狂起来，不过他们再也没有人插队，等待着拿到门票后与偶像近距离接触。在这里，售票人员就运用了冷热水效应，首先使粉丝心中的“秤砣”变小，当排好队后，又让粉丝们心中的“称砣”变大，从而异常兴奋。

可见，假若首先让对方尝尝“冷水”的滋味，就会使他心中的“秤砣”得以缩小，因此他会对获得的“温水”感到高兴。在人际交往中，如果我们能掌握好这一规律，把它应用到日常的交往中，我们会办成许多看起来很难办到的事情。

冷热水效应在人际交往中，尤其是在业务交往中，会产生很大的作用。我们要善于发现人们内心的变化，分析他人内心的感受，为我们的交往服务。

心相约：努力扮演好自己的角色

我们每个人应该说好与自己位置相关的话，做好与自己身份相符的事。一个有修养的君子，总是兢兢业业于自己的事业，不做超越自己职守权限以外的事，专心履行自己的职责，“有所为，有所不为”，对自己职责内的事，不论困难大小，不推不拖，勇于负责。对于自己职责以外的事情，不论利益大小，不争不抢。

在这里我首先要给大家讲两个小故事。

其一：尧让位给舜之前，曾想把帝位让给许由，但许由却并不把功名和权力放在心上，他对尧说：“您已经把天下治理得很好了，我再来代替您，这不是让我有损您的名声吗？鹪鹩在森林里筑巢，占一根树枝的地方就行了；鼹鼠在河边饮水，顶多喝满一肚子也就够了。我的君主！您说我要天下干什么用呢？厨师在祭祀的时候，又做菜，又备酒，忙得不可开交。可是掌管祭祀的人，并不能因为厨师很忙，就丢下手中的祭祀用具，去代替厨师做菜、备酒啊！您就是丢开天下不管，我也决不会代替您的职务。”

其二：三国时，蜀国丞相诸葛亮为了国家社稷可谓是殚精竭虑，无论大事小情，常常是亲自处理，唯恐出现什么差错。

有一次，诸葛亮正在亲自校对公文，主簿杨颙看到后，走进来劝说道：“治理国家是有体制的，上下的职权不能相互侵犯。请让我以治家来做比喻：有个主人，命奴仆管耕种，婢女烧饭，牛马用来拉车负重，家中的各项事务都有专人负责，没有空缺，因此这个主人一直都生活得从容不迫。忽然有一天，他打算试着亲自去做每一件事情，结果他为了这些琐碎的事务累得筋疲力尽，而且最终每件事情都没有做好。如今您管理整个国家的政务，大事恐怕都忙不过来，现在却亲自校改公文。您终日这样事无巨细、汗流浃背地工作，不是太劳累了吗？”

诸葛亮听完主簿杨颐这番话后，认为很有道理，对他深表感谢。后来主簿杨颐去世，诸葛亮伤心地哭了几天。

大家看了上面两个故事，很容易就可以总结出这样一个道理——“不在其位，不谋其政”。

古时尚且如此，当今时代更不应例外。

有不少企业的老板都有这样的想法：一个好员工应该是可以扮演多个角色，做多项工作，不是自己分内的工作，也要去做。其实真的是这样吗？不是的。因为每个人的精力和能力都是有限的，不可能什么事都一个人包揽。只有每个人都立足自己的工作岗位，全身心投入，才会把自己的工作做好，做到位。这样每个人加起来，就是一个非常有力量的整体。如果自己的工作没做好，就又想着去做别人的，而帮别人做时又往往放不下自己的，这样就会导致两边都受影响，两边都做不好，实际上影响了工作的效率。

在当前这个工作门类众多、分工明确的社会里，我们更应该清楚这一点，扮演好自己的角色。这样不仅有助于做好我们的工作，而且也是我们为人处世应该坚持的一种原则。

不谋别人的政，是对别人的尊重，也是维护自己的尊严。正如我们常说的，各司其职，各负其责。这是为人处世的基本原则。

我们每个人应该说好与自己位置相关的话，做好与自己身份相符的事。一个有修养的君子，总是兢兢业业于自己的事业，不做超越自己职守权限以外的事，专心履行自己的职责，“有所为，有所不为”，对自己职责内的事，不论困难大小，不推不拖，勇于负责。对于自己职责以外的事情，不论利益大小，不争不抢。现今社会，出名露脸的事情有人抢着干，有利可图的事情有人抢着干，出力不讨好的事情，不论是不是自己的职责，都扯皮推委而不办。更有甚者，为了出名露脸而干事，却不问其事是否有必要，是否可行，是否是当务之急，是否对民生有效有利。

不是自己的职责范围，不要过分干预。既要创新，又要安守本分。责任，对于每一个人来说，是法律、道义所赋予的义务，必须担当，是必谋之政。一个人不论是什么身份或是处在什么地位，都要摆正自己的位置，对自己所处的角色地位有清醒的认识，从而认真履行好所承担的角色职责。只有准确地定位自己所处的位置，才能更好地做事，更好地发展自己。

非其位不可居。居必遭议，议必非之，必被中伤而谗谄，倾覆也就是必然的结果。非其位不可居。居也不安，居也不宁。有怎样的德能，就处在什么样的地位，没有这样的德能，怎么能够安处其位呢?

人生在世，必当谨慎。循礼而行，依礼而处，前瞻而后顾，克警而惕，以求安宁。应当正确认识自己，时时处处对自己作出准确的定位，既不狂妄自大，越俎代庖，也不畏畏缩缩，谈吐仪度，为人处世，适中适度，从容悠游。

心相约：自己不喜欢，就别推给别人

“己所不欲，勿施于人”才能与人和睦相处，才不致在不对的时间，不对的场合，表错情、会错意。用心地对待每个人，用心去了解每位朋友的想法和喜好，才是避免表错情，建立良好人际关系的基础。

人们遇事常说：“将心比心。”这实际上正是在推行“己所不欲，勿施于人”的道理。

问题在于，世道人心，每每是反其道而行之。一般人遇到自己不想做的事，就想让别人去做；自己不想要的东西，就巴不得塞给别人。相反，自己想做的事，自己钟爱的东西，就不那么愿意与别人分享了。所以，不是“己所不欲，勿施于人”而是“己所不欲，千方百计施于人”。或“己所欲，勿施于人”。之所以会如此，其基本原因在于凡事都很少为他人着想，而是为自己着想，说到底还是源于人的私心。

儿童在心智刚启很难明白事理时，往往已能体会“将心比心，推己及人”、“己所不欲，勿施于人”的道理。五六岁的幼童打人，你若对他说：“别人打你，你愿意吗？”他多半会自觉不妥而住手，效果自然比讲君子动口不动手之类的大道理好得多。这个“恕”很妙，妙就妙在虽然奠基于儿童心理之上，却可以说服中国的“大人”。

三国时，起初吕布与刘备很要好，后来两人发生了矛盾，反目成仇。吕布为了气刘备，就让名士袁涣写信去骂刘备，袁涣不屑于干这种差事。吕布几次要求他都没有用，不禁怒火中烧，便用刀架在袁涣的脖子上说，再不写就杀了他。袁涣坦然而笑道：“我只听说以德羞人的，没有听说以辱骂折磨人的。如果说刘备是君子，就不会由于将军的辱骂而感到羞耻；如果他是小人，就一定会用同样的办法来回报你，那么辱没就会落到你头上，而且，我说不准哪一天也会为刘备效力，也会像今天给将军效力一样。假若我一离开将军就来辱没你，行不行呢？”吕布听了这一通话后，想想就罢休了。

“己所不欲，勿施于人”，这虽然看起来是一个消极又保守的态度，但至少有一个普遍的认知，我们不喜欢人家怎么待自己，我们就不要怎么待别人。而且，并不是每个人讨厌或喜欢的都与我们相同。如果做事不考虑别人的感受，那么可能就会产生与下面的故事相类似的结果。

有一年的愚人节，婷婷心血来潮，一早打了个电话给自己的朋友娜娜。

对方话筒一接通，婷婷兴奋地说:“祝你生日快乐。”

“什么？你搞错了，今天不是我的生日。”娜娜的声音有一丝不悦。

“没错！你看看日历，祝你生日快乐！”婷婷兴奋依旧。

娜娜一看，4月1日，怒气冲冲地喊了一句“无聊！”用力挂上电话。

婷婷一时反应不及，心想娜娜怎么这么没有幽默感？经不起这么一个小小的玩笑。

上班后，婷婷接到一大束红玫瑰，卡片上写着:“晚上7点巧力西餐厅见，知名不具。”她心中雀跃不已，想男朋友哪来的好兴致？

7点一到，婷婷准时抵达餐厅，却迟迟不见阿强的鬼影子，八成塞车了，再等他半个小时。“这个死阿强，来了有你好看的。”婷婷最恨人家迟到，她发誓一定会让他死得很难看。

7点半到了，阿强依然还没有来，婷婷决定自己先吃了。菜端上来，吃了两口，有个人姗姗来迟。

“婷婷，饿成这个样子，不等我来，自己先吃了！”阿强一脸疼爱的笑容。

婷婷不理他，径自品尝桌上的美食。

“生气了啊？我迟到了吗？”阿强看了一下手表，“没有哇！才7点53分。”

“还说没有，你和我约七点，现在才到，你不觉得可耻吗？”

“我和你约7点？哪有的事，是你传真给我说8点到巧力西餐厅，不然你自己看。”阿强从口袋里掏出一张纸递给婷婷。

“什么？传真？我没传什么东西给你呀！这是什么？该不会是你捏造的吧？你该不会说你没有送我花、送我卡片吧？”

“我……”阿强真是哑巴吃黄连。

正当两人为此事僵持不下时，服务生递来一张卡片——

“阿强、婷婷，愚人节快乐！最佳损友娜娜上。”

婷婷对此真是哭笑不得，很是气恼。但事实上，如果不是她先给人家搞恶作剧，又何至于被人“以牙还牙”，搞得这样狼狈呢？

人都有属于自己的一套做事方法，这个方式受到家庭、后天的影响甚多，也因此多少会存在差异性。通常和自己类似的人，做事方式会比较接近，个人价值观、共同点也比较多，于是我们便常看到一群“臭味相投”腻在一块儿的朋友。

但即使再相似的朋友多少也会有冲突点，难免会有许多大大小小的不愉快，很多时候是因为我们把自己的行事准则、想法套用在别人身上。

现实的情况告诉我们，“己所不欲，勿施于人”是一个基本态度，它讲的是一个普遍的价值观。我们都不喜欢朋友利用我们，那我们也不要去利用朋友；我们都讨厌别人说谎，那我们也不要说谎；我们不喜欢别人批评我们，我们也不要妄自批评人家；我们不喜欢朋友看轻我们，那我们也不要看轻朋友……

可是在这样一个普遍价值观之后，还有许许多多的细节才是造成人与人产生摩擦的真正原因。

“己所不欲，勿施于人”才能与人和睦相处，才不致在不对的时间，不对的场合，表错情、会错意。用心地对待每个人，用心去了解每位朋友的想法和喜好，才是避免表错情、建立良好人际关系的基础。

心相约：不要小聪明，做个有大智慧的人

心理学家指出：耍小聪明的人有两种灾祸，一个是被人猜忌防范而招祸，一个是自己会把事情办坏而不能成功。它可以使人得意于一时，获得心理上的满足，然而终究还是自毁，永远不会取得真正的、伟大的成功。从政的人耍小聪明会早早被扼杀在摇篮里，一个处处被人防范的人怎么能真正取悦于上司和同事呢？

聪明是一笔无形的财富，而这种财富是不是能够真正发挥其作用，关键在于怎么使用。真正聪明的、有智慧的人会使用自己的聪明和智慧，那是因为他们深藏不露，不到火候时不会轻易使用，一定要貌似平常，让他人不眼红。如果一味地耍小聪明，不管必要或不必要，不管合适不合适，时时处处显露精明，不仅无益于成功，往往还会招来祸患。三国时的杨修就是一例。

在中国古代那个伴君如伴虎的时代里，“小聪明，大糊涂”是万万要不得的。而杨修恰恰是犯了这个错误才做了曹操的刀下之鬼。

杨修是曹操的主簿，在《三国演义》一书中，他是很有名的思维敏捷的官员和有名的敢于冒犯曹操的才子。

杨修被杀的经过是这样的：刘备亲自领兵攻打汉中，惊动了许昌，曹操率领40万大军迎战。曹刘两军在汉水一带对峙。曹操屯兵日久，进退两难，适逢厨师端来鸡汤。见碗底有鸡肋，有感于怀，正沉吟间，有将入帐禀请夜间号令。曹操随口说：“鸡肋！鸡肋！”人们便把这作为号令传了出去。行军主簿杨修听到后即令随行军士收拾行装，准备归程。众将大惊，请杨修至帐中细问。杨修解释说：“鸡肋者，食之无肉，弃之有味。今进不能胜，退恐人笑，在此无益，来日魏王必班师矣。”大家信服，营中诸将纷纷打点行李。曹操知道后，怒斥杨修造谣惑众，扰乱军心，便把杨修斩了。

曹操明明知道杨修是个有才华的人，如果留着他肯定对自己有用，那他为什么

仅因为军队号令这点事就杀了他呢？这是有原因的。原来杨修为人恃才放旷，数犯曹操之忌。

曹操兵出潼关，到兰田访蔡邕之女蔡琰。蔡琰字文姬，原是卫仲道之妻，后被匈奴掳去，于北地生二子，作《胡笳十八拍》，流传入中原。曹操深怜之，派人去赎蔡琰。匈奴王惧曹操势力，送蔡琰还汉朝。曹操把蔡琰许配董杞为妻。曹操去访蔡琰，看见屋里悬一碑文图轴，内有“黄绢幼妇，外孙杵臼”八个字。曹操问众谋士谁能解此八字，众人都不能答。只有杨修说已解其意。曹操叫杨修先勿说破，让他再想一会儿。离开董家后，曹操上马行三十里，方才省悟。原来此含隐语“绝妙好辞”四字。曹操也是绝顶聪明的人，却要行三十里才思考出来，可见急智捷才远不及杨修。

曹操曾造花园一所。造成后曹操去观看时，不置褒贬，只取笔在门上写一“活”字。杨修说：“门内添活字，乃阔字也。丞相嫌园门阔耳。”于是翻修。曹操再看后很高兴，但当知是杨修析其义后，内心已忌杨修了。又有一日，塞北送来酥饼一盒，曹操写“一合酥”三字于盒上，放在台上。杨修入内看见，竟然取来与众人分食。曹操问为何这样？杨修答说，你明明写“一人一口酥”嘛，我们岂敢违背你的命令？曹操虽然笑了，内心却十分厌恶。

曹操怕人暗杀他，常吩咐手下的人说，他好做杀人的梦，凡他睡着时不要靠近他。一日他睡午觉把被蹬落地上，有一近侍慌忙拾起给他盖上，曹操跃身起，拔剑杀了近侍。大家告诉他实情，他痛哭一场，命厚葬之。因此，众人都以为曹操梦中杀人，只有杨修知曹操的心，于是便一语道破天机。可想而知，当时曹操是怎样的感受。

凡此种种，皆是杨修的聪明犯着了曹操。杨修之死，源于他的聪明才智。后人有诗叹杨修，其中有两句是：“身死因才误，非关欲退兵。”这是很切中杨修之要害的。

原本很聪明，很有才智的杨修就这样结束了他的一生。他对自己的聪明使用不当，他所显露出来的聪明，在大智者看来，其实是小聪明，大愚蠢。大智者能心里明白而不随便表露出来，绝对不表现得比别人聪明。如果杨修知道他的聪明会给他带来灾祸，他还会要小聪明吗？所以他的愚蠢处就是不知道要小聪明会带来灾祸。这样的人算聪明吗？显然不算。

多少年来，杨修被提拔得很慢，显然是曹操不喜欢他的缘故，这他没有意识到。曹操对他的厌恶、疑心越来越深，他也没有意识到，这就是说，该聪明时他反倒真糊涂起来了。如果他迎合曹操，不表现他的小聪明，那么他很可能会成功的。

人们也许会说，杨修的死，关键在于曹操的聪明和多疑，但是，换了任何人，作为上级也不大愿意让部下全部知道他的心思、他的用意。显然，杨修最终非失败不可，这可算是“聪明反被聪明误”的典型。

杨修的才太外露了，从谋略来看，尚不是真才，不是大才，至少他不知道韬光养晦，不知道大智若愚，不知道保护自己。那么，除了灾祸降临，他还会有什么结果呢？曹操是何等聪明之人，在他跟前，笨蛋当然不会受到重用，才能太露也有“功高盖主”之嫌，所以，真正聪明的人会掌握“度”。“过犹不及”，就是说，太聪明了反倒不如不聪明，实在是至理名言。

心理学家指出：要小聪明的人有两种灾祸，一个是被人猜忌防范而招祸，一个是自己会把事情办坏而不能成功。它可以使人得意于一时，获得心理上的满足，然而终究还是自毁，永远不会取得真正的、伟大的成功。从政的人要小聪明会早早被扼杀在摇篮里，一个处处被人防范的人怎么能真正取悦于上司和同事呢？

有大智慧的人，不显山露水，不卖弄聪明，表面上看起来很愚笨，其实却很聪明。颜回不正是这样一个大智若愚的生动形象吗？

大智若愚是中国人特有的做人的大学问、大智慧，也是中国人特有的一种人生大境界。

大智若愚是大勇若怯，以柔克刚；是藏锋露拙，明哲保身；是无所为，而后无所不为。

大智若愚，人才会清醒，才会冷静，才会有大气度，才会有宽容之心，才能平静地看待世间这纷纷乱乱的“厮杀”，尔虞我诈的“争斗”；才能超越功利，超越世俗，善待世间的一切，才能居闹市而有一颗宁静之心，也才能做到待人宽容为上，处世从容自如。

拥有了大智若愚，你就会感到“天在内，人在外”，天人合一，心灵自由，获得一种从未有过的解放。凭着这颗自由的心，你再不会为物所累，为名所诱，为官所动，为色所惑。

拥有了这种做人的大智慧，你才能从容自若地面对一切，才能在成功时不骄不躁，百尺竿头，更进一步；才能在失败时不畏流言，不惧攻击，不失去奋斗的力量，不自暴自弃。拥有了这种大智慧，做人就不会失败。

三

每天学点心理学——口才篇

心相约：让幽默为你说话

日常生活中，幽默是一门非常实用的心理学。幽默既可以拉近人与人之间的距离，增进彼此的感情，还可以让你在辩论中取胜或化争执为会心一笑。善用幽默，巧用幽默，将给我们的生活增添很多美妙的光彩。

当你与别人交往和交流的时候肯定会有这样的感受，那就是更愿意和那些有亲和力且富有幽默感的人去交流。因为跟这样的人说话很轻松也很愉悦。

幽默是一种最生动的语言表现手法，与幽默的人相处、谈话是非常有趣的事。这是人的一种普遍心理，也是人之常情。试问，你愿意跟一个总是哭丧着脸，一开口就爱说些很扫兴的话的人去谈心吗？我想你的答案一定是否定的。

从与人沟通的角度讲，幽默是一种非常有效的沟通方式，它很容易拉近彼此的距离，让心与心靠近，进而产生共鸣。幽默的这一特点是显而易见的，在这里我们也无须赘述。幽默的作用并不仅限于人与人之间的正面沟通，当你与人有不同意见时，采用幽默的方式同样可以收到奇效。

如果与人发生争执，或是各自坚持自己的意见时，幽默常常可以让人立于论辩的不败之地，并且化争执为会心一笑。

辛辣风趣的幽默，虽不同于严密的理论与辩驳，但因为幽默同样具有真实性、威慑力以及逻辑性，所以它仍有着很强的论辩力量。也就是说，在论辩中，幽默虽然既无论辩过程，也没有反驳的模式，却能以诙谐逗趣的方式，暗示事物的本质，借此达到明辨是非的目的。因此，在论辩过程之中，幽默常常能发挥证明与反驳所无法达到的作用。

第二次世界大战结束后，远东国际军事法庭在开庭审判二十八名日本甲级战犯之前，美、中、英、加、法、新、荷、印、菲等十个参与国的法官们，曾因排定法庭座次而展开过一场激烈的争论。

当时，除庭长韦伯法官的席位不容置辩之外，庭长右手边的座位属于美国法官似乎也已成定论。然而，庭长左手边的座位该属于哪国法官，大家却各执一词。因为坐在庭长身边的法官，不仅可以随时与庭长交换意见，同时也意味着该法官所在国在审判中的地位。按理来说，中俄法官应安排在庭长左手边的第二把交椅，可由于当时中国的国力并不强，因此被各强权国所否定。在这种情况下，唯一出庭的中国法官梅汝璈，便面对列强展开一场机智的舌战。

梅汝璈首先从正面阐明，座次安排应按日本投降时各受降国的签字顺序加以排列，这是唯一正确的原则立场。因为审判日本战犯一事中，中国受日本侵害最重，并且抗战时间最久，所付出的牺牲也最大，所以中国理应排在第二。再者，没有日本的无条件投降，便没有今日的审判，所以按各受降国的签字顺序排座，实属顺理成章。

接着，梅汝璈话锋一转，微微一笑，说："当然，如果各位不赞成这个办法，我们不妨找一个体重计，然后依照体重安排座位，体重重者居中，体重轻者居旁。"

各国法官听了全都忍俊不禁。庭长笑着说："你的建议很好，但它只适用于拳击比赛。"

梅法官接着说："如果不以受降国签字次序排座，最好就依体重排座，因为这样即使我被排在末位也心安理得。而我也可以对我的国家有所交代，一旦他们认为我不该坐在角落，至少还能另派一名比我胖的人来替换我。"

此番回答引得法官们大笑起来。毕竟，在举世瞩目的国际法庭上，法官座次要是真的按照体重加以排定，岂不是天大的笑话！而梅汝璈正是利用这样的玩笑，达到了自己的目的。

在论辩中反驳对方，有时舍弃锋芒毕露、相互抨击的语言，改用风趣含蓄、诙谐生动的语言，反而会收到更好的效果。

汉朝时，汉武帝晚年希望自己能长生不老。一天，他对侍臣说："相书上说，一个人鼻子下方的人中越长，寿命就越长，人中长一寸，就能活一百岁。不知是真是假？"

东方朔听了此话，知道皇上又在做长生不老的梦，所以脸上露出一丝讥讽的笑意。而皇上眼见东方朔似有讥讽之意，不悦地说："你居然敢笑话我？"

此时，东方朔摘下帽子，毕恭毕敬地回答："我怎么敢笑话皇上呢？我是在笑彭祖的脸太难看了。"

汉武帝问："你为什么笑彭祖？"

东方朔说："据说彭祖活了800岁，如果真像相书所说，'人中一寸就活一百岁'，彭祖的人中就该有八寸长，那么他的脸岂不是太难看了吗？"汉武帝一听，不免也哈哈大笑起来。

在这个历史故事中，东方朔以幽默的语言，借助笑话彭祖来讽谏皇帝，整个批驳过程机智含蓄、风趣诙谐，也让正在气怒中的皇帝转怒为喜，并且愉快地接受讽谏。

幽默有时也可用在轻微的讽刺、戏谑、谈笑风生中。这时，巧用幽默，既能达到驳斥对方观点的目的，还能产生和谐友好、轻松愉快的气氛。

有一次，世界著名博物学家达尔文应邀赴宴，正好和一位年轻貌美的女士坐在一起。这位女士用戏谑的口气向达尔文提出质问："达尔文先生，听说你断言人类都是由猴子变来的，那我也是属于你的论断之列吗？"

达尔文漫不经心地回答道："那是当然！不过你不是由普通猴子变来的，而是由长得非常迷人的猴子变来的。"

在这里，达尔文并不用科学的道理来反驳那位美女，而是以戏谑反驳戏谑，从而达到了自己的目的。

综上所述，我们可以发现，幽默是一门非常实用的心理学。它既可以拉近人与人之间的距离，增进彼此的感情，还可以让你在辩论中取胜或化争执为会心一笑。善用幽默，巧用幽默，将给我们的生活增添很多美妙的光彩。

心相约：尽量用柔和的语言与人交流

我们在与人进行言语上的沟通时，首先应该了解人性，揣摩人的心理。“有理不在声高”，并非说话咄咄逼人才有分量。谦让式的表达法更容易引起对方的心理变化，因为它充满了尊重、宽容和理解，本身就产生了一种感化力。

我们在与人进行言语上的沟通时，首先应该了解人性，揣摩人的心理。尽量说那些别人容易接受和乐于接受的话，那样才更有利于彼此的沟通，有利于建立良好的关系。

俗话说：“一句话能把人说笑，也能把人说跳。”一般情况下，能把人说“笑”的语言，通常是柔和甜美的。古往今来，和气待人、和颜悦色都被视为一种美德。柔言谈吐是值得提倡的一种交际方式。

柔言谈吐表现为语气亲切，语调柔和，语言含蓄，措辞委婉，说理自然。这样说话对方会感到亲切和愉悦，所谈之言也易于入耳生效，有较强的征服力，往往能收到以柔克刚的交际效果。

柔言谈吐的表达方式一般有两种。

一种是谦让表达法：

一家瓷器店的营业员遇到一位十分挑剔的女顾客，给她拿了好几套瓷器，挑了半个钟头还没选好，营业员因顾客太多不得不照应别的顾客。这位女顾客觉得自己受到了冷落，就沉下脸来，大声指责说：“你这是什么服务态度，没看见我先来的吗？快让我先买，我还有急事。”

这话真够刺耳难听的，如果和她较真儿，会吵得不可开交。然而，营业员没有这样，他安排好其他顾客后说：“请你原谅，我们店生意忙，对你服务不周到，让你久等了。”营业员的态度和话语真诚而谦让，那位女顾客的脸一下子红了，转而难为情地说:“我说得不好听，也请你原谅。”

有理不在声高，并非说话咄咄逼人才有分量。这种谦让式表达法充满了尊重、宽容和理解，本身就产生了一种感化力，从而引起对方的心理变化。火气遇上和气，就失掉了发泄的对象，自然就会降温熄火。

另一种是委婉表达法：

当你和他人意见不合，又想坚持己见时，万万不可对他人讥讽嘲笑，横加指责。委婉地表达自己的坚定立场，会取得意想不到的沟通和说服效果。

1940 年，处于前线的英国已经无钱从美国“现购自运”军用物资，一些美国人便想放弃援英，而没有看到唇亡齿寒的严重事态。罗斯福总统在记者招待会上宣传《租借法》以说服他们，为国会通过此法成功地营造了舆论氛围。

罗斯福并未直接指责这些人目光短浅，这样只能触犯众怒而适得其反，而是妙语连珠，以理服人。他用通俗易懂的比喻，深入浅出地说明理由，点中要害，人们不得不心悦诚服。“假如我的邻居失火了，在四五百英尺以外，我有一截浇花园的水龙带，要是给邻居拿去接上水龙头，我就可能帮他把火灭掉，以免火势蔓延到我家里。这时，我怎么办呢？我总不能在救火之前对他说：‘朋友，这条管子我花了 15 元，你要照价付钱。’这时候，邻居刚好没钱，那么，我该怎么办呢？我应当不要他 15 元钱，让他在灭火之后还我水龙带。要是火灭了，水龙带还好好的，那他就会连声道谢，原物奉还。假如他把水龙带弄坏了，答应照赔不误的话，现在，我拿回来的是一条仍可用的浇花园的水龙带，这样也不吃亏。”

罗斯福总统援英的决心很坚决，但他没有直接表达这种强硬的态度，而是用通俗的比喻表达自己的真实想法，达到了较好的说服效果。使用柔言谈吐要注意以下事项：

首先，要加强个人的思想修养和性格锻炼。我们知道，语言美是心灵美的具体表现。一个心灵丑恶的人，语言绝不会美，有善心才有善言。

其次，柔言谈吐，在造词用句和语调语气上有一些特殊的要求。比如，应注意使用谦敬词、礼貌用语，表示尊重对方的观点和感情，以引起好感。尤其要避免使用粗鲁、污秽的词语。在句式上，应少用“否定句”，多用“肯定句”；在用词上，要注意感情色彩，多用褒义词、中性词，少用贬义词，以减少刺激性；在语气上要委婉、文雅。

心相约：学会“见什么人说什么话”

真正的说话高手并不一定什么时候都表现得那么健谈，而是会认清自己的说话对象，根据对方的性格特点、交谈喜好等来巧妙地、适度地表达自己。这样的人大都是属于人见人爱型，谁跟他（她）交流都能有一个满意的体验。

话，我们每个人都会说，而且大多数人都自认为自己的语言表达能力不错。于是乎，有些人便见了谁都是天南海北、海阔天空地大谈一气。事实上，真正的说话高手并不一定什么时候都表现得那么健谈，而是会认清自己的说话对象，根据对方的性格特点、交谈喜好等来巧妙地、适度地表达自己。这样的人大都是属于人见人爱型，谁跟他（她）交流都能有一个满意的体验。

而有些人的脑袋则是“少根筋”，他们经常搞不清楚情况便胡扯瞎说。比如在寿宴上对寿星大谈人寿保险的好处；对孕妇说养孩子没什么好处，孩子翅膀硬了就飞了；对新人们说今天喜宴的菜好吃极了，下回别忘了再请我；甚至当别人就要出门旅行时，却大谈今年发生过多少起飞机失事的意外事件等等。

也许这类人有时只是谈兴正浓，没有注意到交谈对象的情况。不过，即使他们并不是故意说出这些话，却也在不知不觉中伤了人。当然，也有可能他们真的是“少了根筋”，木头脑袋，转不过弯！

话总是说给别人听的，至于说得好不好，是否有口才，不仅要看话语能否适当地表达自己的思想感情，也要看别人能不能理解并乐于接受。如果你说的话别人听不懂，或者根本没有让人专心聆听的意愿，那么这样的谈话还有什么意义呢？所以与人交谈之前，你应该搞清楚对方的个性。假如他喜欢委婉，你就说些流利的话；假如他喜欢率直，你就说些直接的话；假如他崇尚学问，你就说点高深的话；

假如他喜欢谈些琐事，你就说点浅显的话。这就是所谓的“见什么人说什么话”。而事实上，只要你说话的方式能与对方的个性相符，你们在交谈时便能一拍即合。

所以，见什么人说什么话，也就是当你和对方交谈时，尽量使用对方认同的语言，谈论对方熟悉和关心的话题，并且视具体情况灵活应变，以便在迎合对方心理的同时，也赢得对方的好感。只有赢得对方的好感，你才有可能得到想获得的东西，而这正是成就大事的一种技巧。

当你与地位较高的人谈话时，必须注意以下几点。

——态度要尊敬，对方讲话时要全神贯注地聆听。

——不要随意插话，除非对方希望你有所响应。

——回答问题时要简洁适当，尽量不说及题外话。

——说话态度自然，不要显得紧张。

——不要做“应声虫”。因为当你只一味地说“是”时，对方可能会心生不悦，甚至觉得你没有主见。

当你与地位低的人谈话时，你应表现出庄重的态度，千万不可因他的地位比你低，便在交谈时漫不经心。一旦你认为和对方谈话不用多费脑筋，你的态度就会给人一种随随便便的感觉，更何况对方的地位虽然比你低，并不意味着他的能力也一定比你弱。所以，这时你应让对方感觉到你对他的谈话内容有兴趣，并且他有必要继续说下去。而当你说话时，你必须庄重、有礼、和蔼，避免出现高高在上的态度。此外，你不妨赞美对方出色的工作表现。不过，你要记住不要太过聒噪，也不要显得太过亲密；最重要的是，你不要用自己的优越地位去阻止对方发言。

当你和女性谈话时，你必须先开启话头，以便能够继续交谈。不妨询问对方有关书籍、花草或其他轻松的某些事物。总而言之，你必须选择能够让对方感兴趣的交谈话题。同时，一切要以对方为中心，并用能够增加对方感情的谈话口气、态度和方式。如此一来，你们的交谈就能愉悦而顺利地继续进行。

另外，最为重要的一点是，当你与女性交谈时，务必保持尊重对方的态度，除不可随意打断对方的谈话外，也不应轻蔑对方。换言之，只要你表现出有礼、诚恳、尊重、和善的态度，自然就能让对方觉得与你谈话是一件十分愉快的事。

当你和老年人谈话时，你应该保持谦虚的态度。你会经常听到长辈在教育后辈时说:“我走过的桥比你走过的路还多。”其实这句话很有道理，因为老年人接受的新知识虽然比你少，可是他的人生经验却比你丰富，所以在双方谈话的过程中，你应该懂得谦恭与虚心。特别是有些老年人不喜欢别人说自己年事已高，甚至他们希望自己显得比真实年龄年轻。所以在与老年人谈话时，你不要直接谈及他的年纪，而只需提及他的阅历，一旦这种话题赢得他的欢心，他会觉得你非常讨人喜欢。

当你和年幼的人谈话时，你会发现有些人的思想比较成熟，有些人则没有你懂得多。如果遇到第一种情形，你和对方的交谈并不会有太大的障碍，只要你表现出更为沉稳的态度即可。也就是说，你不要降低自己的身份，也不要给对方直呼你姓名的机会，同时也不要与他们有所辩论。你只需让他们明白，你希望他们尊敬你，而你也一直在维护自己的尊严。毕竟人们总是因为你自己先看重自己，才会对你尊重有加，尤其那些比你年幼的人们更是如此。

另外，当你与对方交谈时，你也必须考虑到对方的文化背景，因为不同文化背景的人，在说话方式上也会呈现不同的特点。

简单地说，从事不同职业、具有不同专长的人，他们所接触的信息类型和话题往往并不相同，而他们也会因为不同的专业知识和经验，对不同的话题津津乐道。因此，如果你以对方一窍不通或一知半解的事物作为话题，他们就会觉得味同嚼蜡、无言以对。这样，你想与对方继续深谈将会显得十分困难。相反，如果你能抓住对方职业或专长上的特点，并借此作为交谈的话题，就能非常容易地触动他的心灵，从而使双方产生极佳的共鸣。

综观以上情况，你一定能够发现因人而异的谈话方式不仅表现了你自己的素质和修养，也让对方感受到你对他的尊重与信任。因此，对于这种说话技巧，我们不可不知，也不可不学!

心相约：表达出你的诚实与热情

一切有远见卓识的人，都必须把“诚”视为处世成功的基础，别再耍一些弄虚作假的手段，虽然顾客或大众中，有些人是比较好骗，但不可能所有人都是白痴，投机取巧和巧言令色的面具总有一天会被揭穿，虚情假意永远逃不过人们的眼睛，因而也是永远说服不了大众的。

从心理学角度来分析，人人都喜欢与真诚的人在一起，没人会愿意和那些表里不一的“伪君子”交往。触类旁通，当你与别人沟通的时候，也一定要表达出你的诚实与热情，这样才能真正地感染人，让别人跟你产生心理上的共鸣。

只要是真实可信的说话内容，加上热心诚恳的说话方式，说话交际就能达到理想的效果，正如谚语所说：“有了巧舌加诚意，就能够用一根头发牵动一头大象。”

沟通要成功，第一个策略，就是要让人家感觉到你的热心和诚意。“精诚所至，金石为开。”如果自己本身都意未明，情未动，言不由衷，怎么去表情达意呢？如果说诚意所要求的着眼点是内容，那么热心所要求的重点就是在语言的表达上。“情自肺腑出，方能入肺腑。”只有深切的热诚，才能唤起别人的热诚。说话要有感而发，主要目的在于晓之以理的同时动之以情。

热诚的具体表现是多方面的，其中之一就是对他人的尊重和说话时的礼貌。人与人相处，除了道德和伦理上的意义之外，还有其特殊的含义，而且这种含义直接关系到自己或公司在大众心目中的形象和声誉，与公共关系目标的实现紧密相关，因此，如你身为公关或服务人员，就必须更注重诚意的表达，以及是否尊重对方。

尤其在公关策略中，公关人员服务的对象是“任意一个不特定的大众”，从理论上说，大众就是任何需要我们提供服务的人。因此，出现在公关人员面前的不管是群体还是个人，只要是他的顾客，就应该对他们讲信用，用真心为大众解决问题。

曾经有一个平凡的业务员，干了十几年的推销工作后，突然对长期以来的强颜欢笑、编造假话、吹嘘商品等招揽顾客的做法感到十分厌恶，他觉得这是生活中的一种压力，为了要摆脱这种压力，他决定要对人无所欺。因此，他下定决心今后要向顾客“讲真话”，即使被解雇也在所不惜。

有了这个念头之后，他觉得心情轻松多了。

这天开始，当第一个顾客进店光顾时，顾客问他店中有没有一种可自由折叠、调节高度的桌子。

于是，他搬来了桌子，如实地向顾客介绍。

他说：“老实说，这种桌子不怎么好，我们得常常接受退货。”

“啊！是吗？可是到处都看得到这种桌子，我看它挺实用的。”“也许是。不过据我看，这种桌子不见得能升降自如。没错，它款式新，但结构有毛病，如我向您隐瞒它的缺点，就等于是在欺骗您。”

“结构有毛病？”客人追问了一句。

“是的。它的结构过于复杂，过于精巧，结果反倒不够简便。”

这时，他走近桌子，用脚去蹬脚板，本来，这要像踩离合器踏板一样轻轻地踩，他却一脚狠狠踏上去，桌面突然往上撑起，撞到那位顾客的下巴。

“对不起，我不是故意的。”

这时，客人反而笑了起来，脸上甚至露出喜悦的神色。

“很好。不过，我还得仔细看看。”

“没关系，买东西不精心挑选是会吃亏的。您看看这桌子用的木料，它的品质并非上乘，贴面胶合很差，坦白说，我劝您还是别买这种桌子，您到别家家具店看看，也许那的东西要好得多了。”

“好极了！”

客人听完解说十分开心，也出乎意料地表示他想要买下这张桌子，并且要马上取货。

顾客一走，这位业务员就受到了主管的训斥，并被告知他被“炒鱿鱼”了，马上要他到人事部办理离职手续。

过了一小时，这位业务员便动手整理东西，准备打包回家。这时，突然来了一群人，走到他面前，争着要看多用桌，一下就买走几十张桌子，说他们是刚才那位买桌子的客人介绍来的。

就这样店里成交了一笔很大的买卖。这件事也惊动了经理，业务员不仅没被辞退，经理还主动提出要与他再续约。而且，将他的工资提高三倍，休假时间增加一倍，还把他如实介绍商品的做法称为新型的售货风格，并要他继续保持下去。

人际沟通上的“诚意”，不仅在商场上能产生奇效，在政治领域中也同样有效。

1952 年，艾森豪威尔竞选美国总统，年轻的参议员尼克松是他的副总统搭档。

正当尼克松为竞选四处奔波时，《纽约时报》突然报道尼克松在竞选中秘密受贿的丑闻，消息不胫而走，给共和党的竞选带来极为不利的影响。

为摆脱困境，共和党花了数万美元让尼克松利用媒体，向全国选民作半个小时的公开声明。

很显然，能否澄清事实，取得选民认同，此举是关键。当时，全美国有 64 家电视台、700 多家电台把镜头、麦克风对准了尼克松。

而尼克松万万没有料到，当他走进全国广播公司的录音室之前，他被告知，助选的高级顾问已决定要他在广播结束后提出辞呈。

这意味着共和党和艾森豪威尔，已经在最关键的时刻抛弃了他。

于是，尼克松只好采取了一个在政治史上少见的行动：他把自己的财务状况全部公之于选民，先是公布了他的财产，再公布他的负债情形。

就这样，尼克松争取到了选民的同情，接着他就详细地说明自己的经济状况，连同怎样花掉每分钱都如实地告诉大众，这几乎是每天发生在大家身边的事，听来那么熟悉，那么真切可信。

最后他满怀感恩地说：“我还应该说的是，我太太帕特没有貂皮大衣……还有一件事，也应该告诉你们，获得提名之后，我们确实收到一件礼物。得克萨斯州有一个人在收音机中听到帕特提到我们两个孩子很想要一只小狗，就在我们这次出发进行竞选旅行的第一天，通过巴尔的摩市的联邦车站送来一只西班牙长耳小狗，带有黑白两色的斑点，我六岁的小女儿西娅给它取名叫切克尔斯，她非常喜欢那只小狗。现在我只要说明这一点，不管别人说什么，我们都要把它留下来。”

就这样，连尼克松自己都没有想到，他的演讲获得了巨大的反响。当他走出录音室时，到处是欢呼声，有数百万人打来了电话、电报或寄来信件，几乎每个著名的共和党人都发给尼克松赞扬的函电，从邮局汇来的小额捐款就达六万美元。

就这样，事实澄清之后，尼克松反而赢得了大批同情的选票。

后来，人们评论尼克松这次演讲成功的关键，就在于他的演说具有两大特点：一是“真诚”，二是“淳朴”。

当时，处于绝望边缘的尼克松，竟然不考虑以副总统候选人的身份，而是以一个普通人的形象出现在公众面前，与大家话家常，而他讲述的生活细节富有人情味，所以才能打动听众的心，获得他们的信任。

尼克松的获胜，可以说是“诚意策略”最成功的例子。

古今中外有无数被传为美谈的沟通趣事，从各个层面来看，诚实的语言不仅能带来成功，甚至带来神话般的奇迹；反之，如果一个人不遵循在语言上“诚能感人”的原则，就会失信于众，轻则影响个人的形象和声誉，重则危及组织的前途和生存。

因此，一切有远见卓识的人，都必须把“诚”视为处世成功的基础，别再要一些弄虚作假的手段，虽然顾客或大众中，有些人是比较好骗，但不可能所有人都是白痴，投机取巧和巧言令色的面具总有一天会被揭穿，虚情假意永远逃不过人们的眼睛，因而也是永远说服不了大众的。

心相约：说对方感兴趣的事

怎样才能稳当得体地打开话匣子呢？心理学可以告诉你答案：赞美一样大家都知道的东西，说说自己对某件普遍受关注事情的感想。因为人人都能加进自己的意见，由此可以探出对方的兴趣和爱好，然后拓展谈话的领域。如果你找对了对方的兴趣点，那你的目的也就会很容易达到，并且能取得事半功倍的效果。

生活中我们常会有这样的发现：那些能言善辩，在人际往来中如鱼得水的人，往往在与对方接触的一瞬间，就能找到双方感兴趣的话题，从而引发起交谈的兴致。这是因为他（她）很善于研究别人的心理，能够迅速把握住让对方易于接受的讯息。在人际交往中，能用来接近对方的话题可以说是俯拾皆是，关键在于要善于根据特定的情境去发掘，并恰到好处地运用。除了投其所好、寻找对方感兴趣的话题外，与之相类似的还有“借助媒介法”，即以一定的物和事为媒介，作为引发交谈的“因子”。

美国一名记者访问肯尼迪时，见面就说：“我看您还真像个人文主义者。”一下子便引起了肯尼迪莫大的兴趣，破例与这名记者长谈了将近两个小时。

另一个例子，一位从事童军教育工作的爱德华·查利弗先生，有一次，为了赞助一名童军参加在欧洲举办的世界童军大会，急需筹措一笔经费，于是他前往当时美国一家数一数二的大公司，拜会其董事长，希望董事长能解囊相助。在这之前，爱德华听说那位董事长曾开过一张面额100万美金的支票，后来那张支票因故作废，他还特地将之装裱起来，挂在墙上作为纪念。

爱德华一踏进他办公室之后，立即针对此事，要求参观一下他这张装裱起来的支票。爱德华告诉他，自己从未见过任何人开过如此巨额的支票，很想见识见识，好回去说给那些小童军们听。董事长毫不犹豫地就答应了爱德华的请求，并将当时开那张支票的情形，详细地解说给爱德华听。结果呢？董事长说完他那张支票的故事，未等爱德华提及，就主动问他：“对了，你今天来找我，是为了什么事？”于是爱德华才一五一十地说明来意。

出乎爱德华意料之外，董事长不但答应了他的要求，而且还答应赞助 5 名童军去参加该童军大会，并负责全部开销，另外还亲笔写了封推荐函，要求欧洲分公司的主管，提供所需的一切服务。

当时爱德华若非事前知道董事长的兴趣所在，一见面就投其所好，引他打开话匣子，事情恐怕就没那么顺利了。

又例如，眼前有个陌生人手里拿着一份报纸，你如果想结识他，便可以以报纸为媒介，对他说：“先生，对不起，打扰一下。请问您手里拿的是什么报纸？有什么重要新闻吗？”如此一来，就开启了双方对话的话头。

怎样才能稳当得体地打开话匣子呢？心理学可以告诉你答案：赞美一样大家都知道的东西，说说自己对某件普遍受关注事情的感想。因为人人都能加进自己的意见，由此可以探出对方的兴趣和爱好，然后拓展谈话的领域。如果你找对了对方的兴趣点，那你的目的也就会很容易达到，并且能取得事半功倍的效果。

心相约：要发自心底地赞美别人

以眼睛直视对方，并在适当的时机轻轻点头或微笑表示赞同；或者一开始交谈时稍微倾身向前，表示你十分关注对方所说的话。这些细微的动作只要稍微注意，就能使对方兴致盎然地和你继续谈话。

有道是“良言一句三冬暖，恶语伤人六月寒”。心理学家通过研究人们的心理，发现所有人都喜欢听好话。当你与人交往的时候，只要能够真诚而巧妙地给予对方赞美，那么你们的交往将非常顺畅，对方一定会积极地回应你。

有位朋友十分善于与人交谈，即使是初次见面，或不善言辞的人，在和他谈话时也能聊得十分愉快、轻松。这是因为他对于身边事物，即使是简单的服务、装扮都会仔细观察，遇到不知道该说什么时，他会立刻说：“你的领带很特别！”“这发型真适合你！”如此一来，就可以免除无话可说的尴尬场面。

初次的会谈往往因为谈话主题结束，或是因为话不投机而使谈话突然中断；这时你可以利用身边的事物为话题。其实话题是很容易发掘的，“你家小狗好聪明哦！”“这地方的装饰真别致！”只要你多用心去观察，身边的一草一木都可以成为话题素材，这些话题不但轻松自然，还可以拉近你与对方的距离，增进亲切感。

当我们在与他人交谈时，应该想想上述的例子，不要让对方觉得索然无味，有对着机器说话的感受。避免这种场面并不需要高深的说话技巧，只要在行为反应上稍加留意，让对方感受到亲切感就可以了。比方说，以眼睛直视对方，并在适当的时机轻轻点头或微笑表示赞同；或者一开始交谈时稍微倾身向前，表示你十分关注对方所说的话。这些细微的动作只要稍微注意，就能使对方兴致盎然地和你继续谈话。

还需注意的是，在与尚未熟识的人说话时，最好选择较为轻松愉快的话题，尽量不要提及个人过去不愉快的经历，以免让对方觉得沉闷、无聊。

拿破仑是一位非常厌恶虚伪奉承的人，有一次在聚会中，来宾大多是一些谄媚逢迎的人，见到拿破仑就笑嘻嘻地迎上前来，一开口就是恭维的话："将军真是武功非凡！""您对国家贡献十分伟大，如果没有您，我们如何能享受如此丰富的盛宴呢？"这些话令拿破仑听得十分不舒服。这时正好有位客人走过来敬酒，并说："将军您最讨厌逢迎巴结的话，今天这个聚会一定使您很难受吧！"

拿破仑十分惊讶，顿了一会儿便对这位客人微笑，然后表示内心无奈地摇摇头。

显然这位客人发自真心的一句体恤话，远比十句、二十句刻意恭维的话，更能得到拿破仑的认同。

刻意奉承、谄媚的话，听起来或许令人飘飘然，但是却浮华不实。因为这种话往往不是出自内心的真诚，反而给人夸张、不切实际的感觉，使人无法从心底去接受。比方说你有一套穿起来显得老气的西装，你并不喜欢，但是因为某些原因，不得不穿上它，结果别人对你说："你今天真帅气，这衣服真适合你。"相信你听了之后，心里一定很不是滋味。

谈话结束，要向对方告别时，如果能带着"期待再见"的语气和态度，往往会使对方在离别之后，特别想念你，希望能有机会再和你见面。

心相约：恭维别人要恰到好处

常言道："语言是衡量沟通双方心理距离的尺度。"因此令人感到不舒服的恭维话，不仅会在无意中拉开彼此的距离，更有防范他人侵犯的意味。如果反复滥用或过度恭维，就会显得肉麻而令人不舒服，至于言不由衷的恭维话，自然更是毫无良好的沟通效果了。

人际交往中，许多人常常使用恭维的语言，这就是所谓的"敬语"。心理学家告诉我们：适当地恭维能取悦人心，如果你对他人说出恭维的话，并且能恰如其分，对方一定会十分高兴。越是傲慢的人，越爱听恭维的话。当然，也有人会义正词严地说自己不爱他人的恭维，反而喜欢接受批评，但如果你信以为真，毫不客气地直言批评，对方即使表面上没有表示，内心却十分不悦，进而对你的好感也会降低。

所以，恭维的语言对人际沟通、维系良好关系会产生重要的作用。它不仅是调整心灵的润滑剂，而且，让别人听了舒服之余，还不会让你降低身份。所以如何适当地恭维他人，也是与人沟通的重要课题。

历史上，韩信在年轻时受过"胯下之辱"，后来，他追随刘邦，屡建奇功。于是有人断言，如果汉高祖刘邦没有韩信，根本无法统一天下。因此，汉高祖对韩信日益强大的力量有所畏惧，并开始有意无意地罗织韩信谋反的罪名，企图以此将其捕而杀之。

此时，韩信并不为自己辩护，只是说："狡兔死，走狗烹；飞鸟尽，良弓藏；敌国破，谋臣亡。我韩信只有被烹、被杀了！"刘邦听后，也觉得韩信是开国第一功臣，不能要杀便杀，于是将他贬王为侯，以观后效。

韩信受此打击，终日忧心忡忡，过着不愉快的日子。就在这时，久未谋面的君臣二人终于有了一次见面谈话的机会，于是韩信抓住这个机会，适时适事地把刘邦恭维了一番，暂时保全了自己。

当时两人的话题是从评论将士开始的，之后各持的见解却不同。刘邦问韩信："你看我有率领几万大军的能力呢？" 韩信答："陛下最多只能率领十万左右的大军吧！" 刘邦又问："那么你呢？" 韩信笑答："臣当然是多多益善！" 刘邦此时也笑着问："那你又为什么被我所用呢？" 这时韩信开始巧妙地恭维道："陛下虽然没有'将兵'的才能，却具有'将将'的才能，而臣之所以被陛下所用，道理也在于此。而且陛下的此种本能是天生的，绝对不是普通人所能具有的。"

韩信这番的恭维，使刘邦当时心情大好。至于刘邦之后又是如何作答，史书虽未作记载，但从日后韩信的复出就可想而知了。

如果你想在生活或工作中恭维别人，怎样才能做到恰如其分呢？

恭维他人时，必须对对方的年龄多加留意。

由于每个人都有希望，年轻人把希望寄于自身，老年人则寄于子孙，所以面对前途无量的年轻人时，如果你能列举几点来说明他将来会大有成就，他一定会十分高兴。如果你称赞他的父母如何了不起，他未必感到高兴，最多你说他是将门之后，并把他与他的父母一起称赞，才能赢得他的欢心。反观老年人，也许他历尽几十年的沧桑光阴，人生仍未达到他预期的理想。对于自己，他已不再有自信和希望，只能将他希冀的一切寄托于子孙身上。因此。你如果说他的子孙，无论学识或能力都是难得的人才，他一定会相当欢喜，甚至认为你慧眼识英雄！

对于商人，你如果称赞他学问好、品德好，或是清廉自守等，他一定是无动于衷。你应该称赞他才能出众、手腕灵活、生财有道等，他才会听得高兴又愉悦。

对于官员，你应称赞他为国为民、一生清正、廉洁自持、劳苦功高，他一听便会感到高兴。

对于文人，你应称赞他学有根底、妙笔生花，或者是思想恢弘等，他听了一定高兴。

此外，你应先了解对方的职业之后，再进行适当的恭维。如此一来，将为你与他人建立良好的沟通关系，打下最为坚实的基础。

需要注意的是，恭维他人也要掌握好尺度。在日常生活中，有些人会刻意堆砌一些不适当的敬语，过度恭维他人，反而造成他人的反感。

常言道："语言是衡量沟通双方心理距离的尺度。"因此令人感到不舒服的恭维话，不仅会在无意中拉开彼此的距离，更有防范他人侵犯的意味。如果反复滥用或过度恭维，就会显得肉麻而令人不舒服，至于言不由衷的恭维话，自然更是毫无良好的沟通效果了。

心相约：巧妙运用“情感共鸣”

由于人与人之间，很难一开始就产生共鸣，所以必须先诱发对方与你交谈的兴趣，再经过一番深刻的对谈，才能让彼此更加了解。当你尝试说服他人，或对他人有所请求时，也同样适用。你不妨先避开对方的忌讳，从对方感兴趣的话题谈起，并且不要太早暴露自己的意图，等对方一步步赞同你的想法后，他们便不自觉地认同了你的观点。

心理学中有一条“情感共鸣”的原则，我们平时所说的心理共鸣就是运用“情感共鸣”归纳出来的一种说服方法。它一般可分为四个阶段：导入阶段，即心理接触的初步阶段；转接阶段，即心理接触的中级阶段；正题阶段，即心理接触的高级阶段；最后是结束阶段。和不熟悉的人，或有对立情绪的人进行谈话时经常使用此方法。

由于人与人之间，很难一开始就产生共鸣，所以必须先诱发对方与你交谈的兴趣，再经过一番深刻的对谈，才能让彼此更加了解。当你尝试说服他人，或对他人有所请求时，也同样适用。你不妨先避开对方的忌讳，从对方感兴趣的话题谈起，并且不要太早暴露自己的意图，等对方一步步赞同你的想法后，他们便不自觉地认同了你的观点。

伽利略年轻时立志在科学研究方面有所成就，因此他希望得到父亲的支持和帮助。

一天，他对父亲说：“父亲，我想问你一件事，是什么促成了您同母亲的婚事？”

父亲说：“因为你的母亲十分吸引我。”

伽利略又问：“那您有没有娶过别的女人？”

父亲说：“没有，孩子。家人曾经要我娶一位富有的女士，可是我只对你母亲钟情，况且她当时可是一位风姿绰约、令人倾慕不已的姑娘。”

伽利略说：“您说的一点也没错，她现在依然风韵犹存。而您不曾娶过别的女人，因为您爱的是她，可是您知道吗？我现在也面临同样的处境！除了科学以外，我不可能选择别的职业，因为我喜爱的正是科学！其他事物对我而言，都毫无用途与吸引力！难道我要去追求财富或是荣誉？科学是我唯一的需要，我对它的爱，就如同对一位美貌女子的倾慕。”

父亲说：“像倾慕女子那样？你怎么会这样说呢？”

伽利略说：“一点也没错！亲爱的父亲，我已经18岁了！别的学生，哪怕是最穷的学生都会想到自己的婚事。可是，我却从没想过。因为别人都想寻求一位标致的姑娘当终生伴侣，我却只愿与科学为伴。”

父亲不说话了，只是静静地听。

伽利略继续说：“亲爱的父亲，您有才干但没有力量，可是我却能兼而有之。为什么您不能帮助我达成自己的愿望呢？我一定会成为一位杰出的学者，并能获得教授身份。如此，我便能以此为生，而且比别人生活得更好。”

父亲为难地说：“可是我没有钱供你上学。”

伽利略激动地说：“父亲，您听我说，很多穷学生都能领取奖学金，这些钱是公爵宫廷给的，所以我为什么不能去领一份奖学金呢？您在佛罗伦萨有许多朋友，交情也都不错，他们一定会尽力帮助您的。也许您能到宫廷去处理这件事，我们只需要请他们去问问公爵的老师奥斯蒂罗利希就行了，他了解我，知道我的能力！”

父亲被说动了：“嗯，你说得有理，这是个好主意。”

伽利略抓住父亲的手，开心地说：“父亲，求您尽力而为。我向您表示感激之情的唯一方式，就是保证自己成为一个伟大的科学家！”

伽利略最终说服了父亲，实现了自己的理想，成为世界著名的科学家。

伽利略之所以能够说服自己的父亲，是因为他巧妙地运用过了“心理共鸣”的说话方法，慢慢地让父亲不但理解了他的想法，而且支持了他的想法。由此可见，“心理共鸣”法在现实的沟通中是非常管用的。

有一位老师，担任差班的班主任。开学第一天，他亲切地对同学们说：“有人说我们是放牛班、垃圾班，这是没有道理的！拿体育成绩来说，我们班不但不是垃圾班，而且可以成为优等班！”

短短一席话，使同学们迅速从低落的情绪中振奋起来，从自卑感中树立了信心。为什么他的话会产生如此大的效果？因为他的话充满信任和鼓励，更重要的是，这位老师在见面的第一天，就把自己置于这个被人瞧不起的集体之中。他左一句“我们”，右一句“我们”，让这些内心充满自卑感的学生，感受到温暖和亲情。总之，由于心理上的接触和情感上的共鸣，老师的话对学生产生了非常大的鼓舞作用。

心相约：抓住漏洞，进攻薄弱

当遇到一时无法理清思路的事情或一些不能正面回答的问题时，一定不要急于作正面的反击，而应该稍稍改变，竭力避开对方的优势，趁势抓住对方的漏洞，再不动声色地予以反击。只要能够进攻对方薄弱的环节，就可以做到克敌制胜。

当遇到一时无法理清思路的事情或一些不能正面回答的问题时，一定不要急于作正面的反击，而应该稍稍改变，竭力避开对方的优势，趁势抓住对方的漏洞，再不动声色地予以反击。只要能够进攻对方薄弱的环节，就可以做到克敌制胜。

从前，河南有个大财主叫金泰来，他是一个吝啬鬼，想趁袁世凯称帝的时机，克扣长工的工钱。一天，他以庆祝袁世凯当皇帝为名，摆了几桌酒席，并把长工奴仆都叫来。在酒席上，他说："为了庆贺皇帝登基，我想赏给在座各位每人200两银子，只是有个条件，每人必须说一件我从来没听过的事。说对了有赏，说错了就扣一年的工钱。"众人自然了解他的用意，却也拿他没辙，只好皱着眉头苦思对策。

此时，有一个小丫头说："老爷，从前我家养了一只鸭，一天下七个蛋，三个双黄的，四个……"

没等丫头说完，金泰来一摆手说："别说啦，我家的鸭子一天还下过十个蛋呢！来啊！把她的工钱扣下来！"管账的人一听，就扣下小丫头一年的工钱。

接着，有个长工说："老爷，我见过一条狗，两个眼睛朝前，两个眼睛朝后，两个眼睛朝左，两个眼睛……"

金泰来随即又打断他说："别说啦！一边长六个眼睛的狗我都见过呢！把他的工钱也扣下来！"管账的人又把这个长工一年的工钱给扣了下来。

后来，金财主一口一个"听说过"，毫不留情地把长工们的钱都给吞了。最后轮到一个当奶妈的仆人时，她站起来说道：“老爷，奴家姓钱，我家祖父说，他与您家曾祖父有八拜之交，要真论起来，您还得叫我声姑奶奶，这事您一定听说过吧？”

金泰来眼睛一瞪，酒盅一摔，怒声吼道：“瞎说！我怎么从来没听说过？”

奶妈突然哈哈大笑：“老爷，既然您没听说过，那就快拿200两银子赏我吧！”

金泰来才明白自己上了当，但在众人面前又不敢赖账，只好拿出200两银子给奶妈。后来奶妈把银子分给大家，结果一算，大家拿到的钱比原来的工钱还多了好几倍。

这位奶妈之所以出奇制胜，就在于她了解金泰来绝不会认她为姑奶奶。另一方面，因为金泰来对“你没听说过吗？”一语有相当的警觉性，于是她巧妙地以“你一定听说过吧”来替换，借以降低他的警觉心，使金泰来因瞬间的冲动而中计。很显然，巧妙的语言迂回技巧，就是奶妈成功的原因。

此外，清代著名的雄辩家纪晓岚也善于驾驭语言。有一回，乾隆想开个玩笑以考验纪晓岚的辩才，便问纪晓岚：“纪卿，忠孝二字作何解释？”

纪晓岚答道：“君要臣死，臣不得不死，是为忠；父要子亡，子不得不亡，是为孝。”

乾隆立刻说：“那好，朕要你现在就去死。”

纪晓岚立刻说：“臣领旨！”

乾隆笑着问：“纪卿，那你打算怎么个死法？”

纪晓岚思索后，说：“跳河。”

话一说完，纪晓岚便走了出去，乾隆知道纪晓岚不可能真的去跳河，于是决定静观其变。

果然，不一会儿，纪晓岚又回到乾隆面前，乾隆笑道：“纪卿，你何以未死？”

纪晓岚回答道：“我碰到屈原了，他不让我死。”

乾隆疑惑地问：“此话怎讲？”

纪晓岚煞有介事地说：“我刚刚到河边，正要往下跳时，屈原从水里向我走来，他说，‘晓岚啊，你此举大错！想当年楚王昏庸，我才不得不死。可如今皇上如此圣明，你为什么还要死呢？你应该回去问问皇上是不是昏君，如果皇上说他跟当年的楚王一样是个昏君，你再死也不迟啊！’所以臣就回来了。”

乾隆听后，放声大笑，连连称赞道：“好一个如簧之舌，真不愧为当今的雄辩之才。”

纪晓岚巧用“抓对手漏洞”的技巧，在毫不损害乾隆面子的情况下，点出他的无理之处，进而一举令人折服。

很明显，乾隆是根据纪晓岚提出的“君要臣死，臣不得不死，为忠”之论叫他去死，使纪晓岚临阵进退都无道理。纪晓岚只有思考如何进攻其薄弱环节，才能主动创造契机，因此他指出“如果皇上承认自己是昏君，我就去死”，而乾隆当然不可能承认自己是昏君，所以他很自然地摆脱了困境，为自己找到一个充分的不死理由。

心相约：表达不同意见的秘诀

在提出反对意见前，你不妨告诉对方，有一些人也和他有同样的观点。把批评性的话先以表扬的形式讲出来，这样可以帮助你在和谐气氛中否定对方的意见。

生活中，我们常会对一些问题产生不同的意见，当我们想发表异议时，怎样才能表现诚恳，又能使人高兴地接受自己的意见呢?

一、先退让一步，再提出反对的意见。

在表示不同意见时，应该先退让一步，表示自己在某些方面同意对方的意见，也很仔细地考虑过他的意见；然后再说明自己的建议，如此将使对方更容易接受你的观点。你不妨这样说："我考虑过你的提议，这个建议很好，不过，有些问题可能还需要再商量。"或是："我十分同意你的意见，只是我有一些建议，希望你能听听看。"

二、婉言陈述，吸引对方一起讨论。

在表示反对之前，你不妨以慎重的态度，请对方再斟酌考虑一下，让不愉快的情绪降到最低，然后再提出你的意见。你可以这样说："你提的问题很重要，是否可以重新再仔细地讨论一下，你觉得如何？"

"你是否可以再想想，有没有更好的办法或建议，我的看法是这样的应该也不错……"

这种态度不仅表明你愿意考虑接受对方的意见，而且表明你对他的意见很感兴趣，可使对方乐于跟你讨论，接受你的意见。

三、褒贬倒置，营造和谐气氛。

在提出反对意见前，你不妨告诉对方，有一些人也和他有同样的观点。把批评性的话先以表扬的形式讲出来，这样可以帮助你在和谐气氛中否定对方的意见。你可以这样说："你提的意见很好，不少人和你有同样的看法，不过……"或者说："我明白你的假设很正确，在理论上是完全可行的，但是在实行方面……"

四、回避焦点，缓冲正面的纷争。

你可以表示同意对方的意见，但说明有些人不赞同，然后再针对不完善的地方提出质疑。

五、重复对方的意见，以提醒对方再次考虑他的意见。

在发表不同意见的过程中，许多人说话时往往粗心大意，所说的话可能不够完善，这时你不妨用询问的口气、适宜的语调重述对方的意见，表示希望得到再次的证实，使对方能重新思考，加以修正。比如，有一个人在座谈会上批评学校管教学生不严时说："学校对于学生太过溺爱，使学生越来越放肆。学校应该要学生做他们不喜欢的事。"另一个对此有异议的人便问："您认为学校如何对待学生最合适？要训练学生做其不喜欢的事就好了吗？"这番话立刻使先前提议的人又会再重新修正他有失偏颇的言辞。

六、善意的取笑，沟通双方情感。

善意的取笑是指以幽默形式出现的善意玩笑。有一次，一个想成名而又不愿下苦功的年轻人写信给马克·吐温："听说软骨中含有大量的磷，而磷可以补脑。我想，要成为一位大作家必须补脑，不知道您可否建议我吃哪种料理才好？"马克·吐温的回答是："我想，你最好吃一对鲸。"善意的取笑往往会收到意想不到的效果，但在使用时应注意不可使用尖酸刻薄的用词，更不能奚落对方。

心相约：说话要以“攻心为上”

攻心为上技巧的运用，在林肯竞选总统成功的过程中，扮演着很重要的角色。他以朴实而富有情感的话语，击败了用语华美、口若悬河的对手道格拉斯，赢得了亿万选民的心。而以前竭力反对他的那些选民，在听了他的竞选论辩后，也为其真情所感动，转而投给他认同与信赖的一票。

兵法上言：“心战为上，兵战为下”，意思是攻心才是真正的上策。论辩犹如用兵，也要注重心理战术。“攻心为上”，也就是说，在论辩中要揣度对方心理，并且注意论辩对策的合理性和合意性，使得对方的心理发生变化，进而成功地瓦解对方的斗志。

第二次世界大战时，丘吉尔于1941年的圣诞节前夕到达美国，希望能说服美国和英国联盟，立即对德宣战，以扭转英国当时所面临的危机。可是，由于不少美国人对英国人没有好感，反对美国介入英德战争，因此丘吉尔的说服任务颇具困难。然而，丘吉尔不愧是著名的论辩家，他在进行说服沟通时，十分注意攻心技巧的运用，不仅用情感来打动美国人民的心，还化解了对立的情绪，使美国人民愿意请美国政府援助英国对德作战。

丘吉尔发表演说时，说道：

“我远离祖国，远离家园，到这里度过一年一度的佳节，但我并不觉得寂寞孤独。或许是因为我母亲的血缘关系，或许是因为我在这里得到了许多的友谊，以至于我根本不觉得自己是个外来者。”

“由于我们的人民和你们说着同样的语言，有着同样的宗教信仰，追求着同样的理想，因此我感受到的是一种和谐、亲密无间的气氛。而今晚的此时此刻，在一片战争的混乱中，每一颗宽容无私的心灵都应得到灵魂的平安。因此，至少让我们在今晚能把困扰我们的各种担心和危险搁置一边，在这充满风暴的世界中，为我们的孩子准备一个幸福的夜晚。那么，今晚的此时此刻，我们希望使用英语交谈的每个家庭，都像是一个有阳光普照、既幸福又和平的小岛。”

丘吉尔从两国人民之间共同的语言、宗教信仰、理想及长期的友谊切入，并将这些共同点作为彼此相信、相互了解的基础，直到引出希望使用英语交谈的家庭，都应过着一个和平安详的圣诞节的话语，打动了无数美国人的心，使得他们改变反战立场，转而与英国结盟。

林肯也善用攻心为上之术，他曾说：“不论人们如何仇视我，只要他们肯给我一个说话的机会，我就可以说服他们。”

他之所以如此自信，就在于他能够将别人和自己的心理距离拉近，使之由仇视变为好感。而以下是他在竞选总统时的演说词：

“南伊利诺伊州的同乡们，肯塔基州的同乡们，密苏里州的同乡们，我听说在场的人群之中，有些人想和我为难，我实在不明白你们为什么要这样做，因为我也是一个和你们一样爽直的平民，那么为何我不能和你们一样拥有发表意见的权利呢？亲爱的朋友，我并不是来干涉你们的人，我也是你们之中的一分子！”

“我生于肯塔基州，长于南伊利诺伊州，都是和你们一样从艰苦环境中生存过来的人，所以我了解南伊利诺伊州和肯塔基州的人。我也了解密苏里州的人，而你们也应更清楚地认识我，如果你们真的认识我了，你们就会了解我，知道我不会做不利于你们的事。所以同乡们，请让我们以友好的态度交往，而我立志做世上最谦和的人，决不伤害任何人，也决不干涉任何人。因此，我现在对你们诚恳要求，请求你们允许我说几句话。你们都是勇敢而豪爽的人，我想这一点要求，必定不会遭到拒绝。那么，现在让我们诚恳地讨论一个严重的问题吧……”

攻心为上技巧的运用，在林肯竞选总统成功的过程中，扮演着很重要的角色。他以朴实而富有情感的话语，击败了用语华美、口若悬河的对手道格拉斯，赢得了亿万选民的心。而以前竭力反对他的那些选民，在听了他的竞选论辩后，也为其真情真义所感动，转而投给他认同与信赖的一票。

四

每天学点心理学——交友篇

心相约：心胸豁达才能广交益友

一位哲人说过一番耐人寻味的话：天空收容每一片云彩，不论其美丑，故天空广阔无比；高山收容每一块岩石，不论其大小，故高山雄伟壮观；大海收容每一朵浪花，不论其清蚀，故大海浩瀚无比。哲人之言无疑是对宽容最生动直观的诠释。一个人的胸怀能容下多少人，才能赢得多少人。

生活的路崎岖坎坷，难免会有磕磕绊绊，工作中会遇到挫折，生活中会遇到烦恼，没有人总是一帆风顺，人活着总会遇到这样或那样的不如意，有的人感觉活得很累，而有的人却过得很开心，心态的不同，其结果会大不一样，把困难抛在脑后，选择积极地生活，你会发现生活还是那么美好，心理学就要让人对事物想开一些，更好地生活。

我们讲心理上宽容就是让人在纷繁复杂的世界里获得心灵上的平静和满足，生活中，人往往需要得到别人的理解，但人与人之间难免会有隔阂，没有人会完全了解你，人们之间产生误解也是很普通的事情，所以就要求我们有宽容的心，不要对事事都斤斤计较，同时生活需要我们有一颗善解人意的心，需要我们凡事能更大度一点，那样我们才会过得更快乐。

心胸狭窄的人，往往感到生活处处跟他作对，怨天尤人，对生活没有信心，从而影响了自己的前程。

2002 年 3 月，一位名叫布鲁克的人从雅典去叙拉古游学，经过卡塔尼山时，发现了一只老虎。进城后他对城里人说卡塔尼山上有一只老虎。城里没有人相信他，因为人们在卡塔尼山从来就没见过老虎。布鲁克很生气，在到达叙拉古的第十天，布鲁克买了一支猎枪来到卡塔尼山。他要找到那只老虎，并把那只老虎打死，带回叙拉古，让全城的人看看。可是这一去，他就再也没有回来。三天后，人们在山中发现一堆破碎的衣服和布鲁克的一只脚。经城邦法官验证，他是被一只重量至少在五百磅左右的老虎吃掉的。布鲁克说的是事实，但他却在与别人的争论中失去了人最宝贵的东西。真正的智者从不会为小事斤斤计较，他们总是坚持走自己的路，不管别人怎样评说，而时间最后总会证明他们是正确的。而凡事都要争个是非的做法并不可取，会带来不必要的麻烦或危害。

选择什么样的生活是由我们自己决定的，我们完全可以把看来很糟糕的事情处理得很好，这往往需要我们有一颗宽容的心，只要大度一些，许多问题都会迎刃而解，心理学认为宽容是治疗人生不如意的良药，是人生的大智慧，是自信的表现，有了宽容大度的胸怀，我门才会活出自己的精彩，才会在人生的舞台上越走越宽阔。

工作当中同事之间总会有摩擦，如果感情用事，非要争出个是非来，对双方都是一种伤害。如果能冷静地解决，怀着包容对方的心理，事情就会变成另外一个样子，对方也会主动放下敌对的心理，你们的友谊会比以前更牢固。正所谓忍一时风平浪静，退一步海阔天空，学会宽容，我们就会对无关紧要的小事一笑置之，从而使我们的心境变得像天空一样开阔。

只有学会宽容的人，才能客观地看待事物，不被表象所蒙骗，从而发展自己，成就自己。

“难得是挚友，当面敢批评”，如果没有宽广的胸怀，就不会得到真正的朋友，魏徵敢于直谏唐太宗，结果被唐太宗视为镜子，给予高度评价，如果唐太宗没有这种大度的胸怀，恐怕魏徵的努力也只能落空。“海纳百川，有容乃大”，只有不断吸纳别人，处处包容别人，才能使自己不断进步。

寺庙中的两个小和尚为了一件小事吵得不可开交，谁也不肯让谁。一个小和尚怒气冲冲地去找方丈评理，方丈在静心听完他的话之后，郑重其事地对他说：“你说得对！”于是这个小和尚得意扬扬地跑回去宣扬。另一个小和尚不服气，也跑来找方丈评理，方丈在听完他的叙述之后，也郑重其事地对他说：“你说得对！”第二个小和尚满心欢喜地离开后，一直跟在方丈身旁的一个小和尚终于忍不住了，他不解地向方丈问道：“方丈，您平时不是教我们要诚实，不可说违背良心的谎话吗？可是您刚才却对两位师兄都说他们是对的，这岂不是违背了您平日的教导吗？”方丈听完之后，不但一点也不生气，反而微笑地对他说：“你说得对！”第三位小和尚此时才恍然大悟，立刻拜谢方丈的教诲。

生活中，我们要学这位方丈，凡事都以“你说得对”来先为别人考虑，那么很多不必要的冲突与争执就可以避免了，生活一定会变得轻松起来。

一位哲人说过一番耐人寻味的话：天空收容每一片云彩，不论其美丑，故天空广阔无比；高山收容每一块岩石，不论其大小，故高山雄伟壮观；大海收容每一朵浪花，不论其清浊，故大海浩瀚无比。哲人之言无疑是对宽容最生动直观的诠释。一个人的胸怀能容下多少人，才能赢得多少人。

这也说明我们要学会包容，学会宽容，做人大度一些，这样我们的人生才会活得更加精彩而有意义。

一位心理学家说：“只要有一种看透一切的胸怀，就能做到豁达大度。把一切都看做‘没什么’才能在慌乱时，从容自如；忧愁时，增添几许欢乐；艰难时，顽强拼搏；得意时，言行如一；胜利时，不醉不昏，有新的突破。”

有位很大度的保险行销人员，上门推销保险时遭到客户的拒绝，他站起来，拎着公文包向门口走去，快走到门口时，他转过身来，向客户深深地鞠了一躬，说：“谢谢你，你让我向成功又迈进了一步。”

客户深感意外，心想：我把他拒绝得那么干脆，他怎么还要感谢我呢？好奇心驱使他，叫住那位小伙子，问道：“我拒绝了你，为什么你还要对我说谢谢？”

那位行销人员微笑着说：“我的主管告诉我，当我遭到20个人的拒绝时，下一个就会签单了。你是拒绝我的第19个人，再多一个，我就成功了。所以，我当然要谢谢你。你给我一次机会，帮我加快了迈向成功的步伐。”结果，客户思考了片刻，于是买了一份保险。

只有如此豁达大度的人，才可能在逆境中取得成功。

美国有位来自伊利诺伊州的议员康农，刚刚上任时就有一位代表嘲笑他说：“这位从伊利诺伊州来的先生，你的口袋里恐怕还有燕麦吧！”这是在讽刺他还没有摆脱农夫的气息。虽然这种嘲笑很让人难堪，但康农并没有生气，只是从容不迫地答道：“我不仅在口袋里有燕麦，而且头发里还藏着草屑。我们西部人难免有些乡村气，可是我们的燕麦和草屑，却能生长出最好的苗来。”当时与康农一道随行的人要求康农去找那位议员，康农说:“算了吧，像他这样的人，不必与他争论。”

这里，康农面对羞辱并没有恼火，而是很好地调整了自己的情绪，并且顺水推舟，作了绝妙的回答，不仅没有受到损失，反而显示了他博大的胸怀。

心相约：多为别人着想

事实证明一个人要适应现代社会，我们不仅需要有丰富的知识，而且更要学会做人，学会与他人合作……这就是说我们需要具备多替别人着想的心理。如果能够做到多为别人考虑，人与人之间才会最大限度地减少冲突和内耗，我们每个人才会真正地感受到社会大家庭带给我们的温暖。

我们讲处事多为别人考虑，这和爱我们自己是一致的，人的本质具有社会性，人在为别人考虑的时候，其实是在更全面地爱自己。

多为别人考虑，才能化解生活中的许多矛盾与冲突，与人相处，误解、矛盾是不可避免的。这时如果你能设身处地为对方着想，学会换位思考，用对双方都有利的办法去解决问题，矛盾也就会因双方的理解而随之解除，很大程度上避免了不必要的误会与伤害。

也就是说，种瓜得瓜，种豆得豆。如果你种下友谊，最终获得的当然是友谊。换句话说，如果你能常常为他人着想，那么别人也会以此相报。

人为别人考虑，其实得到实惠最大的是自己。一个盲人在夜晚走路时，手里总是提着一个明亮的灯笼。人们看到这种情况都很不解，盲人又看不到东西，提着灯笼有什么用呢？突然有人恍然大悟，原来盲人这样做是为了让人注意到他，这样做别人才不会撞到他，他这样做既提醒了路人，也方便了自己。这说明替别人着想，也就是为自己着想。

遇事只为自己考虑的人，我们说他自私，自私的心理往往具有狭隘的特点，自私的人总是认为自己在做一件很聪明的事，可到头来吃亏的往往是自己。在一个很偏僻的山村，村民们每天起早贪黑种植水稻，可年年的收成都很低。有位农夫就想到了进一些比较优良的种子，他的新品种产量果然比其他农户种的水稻产量高许多，接下来许多村民就想向他换一些种子，提高一下自家的产量，农夫的自私心理使他拒绝了别人的请求，他想来年我的水稻一定还是这里最好的，于是他更辛勤地劳作，但到了丰收的季节，他发现这种优良品种的产量又回到以前种植的水稻的产量了，他不解，终于有人告诉了他原因，原来，在水稻受粉时，由于别人家的水稻与他家的不同，蜜蜂使他家的水稻接种了别家的花粉，他家的产量也就降低了。

为人处世，只考虑自己的心理是非常错误的，严重的自私心理只能是让自己陷入不能自拔的泥潭，不考虑他人和社会，最终是会被淘汰的。不可否认，生活中的确有一些人信奉“各人自扫门前雪，不管他人瓦上霜”的人生哲学，有的人甚至一味追求个人利益，置道德、法纪于不顾，干出损人利己、伤天害理的勾当，在他们眼里，受损的是别人，得利的是自己，把“害人终会害己”的教训忘得一干二净。但殊不知这样的心理，往往导致糟糕的结果。某报曾刊登过一件真实的事情，一位专制假罐头的商人，一天吃了别人送的罐头后上吐下泻，他想状告生产商，却发现被告正是自己。难道这仅仅是一个巧合吗？社会本来就是一个有机的整体，人与人之间相互依存、利益相关，在某个时候，损害了别人利益的同时，自身的利益也一定会受到损失。

在决定做某件事之前，我们不妨先想想别人的感受，想想自己的一个决定会给别人带来什么样的后果和影响，这样我们才不会贸然行事，才不会做出让我们今后后悔不已的事来。

无论任何事情，牵涉的人都不可能只是一个独立的“我”。所以，“我”是和大家相连的。所以，你应该首先考虑到你牵涉到的人。多想想别人的感受不是坏事，这是人的一种美德。

生活中，我们的心要处处为他人着想，这样我们才会感觉世界充满温暖，我们居住的环境充满和谐。

有一对新婚夫妇坐着一辆公共汽车去旅游，当汽车驶向一个安静的小村庄时，这对新婚夫妇突然要求司机停车，他们想在旁边的村庄里住上几天。那对新婚夫妇下车后，又对司机说了许多话，让司机过几天记着再来接他们，等他们下车后，司机就开着车继续往前走。但是，噩梦就在那一刻降临了。汽车刚拐进前面的那段山路，那里就发生了山崩，车里面的人全部遇难了。而这悲惨的一幕正好被那对夫妇看到了，他们没有想到自己的幸运，没有感谢上帝的庇佑，而是心里充满了懊悔，他们悔恨自己下车前和司机交谈了那么长时间，如果不是他们的原因那辆车也许不会遇到这个路段，如果他们没有下车，那全车的人也许就不会死了。

多为别人考虑，多为他人做点事才能让自己得到快乐和安宁。

伟人甘地，有一次乘火车，他的一只鞋掉到了铁轨旁。此时火车的汽笛宣告车已经开动，不可能再让他下去了。于是甘地急忙把还穿在脚上的另一只鞋子也脱下扔到第一只鞋子旁边，然后才回到了自己的位子上。同行的人不解地问甘地为什么这样做，甘地认真地说："这样一来，路过铁轨旁的穷人就能得到一双鞋子。"

其实为他人着想就等于为自己着想。为他人着想，有许多表达方式，有时候给一点方便、一些提示、一句真心话、一点儿谅解或理解，就会成为别人越过坎坷道路上的一股助力，也会成为别人成功的关键所在。一个给予别人方便的人，自己也会得到别人给予的方便。正所谓送人玫瑰手有余香。

能从多方面进行考虑，是一种胸怀、一种博爱、一种境界，是每个人都应必备的道德素养之一。事实证明一个人要适应现代社会，我们不仅需要有丰富的知识，而且更要学会做人，学会与他人合作……这就是说我们需要具备多替别人着想的心理。如果能够做到多为别人考虑，人与人之间才会最大限度地减少冲突和内耗，我们每个人才会真正地感受到社会大家庭带给我们的温暖。

现在的一些年轻人，在爱的怀抱里生活，在不知不觉中，形成了一些"以自我为中心"的思想，养成一些自私自利的不良行为习惯。许多人连自己父母的生日都不知道，更不要说去了解父母，关心父母了，我们应该想到正是有他们的哺育培养我们才会有今天的生活，感恩的心是每个人生存的大智慧，在我们紧张工作的同时，也别忘了关心你身边的每一个人，如果能够有这样的心理，你就会觉得我们的生活越来越有意义，我们的世界就会变得多姿多彩。能设身处地为他人着想、了解他人心里想些什么的人，对于未来常常充满信心。

生活中关心别人是一种美德。当我们生活无忧无虑时，是否想到了那些贫困中的人们？当我们看到别人进步时，是否由衷地道了一声祝福？每个人心中都有一杆公平之秤。那些对他人冷漠、自私自利的人，最终也会被他人疏远；相反，一个人如果充满爱心，处处为他人着想，也一定会得到丰厚的回报。

心相约：投资真感情，收获真友谊

对朋友多一些感情投资，其实并不一定强迫自己做太多，真正的感情投资或许是一个温馨的问候，或许只是对朋友一次倾诉的认真倾听……因为由此他能感觉到在这个世界上还有朋友的心在为自己跳动，不管走到哪里，朋友的目光都会注视着自己的行程！

世上没有无缘无故的爱，也没有无缘无故的恨，这句话说明人与人之间的感情不是上天注定的，主要是我们细心经营的结果。感情的萌发同样源于人的心理反应。没有人生下来就对其他人有好感，也没有人生下来就对其他人有仇恨。主要得靠人与人之间感情的互相培养与呵护。

怎么样才能与他人建立良好的关系呢？心理学家认为每个人都有被人尊重的需要，人与人之间的尊重主要在于理解对方，也就是用心去和朋友交往，“人之相识，贵在相知；人之相知，贵在知心”。在怎样对待朋友这个问题上，古人讲究莫逆于心、遂相与友。真正做到用心去交往的朋友并不多，难怪鲁讯也这样说过：“人生得一知己足矣，斯世当以同怀视之。”可见真挚的感情往往需要我们用心去经营。

朋友之间的友情是可贵的，在与朋友交往的过程中，我们得到朋友的帮助和鼓励，从而得到了生活的信心，感受到了生活的美好，但朋友之间的交往更需要我们为对方去付出，这样朋友之间的友谊之树才会长存。在人生的道路上，朋友是帮助你进步的人，是与你共同成长的人。在与朋友的交往中应该注意到，朋友的存在能促使人积极进取、不断提高，可以使人思想深刻、灵魂净化。而朋友之间也是应该讲原则的，不能姑息朋友的过错，而应真诚地把朋友的不足指出来，鼓励、帮助朋友渡过难关。这是对友谊的真正爱护，这样做才是诤友、益友！

对待朋友我们就要多进行一些感情投资，这就要求我们对待朋友要讲信用，不欺骗朋友，对朋友多一些心灵上的关爱，要知道真正的友谊不会受金钱、权力、社会地位等差异的影响。出于个人功利的动机与人交友，这种友谊是不会长久、牢固的。任何人都有需要帮助的时候，比如一个人孤立面对生活的时候，都会有巨大的压力，产生孤寂心理。再坚强的人也不可能没有脆弱的时候。真诚地对朋友作些付出，就要在他脆弱的时候，出现在他身边，分担他的痛苦，把他最需要的体贴、关怀给他，这样他才会在内心感激你，每当你遇到困难的时候，他也会毫不犹豫地出现在你身旁，在你不快乐或悲伤的时候为你分担痛苦。

对朋友多一些感情投资，其实并不一定强迫自己做太多，真正的感情投资或许是一个温馨的问候，或许只是对朋友一次倾诉的认真倾听……因为由此他能感觉到在这个世界上还有朋友的心在为自己跳动，不管走到哪里，朋友的目光都会注视着自己的行程！

一个人想要得到别人真挚的友谊，就要注意自己怎样做人。千万不能辜负了朋友们的知己之情，因为这份情谊是很难得的。 对朋友要真心、要交心。真心和交心是最重要的感情投资。要让朋友看到你或者是谈到你的时候产生一种发自内心的快乐之感。遇到挫折的时候想到你就会重拾信心和希望，甚至由于你的到来而减轻或者忘却他们的烦恼，或者又找到了新的动力。

当然每个人的能力都是有限的，如果朋友向你求助，你没有条件去帮助他们，也应该把原因说清楚，并积极帮助想办法，给朋友以精神和道义上的支持。这样即使你给不了他所需要的东西，朋友也会理解你，感激你，因为你为你们的友谊付出了一份感情投资，他会永远记住你的真诚。

心相约：朋友可以温暖我们的人生

朋友是无声的同伴，朋友是另一个自己——他们中的每一方都对对方感兴趣的事物感兴趣，都尽心竭力地帮助我们在生活中取得成功，对我们的事业鼎力相助，并为我们所取得的每一点进步和成功欢呼雀跃。

曾有一年，英国很多地区的地图册一度脱销，原因是英国泰晤士报出了一道测试题，在全国范围内征求答案，而且奖金颇丰。题目是：从伦敦到罗马，最短的道路是什么？因此很多人到书店购买有关资料，企图从地理位置上找答案，但结果无一正确，而最终获奖的答案却与地理无关：一个好朋友。答案还解释道：与好友一路说说笑笑，谈论沿途风光，不知不觉就到了，甚至还会觉得此路太短。

对于上面所说的内容，可能大家也都有过同样的感受吧！的确是这样，忧愁时，朋友是一缕阳光，告诉你生活的灿烂；得意时，朋友是一枚青果，告诉你生活的苦涩。与朋友同行，再远的地方也能在瞬间到达。

然而，可能有人会有人海茫茫，知己难觅的感觉。有人常叹“人生得一知己足矣”。

在这茫茫尘世行走，我们时感孤独，感到身无所依，心无所托，情无所诉。因为，我们没有朋友。

朋友是寂寞时的倾诉，是孤独时的问候，是苦难时的安慰，是失败时的相扶，是挫折时的助力……

朋友就是自己在尘世中的一个影子，一个相替，一个珍惜。

朋友之情，朋友之义，朋友之谊，在于纯真，在于相知，在于心灵的融会。

那种在你困顿时离开你的，不是朋友；那种在你飞扬时聚拢的，不是知交；那种在你显赫时攀附的，不可依托……

我们每一个人都应该去学会找寻友谊，珍惜友谊，抓住这一世间最宝贵的财富。

我们要多看别人的优点，以此来督促自己，提高自己。只有平等地对待别人，尊重别人，别人才会把你看做朋友。如果总是喜欢挑别人的不是，吹毛求疵，那么就将很难交到真正的朋友。

有一位老师要求全班同学以最快的速度，写出他们所不喜欢或者讨厌的人的姓名。

在半分钟之内，有的同学仅能够想出一人，有的甚至连一个人也写不出来；而另一些同学则一口气列出十多个。

老师发现，越是写不出来的同学，在被人不喜欢的名单上也几乎没有他（她）的名字；而写的多的同学的名字也出现在大多数同学的名单上。拥有不喜欢的人数目最多的同学，他（她）自己也正是最不受众人所喜欢的。

你对人的态度恰恰是你在众人心目中的映照。播种善的种子，收获善果；播种恶的种子，收获恶果。

朋友是无声的同伴，朋友是另一个自己——他们中的每一方都对对方感兴趣的事物感兴趣，都尽心竭力地帮助我们在生活中取得成功，对我们的事业鼎力相助，并为我们所取得的每一点进步和成功欢呼雀跃。

朋友的忠诚和奉献是那么崇高与美丽。尽管西奥多·罗斯福具有非凡的个人能力，但是个人的力量毕竟是有限的，如果没有来自于他的朋友们强有力的、无私的和热心的帮助，他将无法取得后来的成就。客观地说，如果没有他的朋友们，特别是他在哈佛大学所交的那些朋友们的倾力相助，他能否当选为美国总统恐怕都是一个疑问。不论是在他作为纽约州长的候选人期间还是在他竞选总统期间，许许多多的同班同学和大学校友都为他不辞辛苦地进行奔波。

想想看吧，谁是你的朋友？当你真诚地去对待别人的时候，我想你也会收获很多真正的朋友。拥有真挚热心的朋友是一件多么幸福的事啊！他们总是细心地关注着我们的每一个兴趣爱好，无时无刻不在为我们服务，他们会抓住每一个机会赞扬我们的优点，无私地支持我们，在我们不在的场合他们会毫不犹豫地维护我们的利益。总之，他们在漫漫的人生之路上总是推动着我们前进，或者是在关键的时刻助我们一臂之力。

如果不是因为朋友，我敢肯定我们中的许多人都不会有现在这样好！如果没有朋友替我们挡住那些残酷无情的打击和攻击，并耐心地抚慰我们受伤的心灵，我们中又有多少人将会落到声名狼藉、伤痕累累的境地啊！与此同时，如果没有许多朋友为我们带来顾客、客户和生意，如果没有他们始终如一地尽己所能为我们开辟道路和提供方便，我们中的许多人在经济上可能将会陷入困境。

朋友能够给我们绝大多数人的生活带来多大的不同啊！有多少人因为背后有强有力的忠贞友谊的支撑而免于堕入绝望的谷底！又有多少人在即将走上轻生之路时，想到还有好朋友深爱和信任着自己，从而回心转意，重新笑对人生啊！还有多少人心甘情愿地承受那些不这样做就会使他们的朋友蒙羞的苦难啊！很多时候，来自于朋友的鼓励或者是善解人意的话语会令你感到那种发自内心的震撼和感动。

朋友的信任是一种永久的推动力。当很多人对我们抱以误解和蔑视，而许多朋友仍然真正相信我们的能力时，这种信任能够在多大程度上激励和鼓舞我们全力拼搏啊！正如西德尼·史密斯所说："生命是由众多的友谊支撑起来的，爱和被爱中存在着最大的幸福。"

法国著名诗人薛曼曾经写过一首诗，给予了朋友高度的评价：

"这是我生命中令人喜悦的发现，在旅途的每个转弯处，都有位朋友强壮的手臂，亲切地分担我的重担，助我向前，既然我无黄金作以回赠，便只有以爱作补偿，我唯一的祈求是，当我还活着的时候，上帝让我配得上我的朋友。"

"朋友，他会在你困难时雪中送炭，在你春风得意时锦上添花，朋友是夏天的凉风，是严冬的阳光……"

可见，朋友意味着一种多大的恩惠啊！

心相约：帮助别人就是成就自己

友谊需要给予帮助，当你看到别人有困难时，伸出手，给别人以帮助，哪怕是微不足道的微薄之力，也许就能为自己赢得朋友，赢得友谊。

在这个世界上，几乎人人都在追求进步，人人都在谋求成就自己，人人都想建立功名事业，人们谁都力求使自己的人生辉煌。因此，我们要想结交真正的朋友，就应该了解人性，要具备宽广的胸襟和博大的器度，要善于理解和支持他人。

支持他人，就是更好地发展自己。要想成就自己，还是先尽力成全别人吧。“夫仁者，己欲立而立人，己欲达而达人。”

如果你想结交更多朋友的话，那么我可以告诉你一个秘诀，那就是，真诚而热心地去帮助别人。

春秋时，有一年冬天，齐国下了一场大雪。这大雪一直下了三天三夜还没有停下来。齐景公披着一件厚厚的狐皮长袍，坐在厅堂里悠然地欣赏着雪景。这时大臣晏子走了过来，景公说：“下了三天的雪，却一点儿都不冷，看来春天马上就要来了！”

晏子看景公紧紧地裹着皮袍舒舒服服地坐在屋里，就有意地追问：“真的不冷吗？”景公惬意地点点头。晏子知道景公没了解他的意思，就直爽地说：“我听古代的圣贤有这么一句话：自己吃饱了要去想想还有人饿着；自己穿暖了还有人冻着；自己安逸了还有人累着。可是您怎么都不去想想别人啊！”景公听完这番话，羞得满脸通红，一句话也答不出来。

从这个故事中我们应该领悟到：人不应该活得太自私，当你能够时常为别人着想，尽力帮助别人的时候，你往往会得到很多东西。

这里有一则关于大科学家爱因斯坦助人为乐的故事。

爱因斯坦经常拒绝画家为他画像，但有一次，他的态度发生了改变。

一天，一位画家请求为他画像。

“不，不，我没有时间。”爱因斯坦照例回绝道。

“我的家人正在挨饿，我非常需要靠这幅画所得的钱啊。”画家恳切地说。

“哦，那就是另外一回事了。我现在就坐在这里，您可以为我画像了。”爱因斯坦微笑着说道。

当别人遇到困难时，我们要伸出援助之手，帮他们渡过难关。在帮助别人的过程中，我们也会得到快乐。

一个犹太人的孤儿院遭到了飞机的袭击，一颗炸弹被扔进了这个孤儿院，几个孩子和一位工作人员被当场炸死。还有几个孩子受了伤。其中有一个小女孩伤得很重，伤口在不停地流血！

然而令人感到庆幸的是，没过多久，一个外国援助医疗小组来到了这里，小组只有两个人，一个女医生，一个女护士。

女医生马上对那个女孩进行抢救，但在救援的过程中出了一点麻烦，因为小女孩失血过多，需要输血，但是她们带来的不多的医疗用品中没有可供使用的血浆。于是，医生把注意力放在了在场的人的身上，她给所有的人验了血，终于发现有几个孩子的血型和这个小女孩是一样的。可是，又出现了一个麻烦，那就是这个医生和护士都不懂本地区的语言，而在场的孤儿院的工作人员和孩子们只听得懂母语。

无奈之下，女医生只好用自己会的语言加上一大堆的手势告诉那几个孩子，“你们的朋友伤得很重，她流了很多血，需要血，而你们的血型与她的吻合，你们愿意给她献血吗？”孩子们呆呆地站在那儿，好像明白了她的意思，但眼里却藏着一丝恐惧！

他们没有人吭声，没有人举手表示自己愿意献血！这一切出乎女医生的意料之外，她一下子愣在了那儿，没了主意，为什么他们不肯献血来救自己的朋友呢？难道这些孩子没有听懂我的话吗？

忽然，一个孩子慢慢地举起了他的小手，但是刚刚举到一半却又放下了，好一会儿又举了起来，再也没有放下了！

医生很高兴，马上把小男孩带到里屋，让他躺在床上。小男孩僵直地躺在床上，看着自己细小的胳膊被针管慢慢地插入，看着自己的血液一点点被抽走，眼泪忍不住就顺着脸颊流了下来。见此情形，女医生慌了，忙问他是不是感到很疼，他摇了摇头。但眼泪还是一个劲地往下流。医生开始感到手足无措，因为她总觉得有什么地方做得不对，但是问题出在哪呢？

关键时候，一个当地的护士赶到了这个孤儿院。女医生把情况告诉了当地护士。当地的护士忙来到孩子身边，俯下身子和孩子交谈了一下，不久后，孩子竟然破涕为笑。

原来，那些孩子都误解了女医生的话，以为要救那个小女孩就必须抽光身上的血。一想到过不了多久自己就会死去，所以小男孩才哭了出来！医生终于明白为什么刚才没有人自愿出来献血了！但她还是有一点搞不懂，“既然以为献过血之后就要死了，为什么他还自愿出来献血呢？”医生问那个地方的护士。

于是护士用母语问了一下小男孩，小男孩没有丝毫犹豫，回答得很干脆：因为她是我最好的朋友。

就这一句简单的回答，感动了在场所有的人。

友谊需要给予帮助，当你看到别人有困难时，伸出手，给别人以帮助，哪怕是微薄之力，也许就能为自己赢得朋友，赢得友谊。

成全别人，成就的是自己的德行。品德高尚，自会得到世人的称誉。“水涨才能船高”，就是如此的道理。只要拥有爱，就会有财富，就会成功。付出你的爱吧，你将会收获更多。

心相约：与志同道合的人相交

同那些与自己有着共同的志趣和爱好即志同道合的人结为朋友是人生一大幸事。只有志同道合，才会彼此促进和提高，才更容易成就事业。否则，如果你结交了与你“道”不同的朋友，则可能将你带入歧途。

在你的生活中，特别是在你为成功而奋斗之初，你可能需要寻求自己，但是，你要注意，不要结交那些对你有害无益的朋友，不要被拖入他们的浑水之中。

我们的环境和朋友，对我们的一生有很大的影响，甚至可以说，交上怎样的朋友，就会有怎样的命运。

有这样一则寓言故事：

一只虱子常年住在富人的床铺上，由于它吸血的动作缓慢轻柔，富人一直没有发现它。一天，跳蚤拜访虱子。虱子对跳蚤的性情、来访目的、对己是否有利，一概不闻不问，只是一味地表示欢迎。它还主动向跳蚤介绍说：“这个富人的血很香甜，床铺很柔软，今晚你可以在这里饱餐一顿了！”听虱子这么一说，跳蚤口水直流，巴不得天快黑下来。

当富人进入梦乡时，早已迫不及待的跳蚤立即跳到他身上，狠狠地叮了一口。富人从梦中被咬醒，气恼地令仆人搜查。伶俐的跳蚤跳走了，慢腾腾的虱子却成了不速之客的替罪羊。虱子到死也不知道引起这场灾祸的根源。

因此，在选择朋友时，你要努力与那些乐观肯定、富于进取心、品格高尚和有才能的人交往，让这些人成为你的朋友，这样才能保证你拥有一个良好的生存环境，获得好的精神食粮以及朋友的真诚帮助。这正是孔子所说的“无友不如己者”的意思。

相反，如果你择友不慎，恰恰结交了那些思想消极、品格低下、行为恶劣的人，你就会陷入这种恶劣的环境难以自拔，甚至受到“恶友”的连累，成为无辜受难的“虱子”。

我们应该结交懂得自尊自爱的朋友。因为一个人如果不自尊，便无法尊敬别人。“近朱者赤，近墨者黑。”假使我们所结交的朋友都是懂得自尊自爱的人，相信大家在相处的过程当中也都会互相尊重的。

与身心健康的人交往，不仅可以使自己得到别人的尊重，而且也可以促进自己的身心健康，提高品德修养。

有自尊心而且身心健康的人，通常都有很强的个人主义意识，不喜欢轻易附和别人的意见。但其具有诚实的本性，不仅能忠实于自己，也能忠实于朋友。

而且，他们为了保护自己，常常会表现出很强的自尊心，但这种自尊并不是我们平时所说的“傲慢”，而且也丝毫不含一点“轻视”别人的意味，只是凡事都有自己的主见，不被他人所左右而已，而且这种人是无法忍受他人欺侮的，一旦有人欺侮他，就一定会遭到强烈的反抗！

另外，他们能够保持一种稳定的心态，能与人愉快相处，以整体的观点来说，这种人是属于和蔼、意志高昂的类型。因此，他们很容易取得事业上的成功。

有自尊心且身心健康的人不仅能在工作岗位上尽忠职守，而且也能在人生的过程中享受到真正的乐趣。如果我们本身就是一个有自尊心且身心很健康的人，一定能够很轻易地分辨出别人是否与你具有同样的性格，然后有选择性地来结交朋友。

“道不同，不相为谋”，反过来就是说道相同，则可以为谋。无论是分清小人和君子还是要结交真正的朋友，都要以此为评判标准。当然，这里的前提是你不能是小人。

我们要结交与我们同“道”的人，同“道”才能同“乐”，才能同进步，同成功。

东汉末年，天下纷争四起，战乱不断，百姓深受其苦。河北落榜秀才张角组建黄巾军，揭竿而起，发动农民起义。朝廷连忙召令各地军民镇压起义军。

幽州太守刘焉接到朝廷旨意以后，慌忙派人到处张贴招兵告示。一天，在涿县的大街上，一位姓刘名备字玄德的皇族后代正在看榜文。想到国家动乱，处于危难之中，他情不自禁地长叹了一声。

“堂堂男子汉不去为国出力，叹什么气呀！”只听身后有人大声地说。刘备回头一看，原来是一个豹头环眼、长着胡子的黑脸大汉。他叫张飞，字益德，以卖酒杀猪为生。刘备见他一脸正气，觉得遇到了知心朋友，便邀张飞来到酒店，一边喝酒一边畅谈报国志向。这时，突然一个相貌堂堂的红脸大汉急匆匆走了进来，高声大喊："店家，快拿酒来，我要赶着投军去！"原来这位英雄名叫关羽，字云长。

刘备和张飞见来人也是一个立志报国的勇士，便招呼他一起喝酒。三个人一见如故，述说完各自的身世以后，都说出了想干一番事业的志向。三个人见彼此志同道合，便决定结拜为兄弟。

第二天，三个人来到张飞家的桃园，摆好祭品，点上香，一同跪在祭台前，对天地发誓，从此结为兄弟，生死不离，同心协力，保国为民。

西晋人祖逖和刘琨，都是性格开朗、仗义好侠的志士。他们不但文章写得好，而且都喜欢练武健身，决心报效祖国。

当时，晋朝表面上还管辖着中原大地，但实际上已是内忧外患，国家政权不稳了。祖逖和刘琨一谈起国家局势，总是慷慨万分，常常聊到深夜。

一天，祖逖又和刘琨谈得十分兴奋，谈着谈着，刘琨不知什么时候进入了梦乡，祖逖却久久沉浸在谈话的兴奋之中，不能入睡。过了一段时间，就听"喔，喔，喔……"荒原上的雄鸡叫了起来，祖逖一跃而起，踢醒了刘琨："听，这雄鸡的啼鸣多么振奋人心呀，快起来练剑吧！"于是，两人到外面高坡上练起剑来。

从此，他俩每天清早听到第一声鸡叫，就一定会抖擞精神，到荒原上来练剑。刘琨被祖逖的爱国热情深深感动，他以祖逖作为榜样，下定了献身祖国的决心。一次他在给家人的信中写道："在国家危难时刻，我经常'枕戈待旦'，立志报国，常担心落在祖逖后边，没想他到底走到我的前头了！……"

同那些与自己有着共同的志趣和爱好的人结为朋友是人生一大幸事。只有志同道合，才会彼此促进和提高，才更容易成就事业。否则，如果你结交了与你"道"不同的朋友，则可能将你带入歧途。

心相约：对朋友也要把握分寸

对于朋友，我们只能建议，只能提供我们的想法让他参考，但无权替他作出任何的决定。凡事皆有度，过分强为，是不明智的。这是忠言，也许有朋友会觉得不以为然。客观地来讲，我们只是他生活的旁观者而不是感同身受者，所以我们劝告的出发点并不一定适合于他，也许并不符合他实际的生活状况，所以只能由他自主选择。

心理学家告诉我们与人交往要把握“适度原则”，“适度”就是指跟某个人交往不过于亲密也不过于疏远。“适度原则”不仅适用于同普通人的接触，也适用于朋友。不要认为是好朋友就可以“随便”，朋友之间也是要把握分寸的。

朋友之交在于信、在于义，但是之所以为朋友，在于保持适度的距离，不要以为自己的看法和意见就是唯一的，别人就必须听取。我们的意见可以坦诚提供给朋友参考，我们有义务为朋友提供帮助，但是我们没有权力要求朋友一定服从于我们的意志强人所难，是谁也不愿意接受的。适可而止，是维系友谊以至于一切社会关系的艺术。凡事总有一定限度，朋友之谊、同事之道，取决于我们的真诚胸襟。

人们都有自己的计划和目标，都知道自己该如何去做，都有自己的主见。朋友只是相互勉励，坚定其志向，并不是相互依从与服从的关系。

古人说：“盖未信而谏，圣人不与。交浅言深，君子所戒。”

任何人都有自己的思想和行为方式，谁也不能代替别人思考，谁也不能代替别人选择什么。我们只能将我们自己的经验和想法委婉地告诉他，至于是否听取，取决于他自己，应当由他自主决定。不要凌驾于他人之上，替他人设计。任何人都是独立的，都具有独立的人格，都有自己选择生活的权利，其对生活的感受都是独特的。不必强人所难，也不要自以为是。

由于生活的经历不同，体验不同，感受不同，因而他所做出的行为应当说都是符合自己的需要的。谁也不应把自己的意志强加于他人。谁也无权干涉别人的生活。谁也不能以自己的标准框定别人的行为。谁的行为也并不唯一正确。谁的生活中都有别人无法感受的隐痛，任何的决定都是基于自己生活的经验和感受而作出的抉择。不要以自己的幸福观苛求别人遵守什么教条或规范。

事不过三，物极必反。对于朋友，我们只能建议，只能提供我们的想法给他参考，但无权替他作出任何的决定。凡事皆有度，过分强为，是不明智的。这是忠言，也许有朋友会觉得不以为然，我们只是他生活的旁观者而不是感同身受者，所以我们劝告的出发点并不一定适合于他，也许并不符合他实际的生活状况，所以只能由他自主选择。

友谊的维护就在于共同珍惜，维护的方式并不是强求别人接受你的观点。

我们应该明白“人各有志，不能勉强”这一道理。朋友之间保持一定的距离反而会走向真正的和谐。所谓“远香近臭”；所谓“君子之交淡如水，小人之交甘若醴”，其实都有这种意思在内。

比如说，作为下级，作为朋友，你当然有义务劝谏你的上级，你的友人，但如果他们坚持自己的想法，不采纳你的意见，那也就算了。如果你硬要一厢情愿地强迫他们接受你的意见，非要显示自己的忠心，显示自己的友情不可，总是在他们面前唠唠叨叨，情急辞切，给人咄咄逼人的感觉，其结果往往是上级讨厌你，朋友疏远你，效果适得其反，弄得不好，还会自取其辱。

历史上这方面的例子有很多，就是魏徵那样杰出的大臣，又遇到唐太宗那样宽宏大量的皇帝，不也好几次因为劝谏唐太宗而差点丢掉性命吗？一些忠臣遇到那些平庸顽固的皇帝，依然冒死一谏，结果不外乎是白丢一条性命罢了，根本不起作用。

所以，还是保持点距离为好。能行则行，不行则止，不要自取其辱。

“一见如故”是很多初次见面的人习惯使用的一句话，意思是，虽然是初次见面，可是彼此的感觉就好像已经认识很久了。

的确是有“一见如故”的情形发生，能碰到“一见如故”的人是人生中的一种幸运，因为彼此可以少掉“试探”这个过程，而可直接进到“交心”的层次。可是以人性丛林里的法则，一见如故固然是“幸运”，但有时却也是“不幸”的开始。

当一个人和你初次见面，并且热情地向你表示和你“一见如故”时，你可以不必拒绝他的热情，但你一定要理性地看待这句话，思索这句话的真正意义，因为这可能纯粹是一句客套话，也有可能是一颗裹上糖衣的毒药，他是要用温情来拉近和你的距离，好从你的身上获得某些利益。如果这是一句客套话，你的热切回应不但无法对对方产生效用，自己也会为对方随之而来的冷淡而“受伤”，更有可能暴露了自己，反而给那些别有用心的人以可乘之机；而最有可能的是，你把对方吓跑了。如果对方真的另有所图，你的热切回应正好自投罗网，结果也就不用多说了。

心相约：朋友也要分等级

要把朋友分等级并不容易，由于人都有主观的好恶，因此有时会把一片赤心的人当成一肚子坏水的人，也会把凶狠的狼看成友善的狗，甚至在旁人提醒时还不能发现自己的错误，非等到自己受了伤害才如梦初醒。所以，要绝对客观地将朋友分成等级是很难的，但面对复杂的人性，你非得勉强自己把朋友分等级不可。心理上有分等级的准备，交朋友就会比较冷静客观，可把伤害减到最低！

以往我们经常讲对待自己身边的朋友要不论亲疏，不论贫富，都应该一视同仁，平等对待。这话似乎很有道理，体现出了做人应有的正直以及对朋友的真诚、公正。然而很多现实告诉我们，如果我们把所有朋友都毫无差异地平等对待，未必是一件好事。真正聪明而合理的方法是对朋友也要划分等级。说到这里，你可能会问："朋友相交以诚，这是公认的道理，那为何又要划分等级呢？那不就是不诚了吗？"我要告诉你的是，把朋友划分等级可以从一定程度上保护你免受伤害。

我们说对朋友应划分等级，当然也要视具体情况而定。如果你目前平平淡淡或失意不得志，那么不必太急于把朋友分等级，因为很现实地来讲，这时你的朋友不会太多，还能维持感情的朋友都可以算是真正知心的好朋友。但当你有成就了，手上握有权和钱时，那时你的朋友就非分等级不可了，因为这时的朋友有很多是另有所图，不是真心的！也因此到了你把朋友分等级的时候了。

有个地方绅士，富有且有声望，他也很爱交朋友。他的朋友多得连他自己都数不清，而且这些朋友三教九流做什么的都有。有人问他："你的朋友这么多，都同等对待吗？"

绅士说："当然不可以同等对待，要分等级的！"接着他很真诚地说出了自己的心里话。他说他交朋友都是诚心的，不会利用朋友，也不会欺骗朋友，但别人来和他做朋友却不一定是诚心的。在他的朋友中，人格高尚的朋友固然很多，但想从他身上获取一点利益，甚至心存恶意的朋友也有。

这位绅士说："对心有恶意，不够诚恳的朋友，我总不能对他推心置腹吧！那只会害了我自己呀！我过去就是因为把所有人当成自己的好朋友，平等对待，结果受到了不少伤害，包括物质上的伤害和心灵上的伤害，所以今天才会把朋友分等级！如今，我在不得罪朋友的情况下，把朋友分成了多个不同的等级，既有刎颈之交级、推心置腹级、可商大事级，也有酒肉朋友级、点头哈腰级、保持距离级。这样一来，我就可以很好地保护自己了。"

把朋友分等级听来似乎太过现实无情，但听了这位绅士的话，才觉得分等级的确有其必要性——为了保护自己免受伤害！

在这个复杂的社会里，我们必须要学着多长点心眼。害人之心绝不可有，但防人之心也绝不可无。尤其是对那些我们并不太熟悉的人，当你真心诚意地对待他时，也要注意他是不是真心诚意地对待你。

有两个年轻人在旅途中相遇了，因为一些共同感兴趣的话题使他们很快成了朋友。

一个年轻人说："现在我们已经是朋友了，以后无论谁有了什么困难，我们都应该相互帮助。"另一个也说："是的，朋友的友谊是人间最宝贵的财富。"

他们约好了一同去旅行，当他们行走在山间的树林中时，突然从远处走来一只庞大的熊。一个年轻人叫了一声"不好"，便迅速地爬到了身边的一棵树上。另外一个人，不会爬树，他想让自己的朋友拉自己一把，而朋友却只顾自己的性命，继续往上爬，对于在树下的朋友，他置之不理。熊越来越近了，不会爬树的年轻人急中生智，趴在树下装死。

熊来到树下，看到树下的"死人"，用鼻子在他耳边嗅了好半天，才慢慢离开。树上的人看到熊走远了，这才从树上下来。他很疑惑地问不会爬树的年轻人："刚才熊用嘴在你耳边干什么？"

树下的那个人说："它是在告诉我，并不是每个朋友都是真心的，只有分清了朋友的等级，才能避免自己不被伤害。"

通过上面这则小故事，我们也就可以理解为什么要把朋友分成等级了。

事实上，要把朋友分等级并不容易，由于人都有主观的好恶，因此有时会把一片赤心的人当成一肚子坏水的人，也会把凶狠的狼看成友善的狗，甚至在旁人提醒时还不能发现自己的错误，非等到自己受了伤害才如梦初醒。所以，要绝对客观地将朋友分成等级是很难的，但面对复杂的人性，你非得勉强自己把朋友分等级不可。心理上有分等级的准备，交朋友就会比较冷静客观，可把伤害减到最低！

至于分等级，可像开始我们提到的那位绅士那样分成多个级别，也可简单地分为可深交级和不可深交级。可深交的，你可以和他推心置腹，无话不谈；不可深交的，维持基本的礼貌就可以了。另外，也要根据对方的特性，调整和他们交往的方式。但有一个前提必须记住，不管对方智慧多高或多有钱，一定要是个好人才可深交。

心相约：成人之美是一种美德

心理学家告诉我们：成人之美是一种高尚的品德。它需要有宽广的心胸，助人为乐的精神。对于患得患失、一切都要算计自己能得到多少好处的人来说，是很难做到成人之美的。

成人之美，乐人之善，是美好的情操。一个人的任何成就，都需要他人的支持。支持别人，就是最好地发展自己。没有别人的支持，自己的发展必然受到制约。不愿支持别人，自己的努力也不会收到实效，路也就会越走越窄。

在日常的生活与交往中，我们往往希望得到别人的认同与赞美，而不是否定与诋毁。有时一个赞赏的眼神或是一句信任的话语都会给人莫大的帮助，都是一种支持，都有可能鼓励成就一个人的人生。

君子善待他人。即使我们不能帮助别人成就什么大事，但也不要诋毁打击他的奋斗与努力。我们虽然没有更多的东西可以给予别人，但是，由衷的赞美应该能够做到。其实，不必刻意地去为别人做什么，也许他并不需要。只要怀着善意的、美好的心意，你就会有动人的发现，也同样会收到馈赠。

这个物欲横流的世界，竞争是激烈的，人们为了利益不择手段，对于许多人来说，不为恶、不设陷阱和障碍就已经难能可贵，何敢苛求更多。其实人不能只是为了竞争而竞争，有些竞争是必需的，有些竞争是应该放弃的，而竞争的手段与行为更应该是正当的。今天成全他人，明天就会得到支持。在春秋乱世，管仲和鲍叔牙共同经商。管仲家庭贫困，鲍叔牙就多分财物给他，从不计较。管仲曾当过逃兵，鲍叔牙理解管仲这样做是因为高堂老母需要赡养。管仲深为感动，他说："生我者父母，知我者鲍子也。"管鲍之交成为千古美谈。

成人之美是一种气度，一种君子风范。孔子正是希望这种风范能够成为每个人的追求，从而感召一切人，组建他理想中的大同世界。

心理学家告诉我们：成人之美是一种高尚的品德。它需要有宽广的心胸，助人为乐的精神。对于患得患失、一切都要算计自己能得到多少好处的人来说，是很难做到成人之美的。

成人之美有两种不同的情况。一种情况是，自己好也成全别人好，自己富也成全别人富，自己能做什么也成全别人能做什么，有钱大家赚，有快乐大家分享。这种成人之美也就是孔子所说的“己欲立而立人，己欲达而扶人”。这一点虽然不是每个人都能做到，但还不算太难。只要心胸宽广一点的人就能做到。

另一种情况是，自己活得并不好，自己一贫如洗，两袖清风，还能够成全别人好，成全别人快乐，成全别人发财，就像有一首歌中所唱的那样“只要你过得比我好”。这就太不容易了，不是一般人所能做得到的。

尤其是在商品经济时代，商场犹如没有硝烟的战场，竞争激烈。成人之美就更是一种难得的品质了。对于许多人来说，不成人之恶，设下陷阱让人往里跳就很不错了，哪里还敢苛求什么成人之美的高尚风格呢？

每一个人的成功，都需要别人的帮助。苏秦、张仪本是要好的同学，苏秦深知张仪的学问在自己之上，可是，苏秦却先成功了，做了大国的宰相，张仪则依然落魄，来投靠苏秦。谁知，竟遭到苏秦无数奚落，在这种情况下，张仪决心单身赴秦，自找出路。苏秦则暗中派人沿途照料，补给张仪之所需，直到张仪出任秦相，才明白苏秦当初的良苦用心，他对苏秦万分感激。

在电影《张铁匠的罗曼史》中，有这样一组镜头：张铁匠的妻子腊月在濒临饿死的绝境中，被贫穷善良的农民刘忍搭救。在那以后的日子里，腊月母子与刘忍相依为命，组成了一个“新家”。后来，传说早已死去的张铁匠却寻妻找上门来了，夫妻俩久别重逢，悲喜交加。正当铁匠夫妻忧心忡忡，不知该如何面对刘忍之时，刘忍得知来人正是腊月的丈夫，便主动带上铁匠的儿子来认亲爹，让他们全家团聚，而自己悄悄离开北山……

人，都有七情六欲。可是，当自己的幸福以别人的痛苦为前提时，有些人却自愿地放弃自己的幸福，这就是他们的高尚精神之所在。

在今天的社会里，成人之美的事有很多，如主动帮助一时经济拮据的朋友，使其免除后顾之忧；主动替同事值班，使其安心地去会朋友等等。总之，大凡是好事情、好愿望，你伸出热情的手，予以大力帮助，使之功成事就，都可以说是成人之美的君子行为，都是得人心、受欢迎的。

五

每天学点心理学——爱情篇

心相约：爱情与婚姻里的男人女人

女人是海洋，温柔宽广；男人是高山，坚定巍然。男人都喜欢女人的温柔，而女人都渴望男人的浪漫。男人对于爱情，是盲目的，对婚姻却是理智的；而女人对感情是理智的，对于婚姻却是盲目的。

爱情是人类一个永恒的话题，也是最复杂的感情。爱情不但需要男人女人精神上的浪漫温馨的呵护，也需要现实中的物质条件的丰厚蓄养。

在这个欲望横生的现代社会里，男人女人们在这个现代的迷宫中迷茫地寻找着自己的爱情。女人是海洋，温柔宽广；男人是高山，坚定巍然。男人都喜欢女人的温柔，而女人都渴望男人的浪漫。男人对于爱情，是盲目的，对婚姻却是理智的；而女人对感情是理智的，对于婚姻却是盲目的。男人把爱情当做面包，而女人把爱情当做鲜花。男人把爱情当成是取暖；而女人则把爱情当成是御寒。男人在浪漫的爱情中，往往只是单纯地去爱这个女人；而女人在浪漫的爱情中，往往在享受被爱的感觉。男人的爱情观念是感性的；而女人的爱情观念是理性的。男人觉得，幸福的爱情比不幸的爱情更可怕；而女人觉得幸福的爱情比不幸的爱情更温馨。男人在爱情中会产生博爱；而女人在爱情中会产生妒忌。女人往往会莫名地爱上坏男人；而男人通常只喜欢好女人。男人刚爱上女人的时候，是笨手笨脚，不爱的时候，就会从容自若；而女人刚爱上男人的时候，假装镇定自若，而不爱的时候，就会痛哭流涕。男人往往会喜欢单纯的女人，而女人会爱上有内涵的男人。男人失恋时会后悔，怎么没和这个女人上床；而女人失恋后也会后悔，为什么和这个男人上床。爱情对于男人来说，绝对是一件奢侈品；而对于女人来说，则是必需品。

有这么一句话，男人追女人，如隔一座山；女人追男人，如隔一层纱。男人追女人，多半是为了性；而女人追男人，多半是为了情。男人对女人好，多半是有阴谋的；而女人对男人好，多半是出于真心的。男人看女人，首先看女人的上半部，对上半部有了认可以后，马上会联想到下半部；而女人看男人，首先看整体，有了整体的认识以后，才会看面部的感官。男人都是视觉动物，都喜欢女人的美丽漂亮；而女人都是感性动物，都喜欢男人的成熟沉稳。男人对女人的情感中，如果投入一滴水，换回的将是一片海洋；而女人在对男人的情感中，投入的是一整张支票，换回的却是一把零钱。男人喜欢给女人们实际的东西，而女人喜欢男人送鲜花给她。女人们往往把男人当成自己的依靠，而男人们往往把女人当成自己的负担。

不管你是否相信或是否承认，这个世界上的男人和女人大都有着以下的想法。男人都希望自己是女人的第一个男人；而女人则希望自己是男人的最后一个女人；男人都有征服女人的欲望，却并不一定看重这个女人；而女人看待男人则更多的是欣赏，即使是自己最崇拜的男人，也很少有征服这种欲望；对于男人，当他说爱这个女人的时候，也许当时是被自己感动了，可一旦得到手，就会变得格外清醒，也格外拿得起放得下；而对于女人，一旦被感动，就会一心一意地跟随这个男人，哪怕海角天涯；男人不怕事业上的拼搏，最怕的是妻子的猜忌、怀疑、不信任，无休止的纠缠、胡闹；而女人最害怕独守空房，最担心人老珠黄，担心老公在外面是不是有情人；男人希望得到的是两无牵挂，没有羁绊的感情；而女人则希望得到殷实祥和的家庭；对于很多男人来说，性和感情是分开的、独立的，即使没有感情，也可以发生性的关系；而对于女人来说，性和感情是一体的、融合的，没有感情，很难发生性的关系。

有不少人都会说这样一句话：结婚也罢，不结婚也罢，反正你都会后悔。对于现代的很多男人来说，婚姻只不过是特定时期，对父母的一种责任。好一点的说法，是对爱情的一种短暂的肯定。至于结婚以后会怎么样，很少有人会去憧憬。对于现代的很多女人来说：婚姻只不过是一种形式，经济上的独立，使她们很容易放弃对男人的依附，如果有了孩子以后，或许会有很大一部分女人会安逸于短暂的温馨。对于现代男人来说，既不能和女人一起生活，又不能过没有女人的生活；对于现代女人来说，既不能依赖于男人生活，也不能过没有男人的生活。

当今时代，务实的男人也有，务虚的女人也多。总之男人女人之间的恩恩怨怨，总也说不清，道不明。只希望男人女人之间，多一些信任、了解、宽容、忠诚、鼓励、感激、关心，少一些责备、怀疑、猜忌、争吵、冷漠、分心。

心相约：爱情需要宽容与呵护

处于恋爱中的男女往往经历过海誓山盟、如胶似漆的美丽爱情，然而婚后男人对已经到手的女人会逐渐冷淡。男人给女人名分、金钱、房子、车子，当一切的付出连男人们自己也认为是理所当然的事情时，男人唯一忘记的就是该给妻子恋爱时的关心和呵护！

婚姻中的男女往往会想：离婚以后，我一定会找到一个心爱的人去生活，可离婚以后，却很难找到这样一个人，因为在他（她）们心里，总有一个界定，总会拿前夫（妻）的优点去比较别人的缺点。有一种很奇怪的现象就是：结婚大多是由男人提出来的，而离婚则大多是由女人提出来的，现代的男人女人，已由原来的传统保守，转变为浮躁。

如何评定现代男女的好与坏，已经不能用传统意义上的标准来衡量了。所以对于现代人来说，婚姻是靠浪漫与务实来营造的；是靠信任和责任来承担的。

在生活中，男人女人会有各种各样的差别：男人爱品牌，女人爱时尚；男人爱虚荣，女人爱臭美；男人爱咆哮，女人爱撒娇；男人大多粗糙，而女人大多细腻；男人大多在外理财，而女人大多在内治家；男人不轻易流泪，而女人动不动就哭鼻子；男人是家里的顶梁柱，而女人是外面的半边天；男人痛苦的时候，喜欢借酒浇愁，而女人痛苦的时候，喜欢向知心的人倾诉；男人不需要理解，却需要关怀，女人不但需要理解，更需要呵护；男人的性格是刚毅的，女人的性格是阴柔的；男人赚钱是用来给女人花的，而女人天生就是用来花钱的；男人在外面拼搏，靠的是自己；而女人在外面拼搏，靠的是男人；男人是女人的世界，而女人的世界是男人；男人不爱讲道理，而女人通常不讲理；男人大多是固执的，而女人大多是偏激的；男人们都爱拈花惹草，女人们都爱打情骂俏；男人憨厚的多，而女人刁蛮的也不少；

女人爱让男人哄，而男人却害怕女人纠缠；应酬的时候，女人多希望男人给她们打电话，认为这是关心；而男人在应酬的时候，不希望女人给他们打电话，认为这是没面子。

生活就像调味剂，酸甜苦辣你都得品尝，而男人女人就是生活，无论怎样你都得承受。

处于恋爱中的男女往往经历过海誓山盟、如胶似漆的美丽爱情，然而婚后男人对已经到手的女人会逐渐冷淡。男人给女人名分、金钱、房子、车子，当一切的付出连男人们自己也认为是理所当然的事情时，男人唯一忘记的就是该给妻子恋爱时的关心和呵护！

男人往往是这样的：有了钱，却没有了给她买礼物的心情；有了房子，并没有给她期望的爱的巢穴的感觉。于是有的妻子难免会产生抱怨，开始唠叨。有些男人嘴里说是爱具体化了，实际中心已经被其他的东西吸引，比如名利或者是一个更加有魅力的躯体。

一个女人不仅是需要富足的生活，她更希望的是两个人平平安安相守到老。男人却雄赳赳要去搏击商海、建功立业，实现当初说的将来要给她美好生活的承诺。然而他却完全忘了他所努力的结果是不是她所追求的：她现在需要的是被关心，需要被疼爱。

一个女人愿意嫁的男人，肯定会有某样的好。但是自己男人的这个好也很可能会被别的女人发现，在妻子将屋前院后收拾得井井有条后，男人多余的精力开始蠢蠢欲动，但是他们对这个有个冠冕堂皇的借口：缓解竞争压力，放松神经，家里太单调……当他们笙歌声起的时候，家里的那个在替他尽着双倍的义务。对此男人们不是不知道，不过是逢场作戏罢了。男人们之间通常如是说：对于家里那个黄脸婆，就以后再补偿吧。当然这些胡闹是得在一定范围内的，弄得不好，自己苦心经营的一切瞬间坍塌。其实，安安心心地在家里自在地品品小菜，喝喝小酒似乎也不是很坏，这时当初似乎不怎么满意晚辈婚姻的长辈也纷纷上场，在内忧外患之下，男人开始觉得现在的热闹烦心还不如当初的平淡。

这时候，回归家庭的男人开始给自己的妻子多一点关心。无论爱与不爱，以后的日子还是得过下去，妻子忍不住会偶尔埋怨，尤其是电话和短信的到来还是会让她高度紧张。也许和爱已经无关了，但是属于自己的，可不愿意给让别人掠去分享。偶尔男人会为某些异性心跳或者觉得别人的老婆好，但大多也仅止于“意淫”。那些继续乱折腾的男人就实在是说不过去了。

如果一个男人告诉你，婚姻之后，爱融合了生活，那就是在忽悠你。其实，爱情的终点就是亲情。这种转换是一个必然产物——就如友情一般。在经历了一些事情之后，在失去了一些东西之后，人们慢慢就会明白，简单生活的可贵。回归平凡生活，是一个美好心愿。但是在这个过程中，人们必然会有一些难以割舍，难以放下的东西。所以，请你原谅对方的不解风情。

男人不说爱你，并不代表心里就没你，就真的不爱你了。这个时候，请你不要胡乱猜疑，疑神疑鬼。男人不回家，并不代表他就是出去鬼混了。也许他真的是在忙工作上的事情，招待客户，与朋友喝酒。所以，给他一些小小的空间，不要让彼此活得都很累。

这是一个多元化的时代，所以，我们必须学会有更多的包容，只有以善良而宽广的胸怀去面对生活，面对我们的爱人，才能让我们的生活幸福美满。

心相约：表面光鲜的爱情不一定牢固

心理学家警告我们，晕环效应是人际交往中对人的心理影响很大的认知障碍，在恋爱中我们应该正确地应用它，发挥它的正面作用，避免和克服它的副作用。

心理学中有一种心理现象叫做“晕环效应”。心理学家普遍认为，“晕环效应”最早是由美国著名心理学家爱德华·桑戴克于20世纪20年代提出的。爱德华·桑戴克认为，人们对一个人的认知和判断常常出现以偏概全的现象，就是只看他的局部，并由此得出对这个人的整体印象。如果一个人被标明是好的，那他在别人的意识里就会产生一种积极肯定的印象，在别人意识里他也就有了一切都好的品质；如果一个人被标明是坏的，那他在别人的意识里就会产生一种消极否定的印象，在别人的意识里他就有了各种坏品质。为此，桑戴克就为这一心理现象起了一个恰如其分的名称“晕环效应”，也叫“光环效应”。

中国人经常说的一句话叫“情人眼里出西施”，本来一个很普通的人，在一些人眼里仿佛西施一般，这实际上就是光环效应的结果。例如一个非常漂亮的姑娘嫁给了一个其貌不扬的男子，在别人眼里这个男子可能很不起眼，但正是他的一个优点，比如才华让姑娘看中了，由此产生晕环效应，从而觉得他整个人都非常优秀，这个男人就深深吸引了这个姑娘，横看竖看都养眼；又如一个非常英俊的男子，疯狂地爱上了一个长相很一般的姑娘，他也许只看上了这个姑娘的善良，但仅从这一点，他就觉得这个姑娘就是天底下最美的女子了。这其实也就是晕环效应的作用。

电影《桃花运》中有这样一个故事，有一个年轻貌美的富家女，深深爱上了一个在酒店打工的厨师，厨师并没有多少财富，也并非魅力女性所钟爱的型男，他只是一个很普通的农家孩子，能做一手好饭而已。厨师的质朴让富家女很欣赏，他做出的菜肴更是让她回忆起了自己的父亲，由此便对他产生爱慕之心，接着水到渠成，两人相爱结婚。在富家女的朋友眼里，这位普通厨师根本没什么好的，既没有钱也没有才华，只是一个做饭的厨子，但是在富家女的心中，他比潘安还美，比唐寅还有才华。看来，晕环效应真的能把一个很普通的人变成一个欣赏他的人眼里的最高贵的人。

美国心理学家 H. 凯利等人曾在印象形成实验中证实了晕环效应的存在。他在课堂上把 55 名学生分为两组，然后分别向这两组学生介绍了一位新任的教师 A 氏的基本情况：26 岁，已婚，社会学专业研究生，做过 3 年心理学教师，还当过兵。就是说 A 氏是一个既好学又有教学经验和判断能力的人，以上的情况对两个组介绍的都一样。但接下来他又针对 A 氏的其他方面向这两组作了不同的介绍，在其中一组他介绍的是，A 氏非常热情；对另一组介绍的则是，A 氏为人冷漠。介绍完之后，他让两个组分别展开课堂讨论，然后，让两组学生陈述对 A 氏的印象。结果发现两组学生对 A 氏的印象大不相同。其中一个组的印象是：A 氏有同情心，会体贴人，有社交能力，富有幽默感等等；另一组的印象则相反：A 氏严厉、专横等。在这个实验中还有一个现象就是，其中介绍"A 氏非常热情"的一组发言非常积极，而介绍"A 氏为人冷漠"的一组发言就不太踊跃。这后一种现象表明，不同的 A 氏介绍不仅使大学生对 A 氏有了不同的看法和印象，而且对他们的行为也产生了一定影响，印象好，发言也多；印象不好，发言也不积极。这就说明人存在晕环效应心理。

实际上，晕环心理是客观存在的，它对人的影响也是多方面的，不但有积极的一面，也有消极的一面。比如：在谈恋爱的过程中，一些小青年往往只注重对方的外表，认为只要人长得漂亮才是最重要的，并不去注意对方内在的一些东西，如性格、品行、习惯等等，等到结婚以后才发现自己选错了人，最终导致痛苦不堪。

而爱情对大龄青年来说，是一种更为复杂的心理现象，经历丰富了，心智也成熟了许多，他们在择偶时就显得理智了很多，会尽可能摆脱原来的观念。而大龄青年在处理自己的婚恋时，也应该保持头脑的冷静，时刻提示自己不要感情用事，不要被"情人眼里出西施"的假象所蒙蔽。在这方面。普希金也曾吃过大苦头。

被称为"莫斯科第一美人"的娜坦丽深深地吸引了普希金，她的美貌倾城，让普希金一见倾心，因此普希金就把喜爱她的美貌当成了喜爱她整个人。经过普希金的穷追不舍，两人最终结婚。结婚以后普希金才感到痛苦不已，因为娜坦丽并不欣赏他的创作，而对四处游玩却饶有兴趣，她喜欢参加各种奢华舞会，让普希金债台高筑。直到最后普希金为她决斗而死。

心理学家警告我们，晕环效应是人际交往中对人的心理影响很大的认知障碍，在恋爱中我们应该正确地应用它，发挥它的正面作用，避免和克服它的副作用。

心相约：追求实实在在的爱情

正如心理学家所说，恋爱是一门学问，仅有激情是不够的，看起来非常稳固的关系仍会出现许多的矛盾冲突，甚至可能会让你们不欢而散。所以，在与人建立恋爱关系的时候，千万不要被虚表所迷倒。

光鲜的意思就是浪漫，恩爱，一般人们觉得两种恋爱十分光鲜，一种是大学生的恋爱，另一种是有钱人的恋爱。虽然两种恋爱光鲜程度直上云霄，但稳定指数不堪入目。

在大学校园的图书馆门口、宿舍门口，我们经常看到一些男生女生面对面站着，眼神很是温情，让人不禁想起那首《恰似你的温柔》。通常，男生抱着女生的肩膀，女生依偎在男生的怀里，两人站成笔直的雕塑，让人很容易联想到大卫和维纳斯，他们常常这样在一起，仿佛永远都不能分离似的，想把这一刻定格，但是每到毕业那年的夏日，他们又不得不离开让他们依恋的校园，为了工作和梦想各奔东西。

萍萍在未进入大学之前，一直忙于高考的冲刺，压力与学习任务使她疲惫不堪，无暇去挥霍花季雨季，在这段美好的时光里，她感到唯一的缺憾就是没有谈过恋爱。进入了大学以后，过去的压力没有了，时间也充裕起来，她便也有了自己的一个美好的愿望，就是找个人好好地谈一场浪漫新鲜的恋爱。

大一下半学期，经过筛选，最终她决定与和同级同系不同班的男生阿涛交往。两人谈得很投机，三年时间里基本没出什么问题，只是其间萍萍父母因为觉得两人不合适，劝女儿不要和阿涛交往得太深，萍萍对父母的话很在意，但她又觉得自己不应该轻易放弃这段感情。他们还是照常在一起，看电影，郊游，上选修课，参加学校的活动，都在一块。很多时候，一束鲜红的玫瑰，一件有趣的小礼物，一个漂亮的玩具都是他们互相赠送的东西。他们的交往，让许多人艳羡不已。但转眼就快毕业了，考验他们的时候也到了。

阿涛是福州人，他毕业后可以回福州也可以留在厦门就职。为了让双方父母表个态，以便他作出选择，他就把自己的想法告诉了萍萍的父母，而萍萍的家长觉得订婚还为时尚早，认为他们两人毕业后生活中将有许多变数。而萍萍对从恋爱到实质性婚姻考虑很少，因此，对于阿涛的建议，她也犹豫不决。

阿涛看到她的态度，认为萍萍并未对自己投入全部感情，非常生气地回了福州，以后回校进行论文答辩时也没有去找萍萍。而萍萍虽然没有受到父母的坚决反对，但她主动放弃了与阿涛的交往。

那么，萍萍真的对阿涛的一片痴心无动于衷吗？萍萍说：“我们这种情况太普遍了，就拿我们宿舍其他几个人来说吧，现在她们也都和男友分手了，一对也没留下。我觉得我做的并没有错，从一开始，我就感觉结果可能会是这样的。”

但萍萍也表示对于他们的分手她很难过，但恋爱是恋爱，结婚是结婚，她决不会为了爱情傻乎乎结没把握的婚，这样的“傻女人”已经很少了。

而阿涛呢，虽然很伤心地回到家，但一段时间之后，他也渐渐地忘却了这段美好而短暂的恋情。现在当他的同学问到他的这段经历时，他淡淡地说：“其实萍萍是对的，我后来认真地想过，外表光鲜的恋情，只是虚表，会很不可靠。大学期间的恋爱尤其如此。我还要感谢萍萍，我现在的工作十分稳定，留在学校那边，还不知道会成什么样子。”

的确，从心理学的角度来看，在校园里建立的恋爱关系看似光鲜，却存在许多问题。大部分人选择恋人时很少考虑两人的性格、家境、价值观以及生活习惯等问题，对经济条件这方面考虑的更是少之又少。婚姻生活往往是很现实的，校园里的恋爱常常是没有结果的。如果真想在学校里找到另一半，那就应该考虑全面一些，如果不是这样，那还是在毕业时分手吧，否则当爱情影响了你们的事业，再谈分手损失就大了。

正如心理学家所说，恋爱是一门学问，仅有激情是不够的，看起来非常稳固的关系仍会出现许多的矛盾冲突，甚至可能会让你们不欢而散。所以，在与人建立恋爱关系的时候，千万不要被虚表所迷倒。

心相约：不要对爱吹毛求疵

心理学家指出，要解决爱情中吹毛求疵的心理就不要无端地给自己增加精神负担，对一些无关大局的小细节不必处处留神。要有一个正确的价值观念。要知道在人的一生中，真正值得重视的是那些足以改变命运的事件、机遇和挫折。

婚恋过程中，吹毛求疵心理使许多真心相爱的人自寻烦恼。

2008年，年轻漂亮的小慧偶然间认识了一个叫孙鹏的青年男子。孙鹏是一个桀骜不驯的人，母亲去世之后，他就离开了家乡，开始了四处漂泊的生活。为了生存他尝遍了人间的辛酸，由于打工赚了一些钱，后来他就利用这些钱做起了生意，没想到以后生意越做越大，很快就成为了当地有名的富翁。说起孙鹏的经历，小慧钦佩不已。他们认识不到两月，约会也只有几次，便迅速地结婚了。

像大多数闪婚者一样，婚后他们也发生了许多矛盾。不过矛盾归矛盾，过后孙鹏还是疼爱着小慧，每当见到孙鹏退步了，小慧也就不再生气了。每天清晨，小慧总会做好可口的早餐，等待着孙鹏和她一起分享。而小慧也每每会收到孙鹏送来的礼物。起初，他们总以为这份真爱能够长久下去，然而他们错了。

小慧十分挑剔，孙鹏虽然十分阔绰，但为人却十分随意，不修边幅，他经常一件衣服穿上三天也不换，回到家后，就把鞋子、衣服随便丢到一个地方，从不去整理。小慧挑剔的性格没有改变，孙鹏的一些行为也总会让她有些看不惯，为此她不停地唠叨着，有时为了这些琐事，小慧还会和孙鹏争吵一番。而孙鹏觉得这是自己的习惯，所以他对小慧的要求总是显得不耐烦。有几次他生气地警告了小慧，让她不要再管自己的事，小慧却仍然不依不饶，认为在家就应该讲究一些，不能太随便。

以前的小慧年轻漂亮，有很多男孩追求过她，他们几乎用尽了各种招数，但都没有如愿以偿。而孙鹏仅给她买了一枚钻戒，便俘获了她的芳心。尽管这枚钻戒价值不菲，但是终究没有鲜花和甜言蜜语诱人。孙鹏平时工作很忙，所以常常很晚才能回到家，小慧在家里经常只是做做饭，洗洗衣服而已，没事的时候也就不免感到孤独。于是她开始不断地向孙鹏索求，希望孙鹏多抽出些时间来陪陪她，有时候为了能让孙鹏陪她走一走，她甚至一连往他的公司打几个电话。

因为爱小慧，孙鹏对她的无理取闹也就忍了。可没有想到的是，小慧又开始嫌弃孙鹏喝酒，每当孙鹏喝完酒回来，她就会捂着鼻子让他立即去洗澡，却从不去体贴地问一句他工作的事。孙鹏洗完澡后，她也不会让孙鹏跟她一起睡，说是他喝了酒身上就有一种臭味儿。她从不去想孙鹏为什么要喝酒，孙鹏是公司的头儿，不喝酒怎么可能？

就这样，由于无法忍受小慧无休止的抱怨和责备，孙鹏对小慧的依恋和爱护渐渐被憎恨所取代，他们开始了无休止的争吵，最后两人一气之下决定分居。感情的疏远使孙鹏仿佛又回到了单身的状态，后来一位善解人意的女孩出现在孙鹏面前，从此孙鹏彻底地离开了曾经心爱的小慧。

后悔莫及的小慧，开始懊悔自己当初的做法，向朋友们诉说自己的故事时，也经常是以泪洗面。

虽然孙鹏和小慧彻底决裂有孙鹏的不对，但小慧的恶劣态度无疑加剧了这个过程。心理学家认为，每个人的生活习惯不是随便就能改变的，要用一颗宽容的心去包容对方，这样才能让对方感受到尊重。倘若一味地指责，对方就渐渐地感受不到爱意的存在，最终的分手也就成为必然。

玲玲和阿峰谈恋爱了，他们是在地铁站认识的，可谓一见钟情。玲玲不掩饰对阿峰的爱恋，不久就提出和他结婚的请求，并承诺永远和他在一起。阿峰虽然属于一个月光族，并没有任何积蓄，但这似乎没有阻挡玲玲对他的一往情深。

从恋爱到决定同居，一切都显得那么自然，但在一块儿相处以后，玲玲才发现阿峰对自己的看法渐渐增多了，要么嫌弃她这个做得不好，要么嫌弃她那个做得不到位。这让她觉得很为难，本来她这个人就喜欢一种自然的生活方式，但阿峰却很不习惯，他经常拿玲玲跟自己的母亲对比，说她一点儿也不会收拾屋子，做的菜不如妈妈做的好吃，更让她无法忍受的是有时候她洗的衣服，阿峰还要再洗一遍。因为爱阿峰，玲玲决定改变自己，只要他能满意。

从此以后，玲玲做什么事都很认真，她经常担心自己因做得不周而受到阿峰责备，而阿峰呢，并没有看到玲玲的良苦用心，他觉得自己的“批评教育”终于有了效果，开始对玲玲变本加厉地挑剔起来。有一次，玲玲剪了一个短头，他就对玲玲的做法很有成见，说她剪掉了长发，看起来既不淑女也不可爱了，显得太老气、太土气了。为此小事，他还数落了玲玲无数次，有一天玲玲再也忍不下去，头也不回地冲出了屋。

朋友们知道了阿峰的做法，也劝他不要再这样了，有些过分了。可阿峰却认为自己对玲玲的数落并没有不对，又拿自己的母亲和玲玲做了对比。

从心理学的角度来讲，阿峰的做法，实际上是由于他把自己的精神世界局限于一个极小的范围内造成的，这些人常常自私、冷漠、吝啬、苛刻，所以，他们经常会错失真爱。

对于阿峰这种心理，心理学家指出，最好的方法是努力改变自己，并提出了一些建议。

首先，不要无端地给自己增加精神负担，对一些无关大局的小细节不必处处留神。要有一个正确的价值观念。要知道在人的一生中，真正值得重视的是那些足以改变命运的事件、机遇和挫折。

其次，要学会忘却。岁月会淘洗掉许多生活琐事的痕迹，自己没有必要为它付出过多的精力。

再次，要培养豁达的胸怀。要善于发现别人的优点，不要总是这也看不惯，那也看不惯。

最后，要正确地评价和对待他人，要善用模糊概念。

只有做到了这几点，才能逐渐改掉吹毛求疵的毛病，才不会错过一个真爱你的人。

心相约:“好男人”也会变“坏”吗?

生活中每个人都会面临各种各样的诱惑，尤其对“好男人”而言，诱惑是无处不在的。聪明的妻子不会因为洞悉到人性的弱点而对丈夫失望或怀疑，她们愿意防患于未然——比如让婚姻本身充满奇特的诱惑力。这种诱惑，可以是一个小小的创意，可以是知己般的深谈，也可以是妻子不断增长和变幻的爱的魅力。

每个女人都渴望嫁个好男人，因为她们相信好男人会给予她们无微不至的关怀，不让她们受任何的伤害。然而，好男人身边的女人或许会告诉你——嫁给好男人，同样难免会受到伤害。

张丽丽就是这样一个在好男人身边生活了大半辈子的女人。张丽丽本科毕业后进入了陌生的工作单位，遇到的第一个大好人就是现在的老公李刚。李刚比她大 5 岁，当时就已经是部门负责人，沉稳持重，一看就让人很信任。年轻的张丽丽面对复杂的工作流程和人际关系每每手足无措的时候，李刚总是不动声色地伸出援手，让张丽丽感动不已。感动积累到半年的时候，张丽丽嫁给了李刚。

李刚果然没有辜负张丽丽的信任，婚后，里里外外的事情全都由他一手搞定，从外交到内务，从单位到厨房，张丽丽都不需要操心，很快就成了远近闻名的“幸福女人”，过着饭来张口衣来伸手的幸福生活。李刚连升三级之后，做了副总，在单位里从来目不斜视，回家依然体贴入微，不仅自己宠着张丽丽，还教会了 16 岁的儿子怎样哄妈妈开心。张丽丽在双倍的宠爱中，脾气却与日俱增，稍有不顺心便闹情绪，42 岁还像 24 岁似的任性无比，甚至连夫妻两人的性生活也由她说了算。闺中密友劝她收敛一点，免得男人在外面寻花问柳。张丽丽不屑地说：“嗤！他！全世界男人都变心了他也不敢！”

可是，时隔不久，张丽丽的幸福生活突然就来了个晴天霹雳——好人李刚竟然冷不丁地拿出一纸离婚协议，想要张丽丽“放了自己”。

触电一般的张丽丽脑子一片空白，条件反射似的抬手就先给了李刚一巴掌。她声色俱厉地问丈夫是不是跟别人好上了。

李刚老老实实地回答：“是的，我是跟别人有了感情，但我离婚不是因为她……”

张丽丽抬手又是一巴掌，声嘶力竭地喊：“她是谁？！”

李刚也一反常态，突然反手狠狠按住张丽丽，大喊：“够了，我受够了！我早就想跟你离婚。你不要再自以为是了。你把所有东西统统拿走，给我自由！”

接下来的话，张丽丽一句都没有听进去。她满脑子盘算的是怎样尽快找到那个妖精，让她滚远一点。很快，她联系到了那个女人。电话那头，女人说：“不好意思，我开始只是很好奇世界上还会有这么好的男人，只是想试试自己的魅力，可是后来我们真的相爱了。他已经不爱你了，你放了他吧！”

张丽丽气得浑身发抖。住读的儿子就快回家了，她决心在儿子回来前解决这件事。她拨通了预约咨询电话，希望咨询师让李刚回心转意。

在咨询室，李刚谈起了自己的感受。他说在这个家庭中，是她单方面感觉到幸福，因为一切都以她为标准，甚至包括浴室毛巾的悬挂。李刚说：“我每天为她擦车，从来不挂在嘴上说；可她偶尔替我挂一下毛巾，就要数落半天，末了还得想尽方法哄她开心，我真的很累！我奇怪的是她这么多年一点也想不到我是什么感觉！”

张丽丽也很奇怪：“你不说我怎么会知道！”

李刚说：“你不懂我说了也没有用！”

于是，咨询室里再次上演一段经典的“先有鸡还是先有蛋”的争议。不只李刚和张丽丽，许多“扑满状幸福婚姻”中的夫妻，都会在“扑满”行将被打破的那一刻激烈争执起来。

后来，李刚要求单独跟咨询师谈谈，张丽丽不答应。李刚一狠心，说：“好！那你就听着——这些年，其实我心里一直很苦闷！这不是我要的生活，但却是你想要的。我不想伤害你。我心里一直有个想法是，熬到死吧，死之前我一定要跟你离婚！”

这样的场景，对一个婚姻咨询师来说，并不陌生。可是，李刚心底里的呐喊依然深深地震撼了咨询师，更加震撼着张丽丽。“死之前我一定要跟你离婚！……”

大家见过那种古老的存钱罐扑满吗？它只有一个放钱进去的小孔，要取用里面的钱币，则只有把它打破。这样的储蓄罐越来越少，可是，“扑满状”的问题婚姻却越来越多——看起来里面存满了爱和幸福，存入的人却无法享用，直到有一天狠心将那个叫作“幸福婚姻”的器皿打破。那个存入而又想打破的人，很不幸，常常都是些“好男人”。

好男人不像好女人，好女人也会不断地往“扑满”里存入爱和情感，存入的时候好女人很幸福，抱着沉甸甸的器皿时，好女人也很幸福。好女人不会打破器皿，因为，对好女人来说，器皿的价值和她们的投入成正比，“存入”本身就是好女人毕生的事业。好男人不同，他们也会用心地存入，可沉甸甸的器皿本身却很难令他们感到温暖和幸福。他们渴望爱的“储蓄金”能够盘活和流转，遗憾的是，他们既不说女人也不懂。

于是，便常常有委屈至深的女性在丈夫“突然变心”的时候哭诉他们的生活从来都很幸福，他从来都没有说他不满，都是因为他有了别的女人才造成了这一切的改变！

通常好男人们在这个时候都不作声，事实上，常常也轮不到他们作声——数十年的婚姻里，他们习惯了只有太太一个主角，而被好男人宠惯了的太太，也习惯了只听见自己一个人的声音。

看清了“扑满状”的幸福婚姻，再来看看“好男人”——其实，男人和女人一样，本无根本的“好坏”之分，因为人性皆有多面性，只是不同的人在不同的时间和空间里会释放不同的侧面。

通常女人们所定义的好男人，其首要和根本的特征是“不花心”，可是，进化心理学家会告诉你：是人都可能“花心”，因为“花心”是生物繁衍的本能在作祟。假如你认定身边有个“好男人”，那么，不要误以为他就没有“花心”的本能，他的“不花心”，可能是爱的升华，但也可能是爱的压抑。

那些升华而成的好男人，通常有着强烈的道德约束感、清晰的价值观以及成熟而完善的人格特质。他了解人性的弱点，懂得如何在暗流涌动的诱惑和平凡琐碎的现实之间做出快速选择，懂得如何健康地表达与满足自己的需求。他可能会跟你发生小小的摩擦与冲突，但他也知道怎样引领你们的爱向更加光明的方向走。

而那些压抑而成的好男人常常有一个通病，那就是“心太软”。心软不是问题，问题是，有种“心软”其实是不敢面对冲突的面具。他们善良、温柔而深情，会给你最细致的呵护和宠爱，会让你误以为他们是一个爱的永动机——只需要你接受，不需要你付出。他们从不与你发生争执，让你渐渐地就真的成了蛮横的公主；他们即使思想开了小差也很难让你察觉，因为他还会一如既往地对你、让你误以为爱依然存在。这样的好男人，是无奈的好，因为他还不知道怎样处理亲密关系、不知道怎样健康地表达自己爱的需要。最初的时候，他可能因为爱你而不愿让你看见他也有不完美的一面，时间久了，连他自己可能也会忘记自己的那一面，变成一个人人夸赞，但却遭到他自己怀疑甚至厌弃的“好男人”，因为他无法真实地活在自己想要的生活里面。

其实压抑而成的好男人比谁都更渴望有一个释放的空间。于是，一旦“变心”，往往不顾一切、瞬间就会冲破“好男人”的躯壳，令周遭的人目瞪口呆、哑口无言。

活在这样的“好男人”身边的女人，其实最危险，因为她甚至来不及搞清楚自己的处境，就被宣判出局。这样的“幸福”，无异于慢性中毒，而真正的“凶手”，是男人和女人共同假想出来的“理想人格”。那个被理想化了的“好男人”，原本并不存在，存在的只是男人女人对婚姻的误解——以为没有冲突、百依百顺、目不斜视就会幸福永远！

假如你的婚姻至今没有任何冲突发生，不要以为自己幸运，赶紧找伴侣好好沟通一下，问问彼此在婚姻中的感受是否一致，至少要找到一项差异，然后不带任何评判地沟通。习惯了回避冲突的一方，假如你不想自己变成李刚，就尝试让对方了解你的真实感受，真实必然会带来碰撞，但没有碰撞，你们的婚姻其实也早已死亡。真正置婚姻于死地的，不是冲突本身，而是不良的解决冲突的办法，包括回避。

压抑型的“好男人”在夫妻性生活上，即使有不满，也不会直言。他们内心渴望对方的醒悟和体恤，所以，在他还没有学会直接表达之前，妻子们请记得：随时检查你们性生活的质量、以你们共同的标准为标准。

压抑型的“好男人”喜欢给予，但给予型的人其实心里更渴望得到关心，希望你不把他的给予当作理所当然，希望你在给予他的时候不附加任何条件，就像他对你。

生活中每个人都会面临各种各样的诱惑，尤其对“好男人”而言，诱惑是无处不在的。聪明的妻子不会因为洞悉到人性的弱点而对丈夫失望或怀疑，她们愿意防患于未然——比如让婚姻本身充满奇特的诱惑力。这种诱惑，可以是一个小小的创意，可以是知己般的深谈，也可以是妻子不断增长和变幻的爱的魅力。

心相约：要嫁就得嫁给幸福

我们不要把爱情与婚姻混为一谈。女人嫁就得嫁给幸福，而不是委曲求全，委屈自己认同一个人，将就一个人。爱情与婚姻都无法将就，当爱情转换为婚姻，或者婚姻直接成就爱情的时候，也许我们考虑更多的不是自己，而是婚姻中全局的走向。走得好就是风雨同舟，共度一辈子，走得不好就得半路刹车，各奔东西。

在这个世界上几乎所有的男人都花心，就算他的女朋友或他的妻子貌美如花，当他看到其他一些超凡脱俗的美女的时候依然会心神荡漾，甚至会想入非非。

有个女人这样向朋友诉苦："当初，他为了得到我，追得要死要活，到头来，心还是那么野。出去玩，从来不肯两个人一起去，总带着不同的女人。我离开他，他连班也不上，到娘家求我；我要离婚，他哭着不同意。但后来还是死性不改。男人是不是都这么花心、贪心、虚伪？"

其实，女人的问题，最好让男人自己来回答。有个男人是这样说的：

"就好比一帮人出去打猎，如果你打死了家兔，没人会看得起你；但如果你打到了很多野兔，那所有人都会羡慕你。"

如果用道德去评判，这种把女人当作玩物的男人简直就是禽兽了。然而，当女人要离开时，他们又会声泪俱下，乞求原谅。起初，女人以为他会改过，后来才慢慢发现，"家里红旗不倒，外面彩旗飘飘"，竟是这号人坚定的信条，这让女人实在无法理解——既然死灰复燃是真的，那当初的眼泪是不是真的呢？

其实，他的眼泪并不一定是假的，他之所以还明知故犯，这里面还有一个很重要的原因，那就是很多男人获取成就感的欲望。

心理学家马斯洛，曾经将"发挥自我潜能"列入"人的五项基本需要"最高级，凌驾于生理、安全感、社交和尊重之上。男人发挥自我潜能，然后从中获取成就感，这能够帮助他确认自己在社会上的位置。

举例来说，不少历史学家爱用后宫嫔妃的数目来阐述清朝的兴衰——康熙有55位后妃；乾隆光皇后就换了3个，更有不少下江南会美女的佳话，可见“康乾盛世”之兴；相比之下，咸丰宠溺懿贵妃，最终断送大清江山；光绪只有一后二妃，不但没有后代，而且连自己喜欢的女人都保不住，足见晚清气数之败。

于是，在中国文化里，性能力不只代表生殖，还成为衡量男人综合素质的重要指标。有了这个大前提，就很容易解释“男人应酬时为什么喜欢带不同的女人，而不是老婆”—— 将性能力与“人上人”挂钩，实在是部分男人可笑的集体无意识。

对于某些男人来说，老婆好比笼中鸟，对自己好，是天经地义，拥有她，并无狩猎时大获全胜的成就感；但其他女人的恩泽却不常有，尤其是美女。

而且，当男人聚会时，他们谈话的重要内容之一就是吹牛。这是一种男人圈里的思维定势。男人一旦吹嘘自己的伟大成就，其他人就习惯性地压榨当中的水分。所以，男人的话题一般贵在泛泛，切忌深入，以免言多有失。然而，如果一个男人，每次都能手执不同的美女，“情圣”二字就当之无愧了，而且是用不着自己说的，省事而光荣。

以上就是男人喜欢在女人身上找成就感的原因。男人天生喜欢获取成就感，喜欢表演的马龙·白兰度，以获得奥斯卡奖的数量掠夺光荣——但不幸的是，他也喜欢以女人的数量来确认自己的成就。到晚年，他才发现这样行不通。他说过：“我一生都和女人打交道，但没得到什么好处。所付出的，赡养费居多。”

白兰度曾毫不隐讳地这样描述自己年轻时的经历：

“我一世有女人运，我算不清和多少女人来往过，虽然有的只是交往两分钟。一次，有个我很爱的女明星问光着身体的我：‘你昨晚去了哪里。’我想到自己已经是五六十岁的人，不用像小孩一样去骗对方，就告诉她，我和一个她认识的女人上了床。结果，她在12月的严寒下把我打出门去。我只好向邻居借了一条被子围住下部，驾车到我的好友家里拿救伤药，被他和太太笑得要死，一点同情心都没有。”

这次之后，他依然死性不改：

“后来又有一次，有个女人发现衣橱里有件睡衣不是她的。我又讲了实话。她就将一把钥匙向我直扔过来，正中额头。血流下来，她清醒了，跑过来看我。我只好对她说：‘没事，但我的眼睛……看不见东西呀！’她彻底吓坏了，终于放过了我，可她也从来没忘记过这件事。”

就这样，白兰度被女人恨了一辈子，但他始终没有改过。

当男人把成就感寄托在“征服不同的女人”身上时，那么一般的道德谴责就会变得软弱无力，甚至还可能适得其反。责怪他，不行；装聋作哑更行不通，就算骗得了外人，也骗不了自己。长年哑忍的那一腔怒气，爆发出来，往往是一场大灾难。在网上曾看到这样一条新闻：丈夫经常在外拈花惹草，妻子起初忍耐，后来终于忍不住，花 5 万元雇用 3 个杀手，将丈夫活活砍死。

类似的新闻在网上还有很多。女人变得歇斯底里，往往是因为男人的纵情与背叛。

所以，男人脚踏的船越多，掉下水的机会就越大——哪怕他只是为了可怜的虚荣，也很难得到原谅。对于女人来说，男人的花心很无聊、很自私，而且深具杀伤力，在东窗事发的刹那，会令包括爱情在内的一切都灰飞烟灭，都变得毫无价值。

对于女人来说，每个女人都希望当自己出嫁时是最美丽的时候，都希望能够淡然而悠闲地享受着美满的婚姻生活。遗憾的是，不是所有的女人都可以如愿以偿，也不是所有的婚姻都会让我们感受到温暖，与其羡慕别人的幸福，不如继续寻找属于自己的幸福。

爱一个人是需要用真心的，而不是瞬间的感觉，无心的人只靠感觉经营爱情与婚姻必然是无法长久的。

当我们用直观的现象去诠释现实的时候，我们不难发现其实爱情与幸福都无法做等号。

为什么当今单身的人如此之多，为何这群人在渴望爱情的同时又逃离了爱情，也许我们都曾经受过伤害，也许我们都无法承受爱情里的颠簸，也许我们都被婚姻拒之门外。

这不是因为我们只懂得爱我们自己，而是因为爱情与婚姻都是需要基础的，都需要在差异不同的情况下进行整合。随着社会的日益发展与革新，人与人之间的竞争越来越激烈，男人女人背负的责任，不仅仅是小家庭还有一个大家庭，包括这个大家庭里的荣辱辛酸以及大家庭里每个人的面孔与认同。爱情里的累，累的只是心，婚姻里的累，累的却是整个人，包括人以外的大群体，两个大家庭注视一个小家庭，不是谁都可以对彼此亲人的关注与询问熟视无睹。

因此我们不要把爱情与婚姻混为一谈。女人嫁就得嫁给幸福，而不是委曲求全，委屈自己认同一个人，将就一个人。爱情与婚姻都无法将就，当爱情转换为婚姻，或者婚姻直接成就爱情的时候，也许我们考虑更多的不是自己，而是婚姻中全局的走向。走得好就是风雨同舟，共度一辈子，走得不好就得半路刹车，各奔东西。

随着全国离婚率的增加，结婚成了所有爱情中两个人值得慎重思考的问题，不然到头来发生意外，恐怕这是谁都不愿看到的事情。

经营自己与经营情感婚姻都是一个道理，男人女人都会在茫茫人海找到属于自己的归属，唯独珍惜，知足，感恩，才会让遗憾少些、更少些。女人要嫁就得嫁给幸福，而不是将就婚姻，将就自己。

心相约：男人要学会与女人相处

观察一下你熟悉的那些快乐的丈夫，那些享受着人生的乐趣、由一个贤惠的妻子操持着家庭生活的丈夫，他们的快乐，都是因为他们懂得怎样赢得女人的心。让她们乐于永远为他们效命的最好、最妥帖的方法，就是不断地给予她们真诚的、毫不吝啬的赞赏。

“男人一旦娶妻生子就意味着失去了财运和机遇。”这是弗兰西斯·培根对婚姻的看法。他不赞成男人结婚生子、背负家累，认为那样“很笨”，因为他们要承担命运之神随时会将家人生命夺走的风险。

虽然这表现了培根对已婚的人的悲观态度，但是他的话从反面也暗示了男人结婚是需要勇气的。过去的看法认为单身汉更勇敢、没有顾忌，结过婚的男人则显得谨慎、呆板。现在这个观念看来需要加以修正了。

事实上，单身汉比已婚的男人更拘泥、更呆板，这从他们不愿冒险去婚姻登记处以避免破坏他们拘谨的计划就可以看得出来。他们谨小慎微，捉摸不定。他们不敢跳入婚姻生活的海洋，只敢在海滩上留连，偶尔用脚趾试探一下海水，但是大浪涌来，他们又会逃回安全的地方。

结婚的男人具有的是大盗杰西·詹姆斯的胆量，受伤的犀牛一般的勇气和赌徒才具有的性情——跟这种赌徒般的性情相比，在蒙特卡洛因赌博破产的那些人只能算是小儿科——他把生命、未来和金钱这些赌注押在一个女人身上并保证让这女人永远快乐。他的对手是命运之神，他把一切都抵押给命运之神，然后冲命运之神吐口水。

在这里我们不是要去批评这些已婚男人，而是要表示对这些富有冒险精神的男人的敬意，并向他们提出一些可以增加他们婚后生活的快乐的小小建议。

里奥纳德·S. 柯瑞尔博士是康奈尔大学文理学院院长，他曾经为美好的姻缘设计蓝图：“幸福的婚姻，属于那些心灵成熟、了解自己、善于与他人建立良好的关系、凡事为他人的幸福着想的富有责任感的人。”柯瑞尔博士还说，一家人是“通过无法强求的内在价值，像情爱和伴侣等的满足”而结合在一起的。

柯瑞尔院长所谓的内在价值是可以通过一些手段加以发展、呵护、加深的。哪些手段呢？我们搜集了一些“妻子的情报”，作为我们为你提供的与她相处的几点建议：

一、不断地赞赏她

即使你非节省开支不可的话，也别吝惜你“嘴上的蜂蜜”的开销。如果你总是夸她，说她是多么贤惠，她就会对你死心塌地，无论你是失业，还是变得又老又胖，她都会守在你的身边，即使不得不总是穿一身旧外套也不抱怨。可惜的是，在男士当中不了解女性这个特点的不是一个小数目。

他们认为他们能娶自己现在的妻子应该是妻子一辈子的福气。男士们一点儿也不知道妻子从不厌烦丈夫对她们的赞赏。男人都很容易了解自己在他的生活里的地位——工作失败了，会有上司提醒他知道；成交了一笔大买卖，会加薪或有红利随之而来，至少上司会提出嘉奖。如果丈夫不告诉自己的妻子的话，那么她将无从知道自己的表现怎样。丈夫的赞赏是对她最好的奖赏。

观察一下你熟悉的那些快乐的丈夫，那些享受着人生的乐趣、由一个贤惠的妻子操持着家庭生活的丈夫，他们的快乐，都是因为他们懂得怎样赢得女人的心。让她们乐于永远为他们效命的最好、最妥帖的方法，就是不断地给予她们真诚的、毫不吝啬的赞赏。

纽约《世界电报》的专栏作家罗伯·N. 普拉尔最令人羡慕之处，在于他有一个几乎所有男人都想得到的理想妻子。而他的妻子珍妮也认为他是世界上最伟大的男人，而且逢人就夸。

罗伯总有手段让她保持那种感受。当出版商把有着手工精制封面的特别赠本交给他时，罗伯当场在书上题上赠言：“献给珍妮——我的爱妻和我的生命。”这样的赠言会比在支票上签名更让女人感到心花怒放。这是对她成功操持家务的一种具体赞赏。

二、真正的大方和体贴

生活中一直存在这样一种错误的观点：男人大方就是体现在不假思索地帮女人付账单，以及不时供给她零用钱。现在，我要告诉你，金钱跟女人看重的慷慨大方只不过是附属关系，她们往往更在乎你这样表现慷慨大方的方式："好吧，亲爱的，让你妈妈过来，我们将与她共度一段美好的时光。"她们希望丈夫能在公共场所多关心自己，向自己体现出他对一个美丽的不相识的女子应该表现的那种关怀和尊重。

你是否在餐厅里玩过那样一种游戏，猜测哪一对男女已经结婚？你应该找时间试试：两人默默坐在一起，男的只注意看着他盘中的小牛排和服务员，女的则无聊地翻弄盘中的食物，乍一看好像是他们互不相识，其实必是已经结了婚的一对。反之，男的谨慎地为女人拉开椅子让她坐下，仿佛她是玻璃制品，话题也是精选过的，显然这个男人若不是处在追求这个女人的过程中，就是在与一位女客户吃饭。

有这样一对夫妻，丈夫是个名人，在一次宴会上，丈夫对几乎所有人都表现得异常热情——除了他太太，他甚至没看过他的妻子一眼，仿佛她不存在似的。不久，他们就离婚了。

男士们要想拥有幸福美满的婚姻生活，一定要记住这一点：适时地对妻子殷勤一下对他的公共关系不会造成任何损害，反而会促进夫妻之间的感情。体贴、仁慈和善良，就像爱一样，应该从家中开始。

三、保持着装整洁

一般人认为只有女人才应该保持迷人的风采和适宜的仪表。女人总会受到警告：不要涂冷霜、不能带着满头发卷睡觉，还要尽量避免手指粗糙、体重超常和懒散成性。女人对保持年轻和苗条如此介意，是由于担心自己一旦失去年轻，就会失去丈夫。

但是那些男人呢? 也许他是个时装模特儿，但是回到家里他就像一张没整理过的床。每到周末，他悠然自得地穿着 T 恤衫只顾看他的报纸，穿着臭烘烘的拖鞋来回走动，不洗澡、不刮脸，还自以为是，觉得自己多难得，似乎他太太能嫁给他算是她的幸运。

从妻子的角度出发，她不会在乎丈夫穿的是粗布工作服还是笔挺的西装，不管怎样她都会爱他。但是她愿意看他洗过澡、刮过胡子，穿上与居家生活相和谐的衣服，即使他是闲着没事在屋子里待着的时候。

着装和外表无法决定一个男人的地位，但它能改变我们眼中的男人的形象。以下提供一张企图博得女孩子 (包括自己太太) 青睐的男人应该注意的问题的清单:

a. 在需要理发之前就去理发，不要拖延。

b. 不要在大白天里让人看见你没刮胡子。

c. 随时注意仪表整洁。除臭剂不是为女人专门生产的。

d. 保持裤子笔挺。颓废的男人才会容忍裤子起皱。

e. 保持皮鞋光亮，袜子要拉高，面上常带笑容。

四、女人也有自己的工作

现在有不少女人对赚钱和安排生活都有切身的体会。职业妇女越来越多，在婚前或婚后，女人们对工作的压力和要求多少有所了解。

这样，男人就要对在厨房、市场和洗衣店里奔忙的主妇的世界争取了解得多一些。他必须体谅妻子比他更加受限于她所处的环境，她的每一天过得并不比他清闲，她也要应付整个家庭的各方面的日常需求。

丈夫至少应该了解操持例行家务有多么单调。此外，她们还要照顾孩子，家里有人生病更是离不开她们，有时，她们还需安排家庭娱乐活动。她们常常是劳累过度，而最大的动力和报偿不过是家人的赞许以及由此带来的幸福感。

妻子需要与外界接触来增加刺激，以消除因工作单调而产生的乏味，做丈夫的应该经常带妻子出去与别人家的主妇交流。男人因工作性质的关系，决定着他有机会参与社会的各种活动，因此他希望通过休闲获得宁静。要把自己的需求和对太太带有刺激性的社交活动两者处理得相对平衡，这完全要看他怎么去安排。

五、给你的妻子以支持——让她认为你可靠

一位女士谈起过她最爱的一位姑妈第一次光临她家时，发生了一次小小的危机。她的姑妈才到，她的孩子就患上了支气管炎躺在床上。招待客人的全部计划都无法得以实施。她后来说："如果不是阿强，我简直不知道该怎么办才好。每天晚上，他都陪着姑妈出去，让她过得很愉快，周末时他们一起出去看风景。姑妈玩得高兴，这样，就减轻了我心理上的压力。阿强虽然有缺点，但一旦到了紧急关头，因为有他在身边我就觉得有了依靠。"

当麻烦出现的时候，如果我们有一个可以安心依靠的丈夫，那会胜过浪漫小说中的英雄降临。可见，丈夫对于妻子来说，不光是在大危机中能挺身而出，日常小事上也要多多支持。

参加家长会和妇女俱乐部的活动时，妻子需要得到丈夫的支持和鼓励。而参加教堂唱诗班或缝纫班的活动也有同样的需求。

教导孩子时她需要他的帮助，在社交场合她希望他能成为她的骄傲，她愿意看到他玩得愉快，只要不出洋相。

她需要确定，不论出现什么紧急的情况，不管发生什么严重的事情，他都能站在她身边，让她的心里有一种安全感。

六、对她的兴趣感兴趣

婚姻的成功依赖的是两个人共享与合作。在共同处理家务问题时，必须试着把"你"和"我"转变成"我们"。我们去哪里度假好？我们的椅套和电视机要不要都换成新的？诸如此类。夫妻双方在了解各自所处的不同的角色之后，所有问题都可以在公平友好的气氛下得以解决。

男人也许认为参与像买礼物、做家务之类的事有失男性尊严。但是，如果他想

使家庭常葆温馨，就应该先放下手上的报纸或股市报告，尽己所能地帮她做一些事。既然他指望妻子能对他成为销售经理投来羡慕的目光，为什么他不能关注一下妻子今天在拍卖市场捡到的大便宜呢？

安德烈·莫罗斯是一位敏锐的作家，他建议男人“对女人认为重要的东西表露出兴趣，如她们的穿着，她们为家庭所做的努力，她们对感情和人物等精微的分析……闲下来时，不妨陪太太去逛逛街买买东西……为她参谋一下……就生活中的小事与她多交流——如养育孩子的经验、她的俱乐部、她的朋友等等。如果她热爱音乐、美术或读书，设法了解她的品位。你会惊奇地感到，你也对她的爱好感兴趣了”。

心相约：向妻子表达你的爱

爱一个女人绝不是只需具有火热的感情就行了的。它应该包含所有的理解、殷勤、敏感和尊重。很多不善于经营爱情的男人总喜欢用“没有人能真正了解女人”作为借口，这些人顽固地认为，男人是直流电，女人是交流电，永远没有沟通的可能，这样的话，他们可以省掉尝试的麻烦。这里，我想敬告这些先生，女人不是来自外太空，不以另一种“波长”做事，更不是陌生人。我们是男人，但首先是人，要揭开女人的谜底不是超出男人能力的事情，很多女人都已经能了解我们，而且都是在我们与她们结婚之后。

作家维奇·鲍姆说：“被爱着的女人更容易得到成功。”丈夫要保证爱他的妻子。这不只是为她的手指上戴上结婚戒指那么简单，而且只要她愿意，他可以天天将结婚戒指戴在她的手指上。“男人喜欢感觉他被爱着，”梅托·德写道，“女人则喜欢男人说出他爱她。”

出于某种原因，许多做丈夫的刚刚过完蜜月，会对说“我爱你”这样的事感到尴尬。朋友，放松，你不用学得像欧洲的男人那样，也可以感动你的妻子。女人有其独特的感知力，她们能通过一千种无言的方式感知到你的爱：你的眼光能在坐满人的屋子中找到她；在电影院里捏捏她的小手；一次出乎意料的爱抚等等。这些都是能使她感知到你的温柔的方式。

然而很多女人不理解为什么男人在婚前对她热烈追求，在婚后却不情愿表露他的爱。一个叫杰克·F. 坦蒙的年轻人就是这样犯错的。

坦蒙说他的妻子是他精挑细选的理想的完美女人。他们结婚后，他一心忙于事业，把生活中的全部责任都推给了妻子。

显然，这行不通。他们婚后的前五年是不幸和失败的。后来有一天，他跟妻子吵了一架，四岁的儿子问他："爸爸，你难道不喜欢妈妈？我觉得她是个好妈妈。"杰克·F. 坦蒙说他突然明白原来自己是个笨蛋。"我其实真心真意地爱着'孩子的母亲'"他说，"既爱她这个人又爱她为我做的一切。在她的精心照顾下，我们的儿子长得健康可爱。我一直没承担起做父亲和丈夫的责任。我活该受到惩罚，但我决心尽力挽回。我找到我太太，希望她能帮我成为一个称职的丈夫和父亲。感谢上帝，她成功了。现在，我们过起了真正意义上的婚姻生活，一种建立在互爱互敬的基础上的婚姻生活。她又为我们生了一个女儿，我们的幸福价值千金。我的孩子没再问过我为什么不喜欢他们的妈妈了！"

爱一个女人绝不是只需具有火热的感情就行了的。它应该包含所有的理解、殷勤、敏感和尊重。很多不善于经营爱情的男人总喜欢用"没有人能真正了解女人"作为借口，这些人顽固地认为，男人是直流电，女人是交流电，永远没有沟通的可能，这样的话，他们可以省掉尝试的麻烦。这里，我想敬告这些先生，女人不是来自外太空，不以另一种"波长"做事，更不是陌生人。我们是男人，但首先是人，要揭开女人的谜底不是超出男人能力的事情，很多女人都已经能了解我们，而且都是在我们与她们结婚之后。

但是，这并不能使你真正了解你的太太，如果你爱她，就应该让她知道你爱她。否则，婚姻对你们两人都失去了意义。

男人有他们的解释，他们要出门赚钱，必须把心思和精力放到工作的改进上，而不是如何把丈夫的角色扮演得更好。但是无论男人、女人，还是婚姻都不能光靠钱来维持。衣食无忧只是一个起步阶段，男性的责任不能止于此。

几年前，米尔斯学院院长里恩·怀特写了一本好书，叫《教育我们的女儿》，在这本书中，他批评学院教育里把女人完全与男人等同起来教育的做法。他主张在课程中应该安排有适合女性基本需要的实际内容。也就是说，教育不能脱离大多数的女人总要成为妻子和母亲这样的事实。

他的提议收到了不错的效果，但这并不能为幸福的婚姻提供样板。把我们的女儿教育成为好妻子和好母亲，却让她们嫁给那些只会赚钱养家的业余丈夫和父亲，又有什么用？为什么不把我们的女儿嫁给一个在做一个好丈夫、好父亲方面有丰富经验的男人呢?

法国伟大的小说家巴尔扎克曾写过这样的话:“大多数的已婚男人都让我想起那些‘想要拉小提琴的大猩猩’。”

婚姻是男女双方都需了解的事，了解了婚姻，也许这些已婚男人就不会再像大猩猩，而像小提琴家弗瑞兹·克莱斯勒。

自古以来，家一直是人类的一个单位，它能让人保持对未来的希望和维持目前的现实，它能保卫、滋养和教导人类，它也是神圣的城堡。

为什么只有男人才能承担保护这个家的重要责任呢?女人虽然在家的时间要比男人多，但这并不表明男人不比女人更需要家。

家不只是一个物质的概念而已。它还包括许多精神上的东西，包括温暖、分享、欢笑、眼泪、幸福和忧伤，而这些东西才能给家增添丰富的意义和价值。显然，单凭女人无法创造这一切，它是两个人携手努力的结果。

所以，我真诚地告诫男人给我们一个机会，思考一下自己如何演好丈夫和父亲这个特殊的双重角色，能否适量地分一些企图创造成功事业的才智和精力给自己的家人。

“婚姻是探测我们个人成熟的严肃考验，”国际婚姻指导委员会主席、德鲁大学人际关系教授大卫·R.麦斯写道，“任何人都可以单独生活——不用考虑到别人。跟另外某个人亲密地在一起生活的能力……划分出成熟的人来。婚姻若不是使得我们成熟，就是将不成熟所结出的苦果带给我们。”

心相约：婚姻中是否也需要讲礼貌，献殷勤？

婚姻幸福的人，往往比单身的天才过得更好。俄罗斯伟大的小说家屠格涅夫，在世界文学史上取得了不朽的地位，但是他说："如果有个女人真正地关心我，让我到时间回家吃晚饭，为此我宁愿放弃我的著作和我的写作才能。"

美国杰出的演说家、曾做过总统候选人的詹姆斯·布莱恩，把他的女儿嫁给了瓦特·杜鲁芝。小两口的婚姻在以后的日子里都非常幸福。他们难道有什么要诀吗？

杜鲁芝夫人说："我们夫妻婚后可以说是相敬如宾，我希望年轻的夫妻们，也要做到以礼相待，不管怎么说，蛮不讲理总是一件让对方头疼的事情。"

请大家一定要记住，蛮不讲理会让爱情生病的。人们明白这点，但常常忽视它。很多时候，人们对待陌生人，比对待家人更有礼貌。

人们不会随便把陌生人的话打断，人们不会不经允许偷看别人的信件，而对于家人，人们却常常这样做。

陶丽丝·迪克斯的话还可以用在这里："这让人吃惊，但却是事实，说伤害我们的话最多的人，就是我们的家人。"

亨利·克劳也说过礼貌对于婚姻和家庭的重要性："礼貌是婚姻的润滑剂。"

奥利佛·哈姆斯在他的《早饭的独裁者》这本书里写的情景，可能存在于所有家庭，可其实他自己的家里却不是这样。事实上他太为别人着想了，他从不让他的家人看他的脸色，即使他心情不好的时候，他也自己一个人忍着。

哈姆斯是这样做的，可一般人呢？一般人要是在工作上遇到麻烦，往往就会回家冲家人发火。

荷兰人有在进屋前先把鞋子脱下来放在外面的习惯。这一点是值得我们学习的，因为这暗示着我们：不能把工作上的麻烦带到家里来。

威廉·詹姆斯有一篇叫做《人的某种忽视》的文章。这篇文章值得你去找来看看。他在书里写道："现代人往往忽视动物和人的感情，我们因为这种忽视而受折磨。"

"这种忽视让我们受折磨。"很多人会注意不对工作上来往的人发火，但有很多人却常常粗暴地对待他的妻子。可他们没有想到，婚姻比事业更加关系到他的幸福。

婚姻幸福的人，往往比单身的天才过得更好。俄罗斯伟大的小说家屠格涅夫，在世界文学史上取得了不朽的地位，但是他说："如果有个女人真正地关心我，让我到时间回家吃晚饭，为此我宁愿放弃我的著作和我的写作才能。"

有多少婚姻是幸福的呢？陶丽丝·迪克斯认为，幸福的婚姻不到一半；但保罗·波皮诺博士却认为："和事业相比，男人在婚姻上更容易成功。十分之七的进入杂货买卖行业的男人会失败。十分之七的和女人结婚的男人则会成功。"

对这个评论，陶丽丝·迪克斯又怎么说呢？

她说："在我们的人生中，对于婚姻而言，事业只是一个插曲，死亡更是件很小的事情。女人们不能理解，男人为什么不能把用在事业上一样多的精力，用在婚姻上。

"虽然对男人而言，一位满意的妻子和一个幸福的家庭比挣100万元更重要，可是99%的男人都不会慎重地、真诚地对待他的婚姻。男人把最主要的精力都给了他的事业。就像赌博一样，奔波做事，挣钱赔钱。为什么他们就不能分出精力来爱护他们的妻子呢？这让妻子们无法理解。

"男人们都清楚，他的妻子喜欢被赞美，而且夸她两句，她就会心甘情愿地做任何事情。他清楚，他对她的管家理财能力夸上几句，她就会高兴地自己节约，勤奋打理；他清楚他赞美一下她去年买的衣服，她就不会再花钱买新的；他清楚他能把妻子的眼睛亲得闭了起来，让什么不顺心的事情都看不见；他清楚他能把妻子的嘴吻得什么牢骚也不说。

"妻子们明白丈夫们也知道这些，可他们就是不这样做。他们反而要花钱来向她们表示什么：请妻子出去吃饭，给她买新衣服，给她买新车等，就是不肯赞美、体贴一下她，让她搞不清楚，他是不是真的爱她。"

六

每天学点心理学——工作篇

心相约：从改变自己做起

我们每天都要去面对自己的工作，每天都要和这样或那样的人去打交道，保持一个良好的心态，我们才能在职场上立于不败之地，才能更好地做好自己的本职工作，才能更好地实现自己的价值，也才能在工作和生活中感受到更多的快乐。

现代社会竞争日趋激烈，为了能生活得更好些，人们休闲的时间越来越少，亲近自然成了人们的一种奢望，结果是人们在拥有了先前从未有的物质享受的同时，却把心灵搁置在一个狭小的角落，沉重的压力，成了掠夺人们愉悦感幸福感的“强盗”。

一个充满压力和忧虑的社会是可怕的，而现在的人们又不得不面对这样一个事实，就是压力时代的来临，那么怎样才能去化解压力呢?

心理学家告诉人们，在现代社会能保持一个积极的心态是非常可贵的，它也是个人和企业未来能否决胜的最为根本的竞争优势!

我们每天都要去面对自己的工作，每天都要和这样或那样的人去打交道，保持一个良好的心态，我们才能在职场上立于不败之地，才能更好地做好自己的本职工作，才能更好地实现自己的价值，也才能在工作和生活中感受到更多的快乐。

而同样是一个社会，同样是一个起跑线，有的人找到了理想的职业，建立了幸福的家庭，实现了自己的理想和人生价值，也有的人却在充满忧虑、满腹牢骚中度过，现实的社会让他们无所适从，最终一无所获。

导致这个结果的原因很简单，那些能在工作生活中有所建树的人，他们往往能快乐地工作、愉快地生活；而那些在生活中失落的人，他们总是很被动地工作，感觉生活没有一点趣味。

其实每个人面对的生活都不是完美的，需要不断调节自己以更好地适应这个环境，比如，有些脸上有刀疤的男人，在有的部落里被认为是勇敢的人，因为那象征着他们敢于斗争。但在城市生活中，同样的伤疤却可能使人自惭形秽，就看你怎么去看待。

在这方面，埃莉诺·罗斯福就是一个很好的例子。

年轻时代的埃莉诺长相很一般，她也曾为自己感到自卑，但富兰克林·罗斯福却不这样看。他经常说埃莉诺是个非常有内秀非常有气质的女孩子，他的话最终打动了埃莉诺，她开始尝试着变成一个开朗、与众不同的女子，渐渐地，人们看到她的身上充满了快乐的气息，人也变得更加自信了，她的改变让人对她的形象耳目一新，最终她的气质、她的才华和对社会生活的影响让她成为美国历史上有名的第一夫人。

所以，面对人生的困境和不如意，我们不要总是责怪命运，而是应该改变自己的认识和思维方式，这样你才能更好地接受你的工作，热爱你的工作！

一位心理学友人曾经这样说：不管遇到什么样的环境，人都有权利选择快乐地生活和工作。所以更多时候我们要自己给自己寻找生活的乐趣，学会知足常乐、自得其乐。

所以不能改变自己的工作，我们就努力去改变自己的心态。

2007 年，曾荫权任香港特区第三任行政长官，他在就职致辞里的名言是“做好这份工”：“我在这里庄严保证，我一定会竭尽所能，像参选特首时所承诺的，做好行政长官这份工作，为香港、为国家作出最大的贡献。”

曾荫权这句话很朴实，但却立即在香港及很多地区引起轰动。

曾荫权并没有把行政长官看成是一个很高权利的职位，而是用一颗普通民众的心态去看待。事实上，每一个工作虽然性质不同，需要的专业能力不同，但都需要有一个良好的心态去做。

在日常生活中，我们总是嫌弃自己的工作如何如何，我们为何不去找到做这种工作的兴趣，用良好的心态去做它？频频跳槽只能使自己更加缺乏自信。

也许有的人说，我没有做好工作是因为我还没有找到一份好的工作，如果有合适的工作我就会认真做，这种想法显然是很不可取的，任何一份工作都可能有令人不愉快的时候，有不如人意的地方，所以做好眼下的工作才能为以后发展打下良好的基础。

“做好这份工”的境界，是不管什么工作，不管何时何地，都要把手头的工作做好！有了这样的心态，我们就能从容面对工作，而只有这样我们才有更好的发展前景。

心相约：努力要从现在开始

心态的改变能够对工作产生积极影响，那么我们如何去改变心态呢？心理学家告诉我们，为了提高工作积极性，可以经常暗示自己，工作不是为了领导，为了工资，而是为了提升自己的核心竞争力。如果你能发现周围同事的技术水平都在提高，你也会产生积极向上的动力。

不论从事什么工作，都应该有个良好的心态。

很难想象一个没有一点耐心的人能做好一份业务工作。有一家保险公司很想招聘一些表现更好、更稳定的业务员，于是他们便找到了一位心理学家指导工作。心理学家建议保险公司招聘一些面对别人反复的拒绝仍能保持乐观的人，他说这种人的心态在成功的推销中是最重要的因素。

心理学家同时对公司的新业务员进行测试，挑选了一些在“乐观尺度”上得分高的新业务员，他断定这些员工最初两年的业绩将高于其他同事 40% 以上。就这样，这位老板接受了他的建议，以“乐观尺度”上的得分为基准，雇用了这批新业务员。

虽然这些业务员在正常的筛选过程中都不及格，但其第一年的业绩果然比通过正常筛选的同事高出 20% 多，在第二年里更是高出几乎 60%。

这就说明乐观的态度比实际的能力更重要，具有百折不挠精神的人在工作中往往能够做得更出色。

心理学家、教育家詹姆士曾经说过一句话：“我们这一代人的最重大发现是：人能改变心态，从而改变自己的一生。”

的确，心态的改变能够对工作产生积极影响，那么我们如何去改变心态呢？心理学家告诉我们，为了提高工作积极性，可以经常暗示自己，工作不是为了领导，为了工资，而是为了提升自己的核心竞争力。如果你能发现周围同事的技术水平都在提高，你也会产生积极向上的动力。

同时我们要认识到，工作才是人们生活幸福、心情快乐的关键因素。瑞典哥德堡大学的研究人员通过研究发现，彩票 中奖以及工作中达到了目标最能让人得到一时的快乐，但却不能持久。而通过努力去达到目标的过程才是人感到充实快乐的真正因素。该大学哲学系的本特·布鲁尔德说："一定要保持积极性，积极的人才是最快乐的。到海滩放松一下看起来非常诱人，但如果你在海滩上待久了，你的满足感也就消失了。"

一位畅销书作家说得好："我们都清楚，我们每天来到鱼市，同时也带来了自己对待工作的态度。我们可以充满沉闷，无精打采地度过一天；我们也可以带着不满的态度，毫无耐心地去对待同事和顾客。但是如果我们带着灿烂的笑脸、带着愉快的心情上班，我们就能度过美好的一天。我们可以选择一天的时光怎样度过。我们也讨论过这个问题，最终达成共识：只要我们工作一天，最好还是让这一天过得快乐。"

就好比逛街一样：你可以面无表情地走马观花，抱怨着，无奈地辛苦着；也可以充满好奇和美感地浏览，主要看你的心态，积极地去感受，你就可以从中找到乐趣。同样的事情，在不同的心态下，会有迥然不同的结果。所以说无论做什么事情，都要有一个积极的心态，

英国心理学会的专家埃维里尔·雷蒙也在理论上给予了支持，说："努力工作的确能给一个人带来满足感，但这种工作必须与一个人的能力相一致，否则会让人情绪低落。"那么怎么样知道一份工作与自己的能力相一致呢？心理学家们认为，当一份工作可以让人同时发挥技能、获得乐趣、体现价值的时候，那就是一份你合适的。

同时我们要善于挖掘自己工作的独特贡献及价值，寻找它的意义，这样我们才不会觉得工作是无聊和乏味的，才能更加积极地工作。

进一步说，如果在工作中，你发现自己的改变的确给工作和工作的对象带来影响，你就会重新定义这份工作了："因为我的变化，从而给别人带来方便或愉快，我做到了最好的自己，从而重拾快乐平和的心境。"让我们重新发现自己的工作，发掘工作中的乐趣，永远不必为明天找工作发愁！

心相约：别把功劳全揽在自己头上

身在职场，要学会宽以待人，不把功劳全揽在自己头上，这样才能有更融洽的人际关系。在竞争激烈的今天，分功是为人处世的一个重要原则。

如果你看到了一个同事微笑，你也会感到欣慰；同样的，你付出了真诚，别人也会对你报以真诚。良好的人际氛围需要我们共同去创造。我们每个人都应该成为营造这种氛围的先行者——只要你能率先展现出自己所期望的行为方式，就能引导同事或者下属做出同样的行为。

人际关系是职业生涯中一个非常重要的课题，一个人如果没有一个良好的人际关系，很难想象他能怀着良好的心态去工作。现在的毕业生，自我意识都比较强，更应该在人际关系方面调整好自己的坐标。这样才能舒心地工作、安心地生活。

如果你是销售经理或是业务主管，你就要明白，只有更好地协调更好地互动，才能更好地完成你的工作。要学会让你的员工都最大限度地参与，你才能最大限度地集中所有人的思想和创意。只有参与才会关注，关注才会支持，支持才会认识。

我们在工作中也不要一味地埋头苦干，要多和同事进行交流，多走动，多互动，才能有更好的想法。要知道有时候即使我们有了很好的创意，由于得不到同事的关注与理解，我们的计划在执行时也是很难的。

一个巴掌拍不响。如果我们取得了一点成绩，不要忘了别人对自己的帮助和恩惠，要学会分功，这样才能得到别人的更大帮助。千万不能得意忘形，居功自傲，否则别人只能对你退避三舍。要知道人们总是喜欢和崇拜不自私的人。

身在职场，要学会宽以待人，不把功劳全揽在自己头上，这样才能有更融洽的人际关系。在竞争激烈的今天，分功是为人处世的一个重要原则。

当然，在一些分工不明确或者职责不清的公司，经常会出现同事之间“抢功”

的事情。这时候就应该以一个良好的心态来看待，如果对方没有敌意，应该尽可能学会宽恕。如果对方有明显的“争功”心理，也应该据理力争。同事之间因为争功出现矛盾，常常影响工作的顺利进行。因此应该找到有关部门好好协调，把彼此的心态调整好。

面对着现在竞争激烈的职场生活，深入地了解自己才能更好地了解对方，这有利于我们抚平各种情绪。要保持心平气和的心态才能更加理性和有效地处理问题。要学会理解“抢功”的人，而不是一味地抱怨。想方设法改变这些负面事件的影响，才是明智之举。

首先可以与这位“抢功者”谈一谈，让他知道你并不是温驯的小绵羊，他的那些伎俩，你不是不知道，只是没达到与他撕破脸的地步。

在其他的同事面前，不要说这位同事的半句坏话。大家总是欣赏厚道人，如果你是一个新人，不能没立住脚就学会了搬弄是非，这样会惹人反感。

有时也需要对这位同事大加赞赏，这种方法对职业女性来说特别重要。女性员工喜欢从“我们”的角度而不是“我”的角度来做事，所以她们的想法和首创就常常会被男性同事挪用。如果着眼于事情的积极一面，你的同事也是想方设法要干出最好的工作，而且他对要做的事情有独到的看法也许会有助于你解决这个可能很棘手的问题。

在夸你这位“抢功”同事的同时，也说说你工作的不易，都完成了哪些工作，遇到了什么困惑，当做是请教他人，再把这些人的建议运用到工作中。没几次，大家都会了解到你做的工作实际被那个同事“抢功”了。

心相约：从一点一滴做起

事实证明，能做好工作中那些细节的人，往往是具有很强的责任感的人，而所有的成功者，即使他们和我们做同样的事情，他们也往往不会认为自己在做一件简单的小事。所以说，在平时的工作生活中，要把做好身边的小事当成是一种习惯，把工作中的责任感当成是一种生活态度，这样我们才会与“胜任”、“优秀”及“成功”同行。

每个人所做的工作，都是由一件件小事构成的。一座高楼大厦是由一块块微不足道的砖瓦筑造起来的。一个大企业的正常运作，离不开每个员工一点一滴的工作。工作中人们常常认为自己的岗位没有太大的价值，因此敷衍应付、心存懈怠，其实做好本职工作是完成大事的前提。请记住：这就是你的工作，而工作中无小事。而要把一件事做到完美，也不是简单的事情，必须付出你的热情和努力。

其实，一件简单的小事情，所反映出来的是一个人的责任心。

在工作中，任何细节，都会事关大局，牵一发而动全身，每一件细小的事情都具有它不可或缺的作用。工作中无小事，任何惊天动地的大事，都是由一个又一个小事构成的。

在美国标准石油公司，曾经有一位小职员叫阿基勃特。他对工作非常有热情，每当出差住旅馆时，他总会在自己的签名下方写上“每桶 4 美元的标准石油”字样。平时写信，写收据，签名都不例外。他的同事都知道他有这个习惯，于是他们经常叫他“每桶 4 美元”。

公司董事长洛克菲勒听到这件事后，非常吃惊，他没想到竟然还有人这样努力地宣传公司的声誉，最终洛克菲勒接见了阿基勃特，并与他共进了晚餐。后来，洛克菲勒卸任，阿基勃特成了第二任董事长。洛克菲勒就是一个注重从一点一滴做起的人，所以他很赏识洛克菲勒，最终选定了他做自己的接班人。他曾说：“一个人即便有再高的学历，再硬的学校牌子，如果不认真对待工作，不将敏捷的判断力、准确的逻辑推理能力、丰富的专业知识和工作中的具体细节联系起来，最终也会一事无成。”

要想把每一件事做到完美，就必须付出你的热情和努力。

“合抱之木，生于毫末，九层之台，起于累土，千里之行，始于足下”，说的就是要从小事做起，才能成就一件大事。

在工作中，没有任何一件事情，小到可以被抛弃；没有任何一个细节，细到应该被忽略。同样是做小事，不同的人会有不同的体会和成就。不屑于做小事的人做起事来十分消极，不过是在工作中混时间；而积极的人则会安心工作，把做小事作为锻炼自己、深入了解公司情况、加强公司业务知识、熟悉工作内容的机会，利用小事去多方面体会，增强自己的判断能力和思考能力。

一些刚参加工作的人，总是放不下面子，认为做一些无足轻重的事就是贬低自己，这种想法是错误的。做不好一些琐碎的小事，就很难把更具挑战性的工作做好；许多情况下，把一些看似不起眼的细节做到位了，那个看似“艰难的任务”也就水到渠成地完成了。所以说有一句话年轻人一定要记住：与其浑浑噩噩浪费时间，不如从你经手的每一件琐事、每一件小事中得到成长。

也有的人觉得自己的岗位很平凡，就敷衍了事，做事马马虎虎，要知道每一项工作都有其独特的价值。尽职尽责，重视工作中的小事与细节，这样才能把事情做好，这就需要我们培养一种敬业精神，用良好的心态在平凡的岗位中去寻找乐趣。只要这样去做了，我们也才能感受到工作带给我们的快乐。

事实证明，能做好工作中那些细节的人，往往是具有很强的责任感的人，而所有的成功者，即使他们和我们做同样的事情，他们也往往不会认为自己在做一件简单的小事。所以说，在平时的工作生活中，要把做好身边的小事当成是一种习惯，把工作中的责任感当成是一种生活态度，这样我们才会与“胜任”、“优秀”及“成功”同行。

心相约：工作中不要给自己借口

不去找任何借口，体现了一个人对自己的职责和使命的态度，是一个很重要的思想，思想影响态度，态度影响行动。一个不找任何借口的人，才能成为一个执行力很强却又讨人喜欢的人。

找借口是生活中常见的现象。

在工作当中，我们经常能够听到的是各种各样的借口：

“我可以早到的，如果不是下雨。”

“我没有在规定的时间里把事做完，是因为……”

“我没学过。”

“我没有足够的时间。”

“我没有那么多精力。”

生活中，仿佛有太多的借口，以便于我们逃避困难和责任，我们在获得暂时心理的慰藉的同时，心里掩藏的东西，只有我们自己清楚，其实借口的代价无比高昂，它给我们带来的危害一点也不比其他任何恶习少。

如果你和某个人约好了见面时间，他迟迟没有到来，来后又对你说出一大堆理由，你的心情是什么样的，你又会怎么想，生活中只有两种行为：要么努力地表现，要么就是不停地辩解。

心理学家研究发现，找借口，有时候是因为确实有实际的困难，有时候却是因为有更深层的心理原因。比如，有些夫妻因为感情不和，常常找借口晚点回家；某个学生没有完成作业，却借口家里忙等等。

找借口，往往是由于某些原因造成的，在职场上，如果员工对工作兴趣大、热情高，那么他就很少找借口，无论遇到什么困难他都会努力去克服；而如果对工作缺乏热情、缺乏兴趣，或是跟老板、同事闹意见，那他就很容易找借口，因为他内心就有一种消极的心理，那些找借口的话也常常折射出这种心理。

这种心理机制在精神分析学中被称之为“被动攻击”，也就是用被动消极的方式来象征性地表达对别人的不满。要克服这种“被动攻击”心理，就要端正自己的心态。虽然不能解决“路上堵车”的问题，但我们要知道不能等外部条件都完善了再开始工作，要知道即使在不利环境条件下，我们同样可以把事情做到极致！我们无法改变一些现实中的困难，但一定能改变自己对借口的态度——远离借口的羁绊，控制借口对自己的影响力，要想着如何去克服，要学会去承担，这样才能摆脱借口的困扰。

在企业中我们常常看到这样的现象：企业的高层怪中层，中层怪员工，员工怪中层，中层又反过来怪高层，形成一个怪圈。如果没有一个人真正地负责，认真地反省自己的环节，就很难保证企业的高效运转。

在西点军校，学员应对长官的问话永远是四句话：“报告长官，是”，“报告长官，不是”，“报告长官，不知道”，“报告长官，没有任何借口”。除此以外，不能多说一个字。西点认为军官要的只是结果，喋喋不休、长篇大论的辩解只能使事情看起来更糟糕。西点的规矩看起来显得冷漠且不尽人情，可是仔细想想也是，我们又为什么要给自己找那么多借口啊……

美国超人气激励大师卡米洛·克鲁斯博士说，借口常以辩解、托词和谎言的形式出现。如果说借口主要是用来骗人的，那么欺骗你自己更可怕。因为你等于自己给自己宣判了死刑，而且相对于改变别人、改变世界而言，改变自己更为困难！

寻找借口只能使我们把很多时间枉费在许多没有价值的事物上，而对于事情的改变却没有任何作用，所以我们不如直接去主动反思、检讨自己，寻找改进这些不足的建设性方法。

美国著名心理学家马斯洛说过这样一句话：“心如果改变了，你的态度就跟着改变；态度改变了，你的习惯也就变了；习惯改变了，你的性格就跟着改变；性格改变，你的人生就跟着改变。”这就说明我们要想有所作为就必须从内心去改变自己，不找借口，也要从内心去认识它的弊端，从而彻底杜绝找借口。

不去找任何借口，体现了一个人对自己的职责和使命的态度，是一个很重要的思想，思想影响态度，态度影响行动。一个不找任何借口的人，才能成为一个执行力很强又讨人喜欢的人。

心相约：使自己变得不可替代

优秀人才总是为社会所需要。“适者生存”的法则并不是仅仅建立在残酷的优胜劣汰基础上，而是基于公平正义，是绝对公平原则的一部分。若非如此，美德如何能发扬光大？社会又如何能取得进步？

心理学家通过研究职场中老板与员工的心理得出这样一条结论：员工若想提升自己在老板心目中的地位，仅靠着踏实工作是不行的，仅靠献殷勤也是没用的，关键是要能找出更有创造力、更有效率、更经济的办事方法。只有这样才能让老板从心理上真正接受你，认可你。如果你能做到这一点，老板就会邀请你参加公司的决策会议，你将会被调升到更高的职位，因为你已不是一个普普通通的员工了，而是变成一位不可取代的重要人物。

一位成功学家曾聘用一名年轻女孩当助手，替他拆阅、分类信件，薪水与相关工作的人相同。有一天，这位成功学家口述了一句格言，要求她用打字机记录下来：“请记住：你唯一的限制就是你自己脑海中所设立的那个限制。”

她将打好的文件交给老板，并且有所感悟地说：“你的格言令我深受启发，对我的人生大有价值。”

这件事并未引起成功学家的注意，但是，却在女孩心中打上了深深的烙印。从那天起她开始在晚饭后回到办公室继续工作，不计报酬地干一些并非自己分内的工作——譬如替老板给读者回信。

她认真研究成功学家的语言风格，以至于这些回信和自己老板一样好，有时甚至更好。她一直坚持这样做，并不在意老板是否注意到自己的努力。终于有一天，成功学家的秘书因故辞职，在挑选合适人选时，老板自然而然地想到了这个女孩。

在没有得到这个职位之前已经身在其位了，这正是女孩获得提升最重要的原因。当下班的铃声响起之后，她依然坚守在自己的岗位上，在没有任何报酬承诺的情况下，依然刻苦训练，最终使自己有资格接受更高的职位。

故事并没有结束。这位年轻女孩能力如此优秀，引起了更多人的关注，其他公司纷纷提供更好的职位邀请她加盟。为了挽留她，成功学家多次提高她的薪水，与最初当一名普通助手时相比已经高出了四倍。对此，做老板的也无可奈何，因为她不断提升自我价值，使自己变得不可替代了。

无论你目前从事哪一项工作，每天一定要使自己获得一个机会，使你能在平常的工作范围之外，从事一些对其他人有价值的服务。在你主动提供这些帮助时，你应当了解，自己这样做的目的并不是为了获得金钱上的报酬，而是为了训练和培养更强烈的进取心。

你必须先拥有这种精神，然后才能在你所选择的终身事业中，成为一名杰出的人物。

你能给自己最好的推荐就是以正确的心态提供最优良的服务。别人对你的看法相当重要，只要这些看法和你对自己的期望不谋而合。如果你被认定是一个积极、有重要贡献的人，你就会备受欢迎。同事们会重视你，顾客会欣赏你。如果你能保持这些优点，你的老板也会肯定、奖励你。虽不能一夕成功，却也绝无永远失败的顾虑。

优秀人才总是为社会所需要。“适者生存”的法则并不是仅仅建立在残酷的优胜劣汰基础上，而是基于公平正义，是绝对公平原则的一部分。若非如此，美德如何能发扬光大？社会又如何能取得进步？那些思虑不周、懒惰的人与那些思虑缜密、勤奋的人相比有天壤之别，根本无法并驾齐驱。

一位朋友告诉我，他的父亲告诫每个孩子：“无论未来从事何种工作，一定要全力以赴、一丝不苟。能做到这一点，就不会为自己的前途担心。世界上到处是散漫粗心的人，那些善始善终者始终是供不应求的。”

有许多老板多年来费尽心机地寻找能够胜任工作的人。这些老板所从事的业务并不需要出众的技巧，而是需要谨慎、朝气蓬勃与尽职尽责。他们雇请了一个又一个员工，这些员工却因为粗心、懒惰、能力不足、没有做好分内之事而频繁遭到解雇。与此同时，社会上众多失业者却在抱怨现行的法律、社会福利和命运对自己的不公。

许多人无法培养一丝不苟的工作作风，原因在于贪图享受、好逸恶劳，背弃了将本职工作做得完美无缺的原则。某公司一位努力恳求终获高薪要职的女性，她才上任短短几天，便开始高谈阔论想去“愉快地旅行”。月底，她便因玩忽职守而遭解雇。

正如两物无法在同一时间占据同一位置一样，被享受占据的头脑是无法专心求取工作的完美表现的。

心相约：化工作压力为前进的动力

如果把这种压力当成自己的责任，那么你将会得到心理上的安慰，不再把压力当成把你“逼疯”的包袱。这种自我暗示的心理转移法，可以让人战胜对压力产生的恐惧感和胆怯心态，一旦把压力视同于责任，并保持一种高度的责任感，那么你就不会认为工作是压得你无法喘气的包袱，同时也会敢于直面压力。

随着现代社会生活节奏的加快，社会信息的高速流动以及资源的快速运转，每一个创业者和身在职场中的工作人员在享受着因此而带来的机遇的同时，也面临着严峻的压力和挑战。

绝大部分工作都需要由员工来完成，而再优秀的员工，也都会出现过于疲劳、绩效下降的现象，许多人都把这种情况产生的原因归结为工作任务繁重，压力过大。常常有人抱怨自己的工作中充满了压力，而由此产生出的抵触和怨恨情绪，会让他每天都生活在崩溃的边缘。事实上，压力并非等同于困难，如果能够以健康的心态对待工作上的压力，那么这种压力不但不会成为你事业上的障碍，反而还可以转化为你前进的动力。

德国的钢琴演奏家卢卡什·施泰格曾就读于维也纳音乐学院器乐系。在他刚刚入学的时候，就已经表现出了对钢琴演奏的天赋，他绝对是学生中的佼佼者。在他大二的时候，他的指导老师换成了一位年迈的音乐大师——凯泽·布赫塔先生。授课的第一天，他给自己的新学生一份冗长的乐谱。“试试看吧！”教授对施泰格说。

施泰格发现乐谱的难度很高，里面包含了大量的装饰音，需要运用多种复杂的指法。施泰格弹得生涩僵滞、错误百出。

布赫塔教授在下课时，叮嘱施泰格："还不成熟，回去好好练习！"

施泰格练习了一个星期，第二周上课时正准备给教授弹奏，没想到教授又给了他一份难度更高的乐谱。教授只是说："试试看吧！"而对上星期的作业教授只字未提。施泰格只好再次挣扎于更高难度的技巧挑战。

然而到了第三周，更难的乐谱又出现了。这样的情形一直持续着，施泰格每次在课堂上都会被安排一份新的乐谱，然后把它带回去练习，接着再回到课堂上，重新面临两倍难度的乐谱，却怎么样都追不上进度，一点也没有因为上周练习而有驾轻就熟的感觉。施泰格因此感到越来越不安，甚至有一些沮丧和气馁。当布赫塔教授走进练习室的时候，施泰格再也忍不住了，他必须问一问他的导师为什么这样连续折磨他好几个星期。

面对学生的质问，布赫塔教授没有说任何话，他抽出最早的那份乐谱，交给了施泰格。"弹奏吧！"他以坚定的目光望着施泰格。

不可思议的事情发生了，施泰格居然可以将这首自己开始认为很难的曲子弹奏得如此连贯、美妙和精湛！教授又让施泰格试了第二堂课的乐谱。施泰格依然呈现出超高水准的表现。演奏结束后，施泰格呆呆地望着老师，说不出话来。

这时候，布赫塔教授才缓缓地开口道："如果我任由你表现最擅长的部分，可能你还在练习最早的那份乐谱，就不会有现在这样的发挥……"

通过上面这则案例，你是否能够领悟到一些东西呢？如果回首你的职业生涯，细细品味，慢慢检视，一定会恍然大悟，如果不是当初那些繁重的工作任务，难度节节攀升的工作压力，你可能很难成为今天经验丰富的"高手"。

在我们的职业生涯中，有些过于困难的事情的确让人望而生畏，如果把这种压力当成自己的责任，那么你将会得到心理上的安慰，不再把压力当成把你"逼疯"的包袱。这种自我暗示的心理转移法，可以让人战胜对压力产生的恐惧感和胆怯心态，一旦把压力视同于责任，并保持一种高度的责任感，那么你就不会认为工作是压得你无法喘气的包袱，同时也会敢于直面压力。

现实生活中，有很多人对待自己的工作敷衍了事。他们并没有意识到他在为老板工作的同时，也是在为自己的事业进行铺垫，哪怕是再枯燥无聊的工作，带给你的都不仅仅是一份填饱肚子的薪水那么简单，它同时还会带给你丰富的工作经验，雄厚的人际关系网络……从某种意义上来说，今天的工作是为你明天的成功。压力，其实是上天馈赠给人生的宝贵礼物，千万不要让这份礼物在你的抱怨声中白白浪费，趁自己还年轻，充分利用压力，把单纯的压力转化为促成事业成功的动力吧。

当你拥有了这样积极的心态，以这样的心态来对待你在工作中遇到的困难，以勇敢的心来面对压力，并把压力当成一种锻炼，你就能发掘出自己特有的能力，即使是烦闷枯燥的工作，密不透气的压力，你也能从中感受到价值。

心相约：你的工作效率取决于你的工作情绪

心理学家告诉我们：好心态决定好命运，幸运女神永远都只垂青于那些有着良好心态、积极进取的人。整天垂头丧气、怨天尤人者注定将一事无成。如果现在的你正处于波折之中，那么就赶紧调整好自己的心态，要相信：阳光总在风雨后。只要你始终都能积极地面对生活，那么你必将收获成功与幸福。

每个人都是有思维有感情的，有思维有感情自然就会有情绪。情绪是怎么一回事呢？从心理学角度来看，情绪是一个人对世界的主观看法，它在极大程度上控制着人的思维和活动。当消极悲观等因素在人的心灵深处占据了主要空间后，那么他必然会产生诸如辛苦、烦闷等负面情绪。

我们知道，情绪是有感染力的，当企业团队中有这样一个整天萎靡不振的人出现的时候，不但他自己的工作效率会降低，而且还会对其他人产生负面的影响。而饱含热情的人在工作中凭借积极的心态必定能表现出坚强、敏捷等特征，他们可以把枯燥乏味的工作变得生动有趣，也可以释放出巨大的能量，让自己的思维时刻保持活跃，只有在这样的精神状态下去工作，才更容易表现出创造性和智慧。

我们来看一则案例。Dior 是世界著名的服装品牌，他们的创始人约翰·加利亚诺是许多年来各大时尚杂志封面的常客，在许多财富榜上都有他的名字。约翰·加利亚诺起初只是个不起眼的服装设计师，凭着自己的才华和对工作的高度热情，成为了世界上最著名男装品牌的拥有者，由他一手创立的 JOHN GILLNO 等服装品牌，一直引领着时装界的方向，走在同行的前列。由他设计制造的服装，受到业内外人士的一致推崇。

约翰·加利亚诺之所以能够创造出如此辉煌的服装王国，除了得益于他所属的

GUCCI 公司的大力支持和 GUCCI 本身的品牌效应外，主要是靠他本人对待工作和事业的热情。在他最初的创业阶段，他每天都要在电脑和缝纫机前精神饱满地工作 10 多个小时，除了从事设计工作，他还经常亲临制造一线，与制衣工人进行交谈。他还常常走访许多模特，咨询他们对新服装的意见，甚至还会穿上自己设计的服装去参加一些聚会、出入一些公共场合，以观察别人对服装的反应。而他每天只睡两三个小时。每个熟悉他的人都惊讶于他这种敬业精神和他旺盛的精力。

直到今天，功成名就已经退居二线的的约翰·加利亚诺仍然热情不减，仍然会时常参与到新款服装的设计中，在他的休闲生活中，他也会穿上公司的品牌服装，参加各大名门的社交场合，为自己的服装作无声的宣传。

约翰·加利亚诺曾经说过：工作是你最忠实的伙伴，是可以终身信赖而永远不会背弃你的朋友。

从约翰·加利亚诺的成功经历，我们可以得出这样的结论：健康向上的心态，势必会让你对工作产生热情，当热情积累到一定程度，你就会不由自主地爱上你所做的工作，热情也就转化为激情。一位哲人说过："激情是高浓度的兴趣。"当强烈的工作欲望伴随着你的时候，你非但不会再嫌恶工作，而且你也会触摸到成功之手。

善于控制自己的情绪，让情绪向积极的方向发展，是在现代高竞争社会中立足并获得成功所必不可少的能力。自我调节是有一定难度的，因为它将抛弃掉你心中积淀已久的旧观念，带领你获得一个全新的心境。不同于以往的认知和态度，将克服你在过去形成的对工作的错误观念，就某种意义而言，这样的调节相当于一次重生。

可以肯定的是，任何人的职业生涯都不可能一帆风顺，即使拥有一切成功的有利条件，也难免会遭遇到失败和挫折，所谓人算不如天算，说的正是这个道理。在遭遇失败的时候，是选择振作精神，以图东山再起，还是从此颓废，一蹶不振。这两种截然不同的人生结局其实就掌握在人的一念之间。这个时候，及时进行心态的自我调节，就显得至关重要。

在德国与法国的交界处，有一个偏僻的小镇，在那里，有一个古老的水泉，在中世纪的时候就已经存在了，据说得到上帝的庇护，经常会出现神迹，可以医治各种疾病和伤痛。

有一天，退伍军人阿尔西诺来到了这个小镇，他在二战中失去了一条腿，当他拄着拐杖一跛一跛地走过镇上的马路时，看到这个场景的镇民带着同情的口吻说：“可怜的家伙，难道他要向上帝祈求再长出一条腿吗？”阿尔西诺听到了这句话，他转过身对他们有力地说：“我不是要向上帝祈求有一条新的腿，而是要祈求他帮助我，叫我没有一条腿后，也知道如何过日子。”

上面故事中的退伍军人阿尔西诺很值得我们去学习。在残酷的现实面前，他选择的是积极去面对。一个失去了一条腿的残疾人尚且如此，我们有什么理由因一点挫折就悲观颓废呢？我们要勇于接纳失去的事实，不管人生的得与失，总是要让自己的生命充满了亮丽与光彩，不再为过去掉泪，努力地活出自己的生命。这才是失败后自我心理调节的关键。

许多成功的大企业家在他的经营中都会遭遇到许多挫折，甚至可能是破产。假设一个腰缠万贯的大富翁在一夜之间变成了一文不名的穷光蛋，他首先要面对的是什么？他首要面对的并不是社会地位的重大变化，而是自己巨大的心理落差。在面对这种落差时，意志不坚定的人往往只会看到事情最坏的一面，他放弃了希望和曾经的梦想，从此消沉下去。而善于调整心态的人，则会一边总结经验教训，一边给自己打气，为日后的复兴作准备。

心理学家告诉我们：好心态决定好命运，幸运女神永远都只垂青于那些有着良好心态、积极进取的人。整天垂头丧气、怨天尤人者注定将一事无成。如果现在的你正处于波折之中，那么就赶紧调整好自己的心态，要相信：阳光总在风雨后。只要你始终都能积极地面对生活，那么你必将收获成功与幸福。

心相约：试着站在老板的角度去想问题

有句名言说的好："像老板一样思考，你就成为了一名老板。"当你站在老板的角度去看待问题并积极地对待自己的工作以后，你就会成为老板最信赖的人，因为你在主观上已经把自己当成他事业的一部分了，不管任何时候都会和公司站在一起，为公司大局着想，以公司利益为重，这时候的你会更加具有创造力和积极性。

在工作中有不少这样的人，在一段比较长的时间后，他们的待遇仍得不到提高，职位也得不到升迁。他们开始愤愤不平，把原因归结到老板身上，认为老板任人唯亲，嫉贤妒能，没有给他们用武之地。其实，他们产生这样的想法，无非是出于自己的主观想象而已。我们不排除个别老板确实存在问题，但绝大部分老板还都是比较公正的，并不会轻易放弃一个人才。如果某个员工很有能力，可以给他创造丰厚的利润和价值，他为什么弃而不用呢？他傻吗？我们可以在现实生活中找一找，看一看，当老板的人有几个傻瓜呢？

因此，作为员工，千万不要一味地用对立的眼光去看待自己的老板，应该学着站在老板的角度去想一想，这样，你就很容易理解自己的老板了。换位思考，待人如己。这条在道德上已经获得验证的法则在职场中同样奏效。只有将自己置于老板的位置看待问题，才会培养起你高度的责任心，对于那些曾经抱怨过的事情也就淡然了。

我们来看两则真实的案例。

张辉是一所名牌大学的应届毕业生，在校期间，他参加了许多公共活动，担任了不少负责人的职务，同时，他也没有放松对专业知识的学习，不仅一次性通过了英语四六级考试，还得到了许多专业资格证书，最后以优异的成绩毕业。可以说，他在学生阶段是非常出色且成功的。

凭着优异的成绩和名牌大学的毕业证书，张辉成功地敲开了一家国际大公司的门，成为了行政部的一名职员。由于张辉是公司总经理亲自招聘来的员工，因此行政部主管很器重他。种种迹象都让我们作出这样的推测：他的前途不可限量。

然而事实并不是我们想象的这样。三年过去了，张辉不但没有得到任何提升，也没有任何外出学习的机会，眼看着跟自己同时进入公司的一些同事已经成了公司的低层或中层领导，而他却仍然是一个最普通的办事员，跟新毕业的大学生拿着相同的工资，干着最基本的工作，张辉的内心越来越不平衡了。

在新的培训名单确定后，张辉没有在里面找到自己的名字，他再也忍不住了，直接跑到总经理的办公室里，对三年前招聘他的总经理提出了质问。

总经理听完了他充满怨气的叙述后，慢慢地对他说："你在这三年里，对公司的业务了解了多少，进步了多少呢？"张辉一下子呆在了那里。他承认自己几年以来，确实对公司的业务没有进行过深入了解，自己在工作上也没取得什么成绩和进步。

总经理又问他："在你的本职工作之外，你有没有多做一点工作，多为公司创造一点价值呢？"张辉又摇摇头。

总经理拍着他的肩膀说："你是我招聘来的员工，我怎么会忘记你的存在呢？在这三年里，我每一天都在对你进行考察，你的能力、品格、习惯、人际关系的处理、性情我都了如指掌，包括你的言行举止，很多地方都不那么尽如人意。如果你站在我的角度想一想，你会提拔这样的员工吗？"总经理的话虽然直接，但也很实在、很坦诚。张辉听后沉默不语……

许多刚刚进入职场的人都将自己得不到升迁和深造的原因归结到老板身上，其实，他们如果能够仔细想一想，就会发现问题往往在自己身上，是自己工作不够努力，不够出色才导致了无法得到升迁和深造。

在美国得克萨斯州的一个小镇上有一家小吃店，位置在公路旁，由于这个镇子只有这一家小吃店，所以生意很红火，无论是休息的农民还是过往的司机，都喜欢在这家店里吃点薯条，再喝点酒或饮料。

小吃店除了老板之外，还有两个伙计和一个厨师，其中厨师是老板的老婆，而这两个伙计都是老板从别的地方招来的，一个叫汤姆，一个叫托尼，他们年龄差不多大，起初也都拿着一样的薪水，都是每月200美元。但没过几个月汤姆的薪水就增加到了400美元每月，而他的同伴托尼，却仍然拿着每月200美元的薪水。这是为什么呢？难道是他们的老板弗兰克偏爱汤姆，不喜欢托尼？事实并不是这样的。弗兰克先生是一个和蔼且公正的人。

当弗兰克的一个老相识问及此事的时候，弗兰克先生耸耸肩膀无奈地说："我也不太清楚为什么会是这样，我是一个绝对公平的人，你们也都知道这一点。我总是觉得再给汤姆加点薪水是应该的，他每天干的至少是一个半人的活儿，而且从不抱怨，我派他去买牛肉，他总是会买到既便宜又新鲜的牛肉，我派他去买炸薯条用的土豆，他甚至会带回来几个卖土豆的农民，扛着他们的土豆让我挑。这样的小伙子，我没办法不喜欢他。而托尼呢，实在是让我生气，他总是抱怨这，抱怨那，要不就是在和别人闲聊，我让他去买点西红柿，他会逛上半天然后回来告诉我已经没有卖的了，我要他去开车拉一车啤酒回来，他经常会在路上边开车边喝酒，有几次甚至搞得酩酊大醉，说实在的，像这样的伙计我不开除掉他已经很宽容了，更别指望我会给他加上一块钱的薪水！"

通过看上面两则案例，你是不是从中得到了一些启发呢？一个员工应该多对自己的缺陷进行反思，给予老板更多的理解和同情，也许这样，你就会得到老板更多的器重和赏识。

有道是："闲谈莫论他人非，静坐常思己之过。"除了要做到缄口思过以外，不妨进行一个大胆的设想——假如你是老板。如果你是老板，那么你也一定会希望员工在工作中具有顽强的拼搏精神，工作勤奋且积极主动。

有句名言说的好：像老板一样思考，你就成为了一名老板。当你站在老板的角度去看待问题并积极地对待自己的工作以后，你就会成为老板最信赖的人，因为你在主观上已经把自己当成他事业的一部分了，不管任何时候都会和公司站在一起，为公司大局着想，以公司利益为重，这时候的你会更加具有创造力和积极性。

七

每天学点心理学——学习篇

心相约：兴趣是求知最好的老师

从心理学角度讲，一个人要想把某种知识学好，首先应该对这门知识具有足够的兴趣，只有你真的“喜欢”上了它，才能够全身心地投入进去，这才更容易学好。

孔子曾说过：“知之者不如好之者，好之者不如乐之者。”意思就是说在学习的过程中知道它的人不如喜好它的人，喜好它的人不如以它为乐的人。

无论是学习还是进德修业等等，都有三种不同的境界：知道——喜好——乐在其中。

“知道”偏重于理性，对象外在于己，你是你，我是我，往往失之交臂，不能把握自如。所以，当需要我们身体力行进行实践的时候，往往难以做到。比如说我们都“知道”吸烟有害健康，但还是有很多人明知故犯；我们都知道锻炼身体很有好处，很有必要，但很少有人能够每天坚持锻炼一下身体。

“喜好”触及情感，发生兴趣。就像一位熟识的友人，又如他乡遇故知，油然而生亲切之感，但依然是外在于我，相交虽融融，物我两相知。比如说我们很多人都会说自己“喜好”看书，但“喜好”的程度有所不同，大多数人是好读书，却不求甚解，这本浏览浏览，那本翻阅翻阅，觉得有些累了，便扔在一边，明天再读，这就是“好之者”，好于“知之者”，但还没有进入“乐之者”的境界。

“乐在其中”才是“乐之者”的境界。这种境界如果用一个词语来形容的话，这就是“陶醉”。陶醉于其中，以它为赏心乐事，就像亲密爱人一样，达到物我两忘，合二为一的境界。比如颜回，住在“贫民窟”里，用竹篮子打饭，用瓜瓢舀水喝，人们都忍受不了那种贫困，而颜回自己却乐在其中。又比如孔子，发愤起来就忘记了吃饭，高兴起来就忘掉了忧愁，甚至连自己将要老了也不知道。用现在的话来说，这就叫做“太投入了”。

乐之者，不亦乐乎?

所谓知之者，就是迷信知识的人。这种人看似相信知识，其实却没什么知识。人类最大的知识就是对知识不迷信不盲从。

所以，企图“知道得越多越好”的人很少能够取得非凡的成就。他们企图从知识上了解世界，这是不可能的。我们要从本质上认知世界，不能从量上认知世界。一颗星星加一颗星星再加一颗星星，这样持续不断地加下去不会等于头上的星空，因为在你加的过程中很多星星都已经不存在了，或转化了。

因此，从知识与经验上认知世界是不可靠的，必须依靠人类固有的心力与眼力。

我们认知自身也是这样的。哲人说：“认识你自己。”难道是要我们做一个综合的自我检测题吗? 不，不是的。认识自己的意思是认识自己的本质与灵魂。因此，迷信知识的人是无知的，其欲望是不自然、不必要的。

所谓好之者，就是对某类事物有兴趣的人。这种兴趣是出自天性或环境的影响，其发生是自然而必然的。但是它注定不会得到完全的满足，因为对象太大了。虽然可以轻易击中，但得不到全部。

一支箭射进树林中只能射到一棵树，但不能射中所有的树。树林以被射中一棵树的方式吞掉了箭。欲望以被满足有限的方式吞掉了追求无限的人。因此，对无限欲望保持强烈兴趣的人也注定是要失败的，其欲望虽属自然但又是不必要的。

只有乐之者的欲望才能得到满足，因为它是自然而必要的。快乐使人与世界合二为一，这种欲望符合自然之道，使人与事与物达成和谐，所以能顺心如意。当然这指的是真正的乐于为之者，而不是貌合神离者。

人们之所以有时无法把事情做好，原因很简单，就是没有真正地成为“乐之者”。你要是真正地乐于做某件事，你就会成为你要做的事，事情本身就会成就你，成全你。只有真心喜欢做一件事情，我们才更容易取得成功。原因很简单，真正的喜欢投入就多，能量一充足，就可以发电，把事情办成。

孔子所说的“知之者不如好之者，好之者不如乐之者”，显然是把“乐之者”作为了做人的最高境界。

只有乐于做人的人才会成功。

快乐来源于对本来的认知，有真知才能真乐。因此，乐之者也必是好之者与知之者，这样他的快乐才有所依附。

“知之者不如好之者”。孔子这话等于说“兴趣是最好的老师”。知道一件事不如喜欢一件事。喜欢是一种大知识。

从心理学角度讲，一个人要想把某种知识学好，首先应该对这门知识产生足够的兴趣，只有你真的“爱”上了它，才能够全身心地投入进去，这才更容易学好。

心相约：学习贵在独立思考

任何时候，都不能人云亦云，要用自己的头脑去思索，用自己的思想去甄别，要有研究精神，凡事多问几个“为什么”，只有在对于这一个个的“为什么”的求解考证过程中，我们对客观世界的认识才能逐步深入。

学习是思考的源泉，实践是思考的基础，思考是学习的深化，实践是思想的证明。思考的过程就是分析比较、融会贯通的过程，也是推陈出新的过程。

人类就是在不断求知中前进的。学问也就是在“为什么”的不断追问中逐步深入的。

知识在日新月异地更新并丰富着，世界在急剧地发展变化着，我们面对的领域广阔，我们的疑惑将更多。对任何事情，都不用脑筋，不晓得提问题，举一隅而不以三隅反，糊里糊涂度日月的人，是找不出为什么的，他们的思想是停滞的，是被动的，因而，世界的大门对他们也是关闭的。他们的生命还有什么意义呢？

从前，有位叫杨叔贤的先生，他自称才华横溢，博览群书。这一年，他被派到荆州做官，那里的百姓天天来报告老虎伤人的事，杨叔贤很气恼，他奋笔疾书，洋洋洒洒写下一篇《虎戒文》。文章斥责老虎：从此以后要爱护百姓，否则，将会受到惩罚。

文章贴在老虎出没的山上，果然没再听说老虎伤人的事儿，杨叔贤以为是他那篇《虎戒文》发挥的作用，因此得意扬扬。其实，偏巧那些日子老虎到别的地方找食去了。后来，杨叔贤调任到郁林，这里的百姓常常给杨叔贤出难题。无计可施的杨叔贤就打算用《虎戒文》来镇一镇百姓，于是就派人去荆州抄《虎戒文》。几日之后，派去的人还不见回来，后来一打听，抄文的那个人不幸落入虎口了。

这位荒唐的杨老爷以为一篇《虎戒文》就可以镇住老虎，在老虎到别地觅食去以后，他便错误地认为是《虎戒文》发挥了作用。当百姓为难他时，他竟又有了荒唐的想法，想用《虎戒文》来镇住百姓。就是因为他遇事不认真思考自己的想法是不是可行，结果造成了人落虎口的悲剧。杨叔贤虽有才学，但不善思考，真是空有一肚子学问。

还有一则故事：

鲁国有一户人家姓施，施家有两个儿子，大儿子爱儒家的仁义之术，小儿子爱学军事。大儿子用他学的儒家思想去游说齐王，得到齐王的赏识，聘请他为太子的老师。二儿子到楚国去，用他所学的法家军事思想游说楚王，在向楚王讲述自己的思想、观点时，结构清晰，条理清楚，楚王听了很高兴，认为他是个不可多得的人才，就封他为楚国的军事长官。这样，兄弟两人一个在齐国任职，一个在楚国做官，他们赚的钱多，使家里很快富裕了起来。兄弟两人的地位都很显赫，亲戚朋友都以他们为荣。

施家邻居中有一户姓孟的人家，也有两个儿子，家境与施家以前差不多，并不富裕。大儿子与施家大儿子一样，好学儒家仁义之术；二儿子也是爱学兵法之术；两家的儿子还曾经在一起讨论学问，研究兵法。孟家为贫穷所困扰，生活很艰难。孟家看到施家这两年很快富裕起来，并且门口经常停有车马，来的人员中有当兵的，也有当官的，真够荣耀，很有点羡慕施家。由于这两家的关系一直不错，孟家就向施家讨教经验。施家的两个儿子就把各自如何获得官位的经过告诉了他们。

孟家两个儿子听到后，觉得这是个门路，于是大儿子准备到秦国去，二儿子准备到卫国去。

孟家大儿子到秦国去后用儒家学说游说秦王。他滔滔不绝地向秦王陈述自己的思想、观点。秦王说：“目前的形势是，各国诸侯都要靠实力进行斗争，要使国家更加强大，就必须发展兵力，增加粮食。如果光靠仁义治理国家，只会把国家带进死路。”秦王心想：这个人固然有才能，他要我用仁义之术治国就是想要我国不练兵打仗，不积粮食不富裕，这能行吗？于是，命令军士对他施行了最残酷的宫刑，然后又将他赶出了秦国。

孟家的二儿子到了卫国以后，就对卫王进行了游说，主张发展卫国军事。他为了能让卫王采纳他的意见，能在卫国授爵当官，向卫王进言时有条不紊地讲述自己用兵的道理。

卫王听后说："我们卫国是个小国，国力不强，又夹在大国之间。对于那些强大的国家，我们只能够服从它；对于同我们一样或比我们还要弱的小国，我们就得好好地安抚他们，只有这样做，才能够保证我们国家的安全。你提的军事治国固然不错，但如果我采用了你的军事主张，周围的大国就会联手攻打我国，我们的国家很快就要灭亡。如果我就这么放你回去了，你一定会将你的主张带到别国去，别的国家发展了军事力量再对外扩张起来，会对我国造成很大的威胁。"

卫王感到这个人既不能留，又不能放，于是派人砍断了他的双脚，然后把他押送回鲁国。

孟家的两个儿子回到家里，已是残废人了，全家人感到非常悲痛，他们怀着一肚子的怒气来到姓施的家里，责备施家。

施家的人回答说："无论做什么事情，违背时势的就会失败、灭亡，而适应时势的就会成功、昌盛。我们所学的东西跟你们相同，但是却取得了完全不同的效果，为什么呢？这是因为你们选择的对象不同，同时又违背了时势啊。我们的做法和行为又有什么错误呢？"

具体问题要具体分析，死套别人的经验有可能给自己带来失败。

做学问的可贵之处就是要善于独立思考。

任何时候，都不能人云亦云，要用自己的头脑去思索，用自己的思想去甄别，要有研究精神，凡事多问几个"为什么"，只有在对于这一个个的"为什么"的求解考证过程中，我们对客观世界的认识才能逐步深入，也同时对我们自身获得更多的了解，从而更为真切地感知生命的要义。

"学而不思则罔，思而不学则殆。"这两句话阐明了学习和思考的关系，只学不思或只思不学都容易使人陷入迷惑而无所获。

只读书不思考是读死书的书呆子，只空想不读书是陷入玄虚的空想家。书呆子迂腐而无所作为，空想家浮躁不安而胡作非为，甚至有精神分裂的危险。所以，儒者主张既要读书又要思考。

明代人陈鎏说："读书须知出入法：始当求所以入，终当求所以出。见得亲切，此是入书法；用得透脱，此是出书法。"

学是入书，思是出书。出入有道，学业方能有所成。

爱因斯坦在总结自己的成功经验时说：“学习知识要善于思考、思考、再思考。”他创立狭义相对论，据说就经过了十年的沉思。

只是学习，没有思考，没有消化、整理、提高，只能是杂乱无章的知识的堆积，不可能形成实际的效力。

有这样一个故事：一个老翁和一个孩子用一头驴子驮着货物去卖，货卖出去了，孩子骑驴回来，老翁跟着走，但路人责备小孩子不懂事，让老年人徒步，于是他们便换了一个位置；而旁人又说老人心硬，于是老人忙将孩子抱到鞍上；后来看见的人说他们没人性，于是两人又都下来。走了不久，又有人笑他们是呆子，空着现成的驴子不骑；于是老人对孩子叹息道，我们只剩了一个办法，就是我们两人抬着驴子走。这个笑话告诉我们这样一个道理：无论读书，还是做事，只是一味地“旁征博引”，不假思索，“脑子里给别人跑马”，结果往往会弄到抬驴子走的地步。常听人说，现在报刊上一会说要注意晨跑，一会儿又说早晨锻炼不好；一会儿说喝茶有益健康，一会儿又说要少喝茶；一会儿将某部影片捧得上天，一会儿又将其贬得一钱不值……这便是“学而不思”者的烦恼，人云亦云，当然只有陷入迷惘的境地。

书是前人经验的总结，读书是汲取前人经验的过程，但不能自己囫囵吞枣，生吞活剥。书籍和经验也是前人智慧的结晶，亦不能置之不理，一味蛮干。会读书也要会思考，也就是我们前面提到的既要进得去，也要出得来。

心相约：学习贵在创新

创新是发展的基本品质，不论我们是做学问，还是从事何种事业，要做到有所建树，就要敢于在无疑处存疑。要有自己的立场和见解，并力求证明之。重要的是坚持，坚持到底，找到一个结果，也给自己一个结论。

人在学习与生活的过程中，往往会形成某种习惯。这些习惯和经验也可能是对我们有益的，但我们不能沉溺在这些习惯当中，因为一旦我们过于依赖某些经验和习惯的时候，我们就很难再有什么突破和创新了。

习惯要求人重复一切，就像钟表的走针，周而复始地围着一个轴心旋转。而创意则讲究的是与众不同。

一个什么事情都有一定模式、照着习惯走的人，其创意必定少之又少。

研究表明：100%跟着习惯走的人——创意为零。

90%跟着习惯走的人——具有10%的创意思维。

70%跟着习惯走的人——具有30%的创意思维。

50%跟着习惯走的人——具有50%的创意思维。

10%跟着习惯走的人——具有90%的创意思维。

因此，创意死于习惯，绕开习惯走一走，创意之泉便会飞花溅玉。

习惯以一种司空见惯的形态约束着人的思维，敢于对这种“司空见惯”来一点改变，奇迹便会发生了。过去有一个火车站常在雨天提醒旅客：“请各位旅客不要忘记自己的雨伞。”这种提醒有些俗套，让人听了根本不会在意，遗忘雨伞的人照样不乏其人。有一天，头脑灵活的广播员换了一种广播方式：“到目前为止，我站收到遗留在火车上的雨伞已多达3000把……请各位旅客留意。”

雨天本来容易使人感到烦闷，旅客听到这样不同以往的提醒，自然会格外留心。自此，旅客遗忘雨伞的情况果然明显减少。

无独有偶。一家植物园因常有游客折花，曾经在告示牌上写过这样一条告示：凡折花者，罚款10元。但依然有“爱花族”我行我素，折花的大有人在。一位管理人员对这种常见的“惩罚语言”大胆地进行了一下改革，他写道：凡举报折花者，奖励10元。这个小小的改变令折花者望而却步，因为过去折花只须防范管理人员，而今，所有的人都要加以防范，花木自然躲过了一劫。

上述两例，不过是在语言表述习惯上做了一点小文章而已。若是广开视野，在诸多习惯上都进行创新，就会产生奇妙的结果。

有人在年龄的算法上打破习惯，把年龄减去10岁，中老年人神采奕奕，显得青春不老，真得好像年轻了10岁一样。

有一位惯于用右手作画的画家突发奇想，他尝试着用左手作画，经过一段时间的练习之后，他惊喜地发现，由于左右手的易位，竟然打破了许多不必要的条条框框，左手作画，大胆奔放，笔笔到位，墨趣横生，整个画面显得既厚重鲜活，又率真自然。

鸟在天上飞，鱼在水中游，古来如此。但大画家毕加索却不理睬这一套，他的名画《和平》，鸟在鱼缸里，鱼却在鸟笼中。毕加索对这幅画的解释是，在和平时，什么事都有可能发生。他以新颖的创意诠释了和平的真谛。

以上几例都是在习惯上变了一点点，而后创意花开。

既知创意死于习惯，人们就能自觉地避开习惯，让创意随意去来吗？也不是。因为习惯是长期积累而成，它有着非常强大的力量，摆脱习惯绝非一日之功。再说，过去你穿着鞋走路，觉得非常受用，一旦鞋掉了，赤脚走路，也得忍受沙石硌脚的阵痛——改变习惯必然要付出一定的代价，创意罕有不请自来。总之，创意死于习惯昭示的是这样一条真理：顺从习惯，创意便死水一潭；打破习惯创意便生生不息。

创新是发展的基本品质，不论我们是做学问，还是从事何种事业，要做到有所建树，就要敢于在无疑处存疑。要有自己的立场和见解，并力求证明之。重要的是坚持，坚持到底，找到一个结果，也给自己一个结论。

师古不泥，信而存疑，这是求真务实的基本方法。

学问在于求其精微，在于发乎前人之未发。名实相副，而不是装潢门面。但是，时下学术腐败，虚假文凭泛滥，对社会心态造成了灾难性的后果。不论从事什么职业，似乎都需要有很高的学历，都需要有一个文凭的认可。不必有学问，但是，必须有文凭；不必有德能，但是不可没有一个十分过硬的后台。不论是通过何种途径，没有人追究，只要搞到这样的一纸证书，就可用以作为资本炫耀，就可底气十足地招摇。似乎只要有了一张文凭，就可说明其素质、德才达到了相应的标准。然而，在他文凭的背面，真正的学问有多少？有谁知道，他付出的是什么？是寒窗苦读，是人民币，还是美钞？然而，没有真正的能力，何来在某个领域里的创新？

创新是文化发展的必然要求，也是社会发展的根本动力。积极营造创新的氛围，使一切有利于社会进步的创造愿望得到尊重，创造活动得到支持，创造才能得到发挥，创造成果得到肯定，那么社会的发展才有光明的前景。

心相约：学习要实事求是

人非圣贤，不可能生而知之，治学之要，行政之本，就在于实事求是，严肃认真，孜孜以求，来不得半点虚假。对不知道的东西，就不要充当“先知先觉”，更不要自认为能“升而知之”，认为自己一旦当了领导就对什么问题都有发言权。这是做学问做官乃至做人的一个最起码的要求。

对于任何一件事，不论你了解多少，都不应主观臆断，更不宜装模作样。知道或不知道，知道多少，达到什么程度或深度，都是正常的。可耻的是装腔作势，不懂装懂。如果像下面这个故事中的富有者一样那就不好了。

东汉时期，有个富有的人非常想当官，当官不仅威风，而且还可以借权力多弄些钱财。于是他狠了狠心，拿出一大笔钱去贿赂一些官员，果然如愿以偿，得到了一个在太守衙门里当属官的职位。

他穿上官服，戴上官帽，趾高气扬地走来走去，心里非常得意。

这个人得意了没几天，就碰上了难办的事：有一篇奏事的呈文必须由他写，然后交给太守审阅。他一直过着十分优裕的生活，根本就不认真学习，这回要叫他写呈文，可给他出了一个难题。

这个人心里非常着急，愁得吃不下饭、喝不下水。他妻子见他这样，就给他出主意说：“隔壁的李四读过书，认识很多字，你去求他帮你写一篇，不就行了？”

“对呀，我怎么没想到呢？”这个人高兴地叫道。

他赶忙跑到李四家，央求李四说：“老兄啊，有件事想请你帮忙！你也知道我没认真读过书，根本就不会写呈文，要是太守怪罪下来，我的乌纱帽就不保了！”

李四听了搔搔后脑勺，想了想说：“我也很想帮你，但是这种文章我实在是不会写。这样吧，我听说很多年前有个叫葛龚的人，他的奏事呈文写得很好，你就去照他写的抄一篇吧，这样做应该不会有问题。”

这个人听了大喜过望，急忙赶回去翻找书柜，功夫不负有心人，他终于找到了葛龚写的文章。这个人像获得了宝贝一样，迅速地抄了起来，没有改动一个字。到最后，他抄顺了手，竟然忘了改呈奏者的名字，将“葛龚”二字也抄上了。

第二天，他把呈文交给太守，太守看了，气得吹胡子瞪眼，一句话也说不出来，当即就罢免了他的职务。

学问是来不得半点虚假的，不懂不要装懂，否则，迟早有一天会被揭穿的。

戴震是清乾隆年间的考据大师。在他小的时候，学习就非常认真，爱动脑筋。有一天，老师讲解《大学章句》，说：“这一章的‘经’，是孔子的话；以下的十章叫‘传’，是曾子的见解……”

戴震听到这里，就问：“老师，您怎么知道一定是这样呢？”

老师知道他是一个喜欢寻根问底的学生，便不耐烦地说：“这是朱熹说的。”

戴震听了，又问：“朱熹是南宋人，孔子和曾子是春秋时代的人，相隔大概有一千七百年，朱熹又是根据什么作出这样判断的呢？”

这位老师被问得张口结舌，无言以对。

智慧的标志是什么？就是在审时度势之后，能够实事求是地作出抉择，择机而行。很多事都深含着大自然的哲理，谁都不可能一眼洞穿其中的奥妙。世界上的任何事件，其发生、发展都是有缘由的，真相深深地掩盖在岁月的尘埃之下不为人所知，只有通过深入调查求证才有可能接近事实，从而使我们的认识一层一层地深入递进。

我们决不要低估了不懂装懂的危害，因为它完全可能由一种个人品质而发展成为一种社会公害，贻患无穷。

世界著名物理学家、获诺贝尔物理学奖的美籍华人丁肇中在接受中央电视台《东方之子》采访时，曾对一些问题表示“不知道”。前一阶段又听说他在为南航师生作学术报告时，面对同学提问又是“三问三不知”。

有学生问他：“您觉得人类在太空能找到暗物质和反物质吗？”“不知道。”“您觉得您从事的科学实验有什么经济价值吗？”“不知道。”“您能不能谈谈物理学未来 20 年的发展方向？”“不知道。”三问三不知！这让在场的所有同学都深感意外，但不久就赢得全场热烈的掌声。

也许，一些人在说“不知道”时往往被看做是孤陋寡闻或无知的表现，但丁先生的“不知道”却体现着一种做人的谦逊和科学家治学的严谨态度，不禁令人肃然起敬。

“知之为知之，不知为不知，是知也。”学问愈深，未知愈重；越是学识渊博，就越应该虚怀若谷。作为专家、学者，对不知道的东西，我们应当敢于并老实地承认“不知道”。

其实，丁肇中教授大可不必说“不知道”。比如可以用一些专业性很强的术语糊弄过去，可以说一些不沾边的话搪塞过去，甚至还可以委婉地对学生说：“这些问题对于你们来说太深奥，一两句话解释不清楚。”但是，这位诺贝尔奖获得者却选择了最老实、最坦诚的回答方式，而且表情自然、诚恳。丁教授坦言不知道，不但无损于他的科学家形象，更显示出他严谨的科学态度，令人肃然起敬。

无独有偶，与丁肇中教授“三问三不知”相似的还有世界著名男高音歌唱家帕瓦罗蒂在一个大型演唱会上的表现，他正唱到高潮之际，却突然停顿下来。举座哗然，连乐队都停了下来。帕瓦罗蒂坦诚地说自己忘记歌词了，请求大家原谅，希望大家再给他一次表演的机会。在一阵沉寂后，全场爆发出热烈的掌声。事后，有人告诉帕瓦罗蒂：“你完全可以做做口型，而不必承认自己忘了词。相信观众肯定会认为是麦克风坏了而丝毫不会怀疑到你身上。”帕瓦罗蒂微微一笑：“如果还有下次，我同样会认错。因为事实早晚会被人知道，那对我的声誉影响会更大。”

人非圣贤，不可能生而知之，治学之要，行政之本，就在于实事求是，严肃认真，孜孜以求，来不得半点虚假。对不知道的东西，就不要充当“先知先觉”，更不要自认为能“升而知之”，认为自己一旦当了领导就对什么问题都有发言权。这是做学问、做官乃至做人的一个最起码的要求。时下有些“专家”、“学者”，总喜欢对一些自己不甚了解的事情发言，不负责任地乱说一通。结果是“专家意见”并不“专业”，让人一头雾水，不知所云，因此有些“专家”在人们心目中的影响力在减弱。与此相对照，让人更觉得作为学术大师的丁肇中“三问三不知”，对于学人来说十分可贵，令人警醒。知道就是知道，不知道就是不知道。这种坦然与诚实，不仅是科学家、艺术家和领导干部应该具有的，对于我们普通人来说，也是不可或缺的。

心相约：天才出于勤奋

一个人专业上的成就，取决于他的学品。只有一步一步地从细小处努力，日积月累，达到渐进的成果。只有经历长久的踏实努力，终其一生不敢懈怠，不放弃自己的追求，谨慎而勤勉，使其人生有所造就。虚夸浮躁的轻佻之徒，不可能有所建树。

人们获得知识的方式是不同的，有生而知之、有学而知之、有困而学之。但是都离不开学习与实践的经验，一切成功都是学习的积累和思考的结果。对于既定的目标，要坚持深入地研究到底。要有独立思考的能力，以批判性的思辨方法，努力丰富自己的经历和体验，从不同的方向寻求新的认识事物的途径，脚踏实地地求取学问，提高自己的学识和智慧。在今天这个科学技术飞速发展的时代，知识显得尤其重要，知识更新的速度超出了我们的想象。因此，只有坚持不懈地学习新知识，在当今社会日益激烈的竞争中，才能立足。

在这里给大家举一个在历史上因勤奋学习而最终取得成功的例子。这个例子想必大家都有所了解，"洛阳纸贵"这个成语就源于此。

西晋文学家左思小时候，长得貌不惊人，说话结巴，反应也有些迟钝。就连他的父亲也一直都看不上他，常对人说后悔生了这个孩子。左思长大了，他父亲还对别人说："这个孩子虽然长大了，可是他所懂得的知识和道理还不如我小时候。"他的父亲都这样看他，更不要说别人了。

左思不甘心受到这种鄙视，开始发奋学习。当他读班固的《两都赋》和张衡的《二京赋》时，虽然很佩服文章中表现出的宏大气魄，可是他看出了其中虚而不实、虚而不当的弊病。从此，他决心依据事实和历史的发展，写一篇《三都赋》。

为了保证自己所写的东西笔笔有着落，笔笔有根据，左思开始收集大量的历史、地理、物产、风俗人情等资料。

收集好资料以后，他便闭门谢客，开始专心写作。他在一个堆满了纸稿的屋子里昼夜冥思苦想。常常是很长时间才推敲出一个满意的句子。经过十年孜孜不倦的努力，他的《三都赋》终于写成了。

书出来以后，一时间，《三都赋》风靡京都，懂得文学的人都对之称赞不已。人们竞相传抄，一下子使洛阳的纸昂贵了几倍，后来竟倾销一空。不少人为了抄写这篇千古名赋，只好到外地买纸。

由左思的成功我们可以看出：一个有才学、有思想的人，首先要多读书、多求知。不学而思，必为无本之木，终将陷于妄测臆断，无进益。

一个石匠从法国流亡到伦敦，在走投无路之时遇见了另一位流亡者，见他以教授法语为生，收入颇丰，便向他请教该以什么谋生。朋友的回答是："做教师！""教师？"石匠诧异地说，"可……可我只是个工匠！你一定在开玩笑吧？"朋友回答道："不！正相反，我是认真的。我真的建议你去当一名教师，我可以保证教会你怎么去教别人。""不！不！"石匠回答道，"这不可能！我年纪太大了，哪还能再学呢。我所知太少了，怎么能成为一名学者呢？我哪能当一名老师呢？"于是石匠离去了，又去四处寻找能用得上自己本行的工作。他离开伦敦前往外省，奔波了几百里路，还是找不到一个雇主，无功而返。回到伦敦后，他径直去找那位流亡者朋友，见面就说："我已经试遍了所有的地方，但失败了，现在我想试着做一名教师了！"于是他马上开始向这位朋友求教。这位石匠思维敏捷、应用能力极强，他很快就掌握了基本的语法、文法和标准的古典法语发音。当他的朋友兼老师认为他已能胜任教师一职时，石匠就去应聘一个空缺的教师职位并顺利地获得了这一职位。

瞧！我们的石匠师傅最终成了一名老师！凑巧的是，他任教的伦敦郊区的一个学校恰好是他曾做过石匠的地方。每天一早他从教室的窗户向外望时第一眼看见的就是他自己建造的一个农舍烟囱！开始一阵子他还怕被村子里的人认出自己而有损于学校的声望。但当他证实自己确实是个极为称职的教师，而其学生也多次因法语成绩优异而受到公开表彰时，此类的顾虑就烟消云散了。同样，他还赢得了所有认识他的人的尊敬和友谊——无论是他的教师同事还是学生。而当他的过去，他面对困难努力奋斗的历史被他们所知时，他们就更增添了对他的敬意。

只要有决心，即使人老了也能学很多东西。亨利·斯比曼爵士直到60岁才开始学习科学；富兰克林真正开始学习自然哲学时已50岁了；德雷顿一直到40多岁时才成为作家；伯罗西奥一直到35岁才开始他的写作生涯；艾菲利在46岁时才开始学习希腊语；阿洛德博士为了能读懂尼采的原著，年老时开始学习德语；瓦特40岁时在格拉斯哥开办仪器制造厂时，为了能够掌握法语、德语和意大利语的机械学，同时学习法语、德语和意大利语；托马斯·斯科特在56岁时才开始学习希伯来语；罗伯特·赫尔年老时，尽管卧病在床，仍然为了能够判断麦肯勒画出的米尔伦与达姆特之间的平行线是否正确而学习意大利语；韩特尔一直到48岁才发表他的伟大著作。事实上，还有许多例子能够说明许多人在年老时仍然能够开始学习新的东西并且成功地掌握这门新的知识。只有那些惮于勤奋的人才说："学习对我来说太晚了。"

荀子曰，"吾尝终日而思焉，不如须臾之所学也"，只有善加学习前人的成果，才有利于发挥和发展其思想精髓。创造是建立在已有知识的基础之上，只有孜孜不倦地学习，达到厚积，而后才可能有所见解，有所阐发，有所创新。因此，牛顿说，我是站在巨人的肩上，摘取真理的果实。不知旧，何以出新？不学而思的冥思苦想，只能是无知者的狂妄行为，充其量也只能是步人后尘，做着徒劳的重复工作，既浪费生命，又无所成就。学问是跑接力赛，是一代代的思想者薪火传承的事业，只有通过学习，接过前人的火炬，才可能有所建树，有所贡献。

学以渐进，日悟新得，每天每月都能有所发现，如此日积月累，规模自成。朱熹说："为学之道，莫先于穷理，穷理之要，必在于读书。"

古今之大学问家，有所成就的人，无不是出于勤奋的学习，付出了辛勤的代价，才取得其成就。我们知道欧阳修读书著名的"三上"，鲁迅的"挤"时间读书，毛泽东坚持一生的手不释卷……他们之所以能够取得令后世叹为观止的成就，就在于他们有着热爱知识、探求事物本质的进取精神。那么，我们为什么不能用打麻将、聊天的时间来读一本书、学一门技艺、搞清楚一个问题呢？为什么自甘平庸？孟德斯鸠说："喜欢读书，就等于把生命中寂寞的时间变成享受的辰光。"以读书深化我们的思想，使我们的灵魂得以净化和升华，根除奢望，汰去世俗，积累我们的学问，陶冶我们的性情。

一个人专业上的成就，取决于他的学品。只有一步一步地从细小处努力，日积月累，达到渐进的成果。只有经历长久的踏实努力，终其一生不敢懈怠，不放弃自己的追求，谨慎而勤勉，使其人生有所造就。虚夸浮躁的轻佻之徒，不可能有所建树。

人的修养是有层次的。由于修养所达到的程度不同，就有圣人、君子、善人以及平庸的普通人的分别。做人是一辈子的事，是一刻也不可放任的。在于坚持不懈地学习提高，一个阶梯一个阶梯地深化其学养，提升其道德境界。

天才出于勤奋，我们仰慕圣贤，圣贤并非生而如此。所以，我们应当倍加努力，对于自己的修养能够做到持之以恒，就能够成为一个有道德情操的人；并进一步深入学习，提高修养，就能够成为君子；再由君子进入圣贤。这就是人生修养必须经历的进步的阶梯。是由点滴的积累而自然形成的，没有半点取巧的可能。因此，做人必须约束自己，自强不息，使自己的言行符合道德规范，循序渐进，不存有任何苟且心理，这样才能在每天不断进步的基础上有所进益。

“业精于勤，荒于嬉”，做大事者，务必终生牢记这个“勤”字。

被称为“塑胶大王”的王永庆是中国台湾著名富商。他拥有的塑胶、纤维和合板等行业共有11家分公司，资产总值达10亿美元。但在六十多年前，王永庆只不过是一家米房的小工，家中一贫如洗。他之所以能够发迹而成为台湾的传奇性人物，就是因为他的勤奋努力。王永庆本人也常常提及“一勤天下无难事”的道理。王永庆一次在美国华盛顿企业学院演讲时，谈到了他一生的坎坷经历。他说：“先天环境的好坏，并不足夸，成功的关键完全在于自己之努力。”

对立志做一番大事的人来说，只有勤才是唯一的捷径，勤者才能不败。

心相约：学习须用心专一

我们不光要努力勤学，还应该做到用心专一。业精于勤荒于嬉，行成于思毁于随。博学而不精研，则无所得。凡事专则精，杂则无所成就。用心专一，则学必有成。

米芾是北宋时期著名的书画家。宋徽宗曾召米芾为书画博士，任礼部员外郎，人称米南宫，与苏轼、黄庭坚、蔡襄合称“宋四家”。

米芾早年特别喜爱王献之的字，天天照着他的字临摹。其中，点、横、竖、勾等笔画都练得很有功力了，只有“捺”这一笔画总是写不好。

后来，他一遍又一遍地练“捺”。胳膊练酸了，手指练痛了，他仍不厌其烦。一天，他的妻子把饭做好了，催他吃饭。妻子连叫了几声后，却不见米芾答应。她进屋一看，见米芾正在写字，妻子见他写字竟连自己说话都没有听见，就跑过来上前拉了一下米芾的胳膊。没想到，就这么一拉，米芾的笔正好落在纸上。米芾一看，高兴地叫了起来：“拉得好！拉得好！”

他的妻子见他这样高兴，有些莫名其妙。米芾却激动地说：“我练了这么多年的‘捺’都没有太大长进，你这么一拉，可帮了我的大忙啦！”他顾不得吃饭，借夫人所助这一臂之力，继续练起“捺”来。不久，他写的“捺”也见神力了。

米芾练字绝对达到了“不厌”的程度，由于他专心苦练，终成为一代大书画家。做学问同样如此，要想学好，就应该有“学而不厌”的劲头。

最笨拙的方法，其实是最为长远最为有效的方法。

学习的人生，是充实美好的人生。我们每天都面临着新的知识需要学习，每天也都面临着新的情况需要应对，每天也都面临着新的问题需要作出决断，我们的知识是有限的，我们的时间是紧迫的，我们没有理由不学习，我们更没有资格厌倦学习，我们只能默默地将一切可以学习的东西留心记忆下来，将一切经历或听到的事实进行总结，而加以筛选汲取。

“朝闻道，夕死可也。”学习，既是继承，又是创新。学会学习，学会思考，是我们修养德能的基本功夫。“吾生也有涯，而知也无涯。”除了不懈地学习，我们又能如何呢?

天地浩荡，静默无言，何述焉，何作焉，万物备见，能不学习吗?

我们不光要努力勤学，还应该做到用心专一。业精于勤荒于嬉，行成于思毁于随。博学而不精研，则无所得。凡事专则精，杂则无所成就。用心专一，则学必有成。

心相约：管好自己的时间

法国思想家伏尔泰，曾经出了一个有趣的谜语：“世界上哪样东西是最长的又是最短的，最快的又是最慢的，最能分割的又是最广大的，最不受重视的又是最受惋惜的；没有它，什么事情都做不成；它使一切渺小的东西归于消灭，使一切伟大的东西生命不绝？”

这是什么呢？这就是时间。

孔子说：“逝者如斯夫！不舍昼夜。”他一方面是在感叹时光易逝，往事难再，另一方面则是以水为喻，勉励我们进德修业，都应该像流水不止息的河水一样，孜孜不倦，不舍昼夜。

汉代有这样一首题目为《长歌行》的乐府诗：“百川东到海，何时复西归？少壮不努力，老大徒伤悲。”从这首诗中我们可以看出时间的宝贵，对珍惜时间就有了清醒的认识。其实，人一生下来，就应该对时间作出安排。在一个人少不更事的时候，这种安排要由父母来进行，一旦长大成人，就要对自己负责，就要珍惜与合理安排自己的生命时间，以保证实现自己的人生目标。

安排好自己的时间，就要按照时间的安排去实践，去实现人生的价值。

时间就是在实践过程中一点一点失去的，在你的生活中，时间就像布袋子里的水，存不住的，不知不觉就漏光了。

管好自己的时间，就是不要让时间漏掉。

我们每个人都生活在自己的时间里，区别就在于使用时间的方法不同。因而，价值和意义就不同。所以，每个人都想在自己有限的时间里，实现无限的人生梦想。

怎样才能使自己的时间不白白度过？

这就需要对自己的生命时间作出合理的安排。

青少年要安排好自己的学习时间。

中年人要安排好自己的工作时间。

老年人要安排好自己的休闲时间。

人的时间是有限度的，要创造成功的人生，就要对自己的生命时间，从青少年到老年有一个整体的安排和规划，有步骤地实现人生的构想。

法国思想家伏尔泰，曾经出了一个有趣的谜语："世界上哪样东西是最长的又是最短的，最快的又是最慢的，最能分割的又是最广大的，最不受重视的又是最受惋惜的；没有它，什么事情都做不成；它使一切渺小的东西归于消灭，使一切伟大的东西生命不绝？"

这是什么呢？这就是时间。

时光在流逝，岁月在变幻，天地悠悠。

人生如水，覆而难收，逝者不返，来者犹继，奔赴不息。草木荣枯，朝花凋敝，寒来暑往，日居月渚，循行不已。流去的是时间，流逝的是生命，我们的血液也是这样流淌着，生命就是如此奔流不息，直至远去。

历代仁人志士，正因为有感于人生短促，事物变幻无常，主张及时抓住当前的时机，或奋发学习，或建功立业。"少壮不努力，老大徒伤悲"；"老骥伏枥，志在千里，烈士暮年，壮心不已"，直到今天，仍然激励着我们去拼搏、去奋斗。

我们生活在这个世界上，就应当自强不息。千万不要虚度光阴。数十年的岁月，转瞬间流逝而去，一切都来不及反思，就已经无可挽回。

一条河流其实就是一部流动的历史。我们听见了那条河流喧嚣的水声，似乎要把一切裹挟而去，我们不敢在这条河边停留太久，也没有理由踯躅不去，远远地倾听就已经足够。何况此时的河水已经流过了许久，且仍在汹涌奔流。那个曾经不经意的驻足，几乎令我们将此生丧失殆尽。是的，我们没有理由长久地停留，我们已经没有多少时间可供挥霍等待，我们要为了心中的理想和应尽的责任不舍昼夜地劳作。

虽然，一个人匆匆而又潦草的一生，不足以证明什么，但毕竟让我们有许多体味。那千篇一律的生活总是令我们有一些东西割舍不下。人生最终还是不免于怆然放弃。那流去的是什么，流来的又将如何。令人困惑不已，向往不已。

生命是由许多微不足道的事构成的，有时甚至是不堪的，但是只要所有的琐事都朝着一个正确的方向，就像这河水，百折不回地向着既定的目标流去，你的生命就是有价值的。

八

每天学点心理学——能力篇

心相约：能力比金钱更重要

从心理学角度来讲，能力明显比金钱更重要。金钱是有形的资产，也是可以算出多少的，而能力是一种无形的资产，只要你拥有能力，就可能创造出源源不断、无穷无尽的财富。

如果从心理学角度来分析能力与金钱的关系的话，我们认为能力比金钱更重要。金钱是有形的资产，也是可以算出多少的，而能力是一种无形的资产，只要你拥有能力，就可能创造出源源不断、无穷无尽的财富。

很多人在工作和生活中，往往只注重眼前的利益，更多地关注自己能得到多少钱，而忽略了对自身能力的培养和提高。殊不知，提高能力要比你短期内获得那有数的金钱要重要得多。那么一个人怎样才能在工作中迅速提高自身的能力呢？这时候工作的心理和态度就是关键了。一个人的态度可以决定一个人的高度，你的态度正确了，能力自然会随之慢慢提高。

工作所给你的，要比你为它付出的更多。如果你将工作视为一种积极的学习经验，那么，每一项工作中都包含着许多个人成长的机会。

为薪水而工作，看起来目的明确，但是往往被短期利益蒙蔽了心智，使我们看不清未来发展的道路，结果使得我们即便日后奋起直追，振作努力，也无法超越。

那些不满于薪水低而敷衍了事工作的人，固然对老板是一种损害，但是长此以往，无异于使自己的生命枯萎，将自己的希望断送，一生只能做一个庸庸碌碌、心胸狭隘的懦夫。他们埋没了自己的才能，湮灭了自己的创造力。

因此，面对微薄的薪水，你应当懂得，雇主支付给你的工作报酬固然是金钱，但你在工作中给予自己的报酬，乃是珍贵的经验、良好的训练、才能的表现和品格的建立。这些东西与金钱相比，其价值要高出千万倍。

我想诚恳地告诫那些刚刚踏入社会，刚刚走上工作岗位的年轻人，不必过分考虑薪水的多少，而应该注意工作本身带给你们的报酬。譬如发展自己的技能，在工作中努力创新，增加自己的社会经验，提升个人的人格魅力……与你在工作中获得的技能与经验相比，微薄的工资会显得不那么重要了。老板支付给你的是金钱，你自己赋予自己的是可以令你终身受益的能力。

能力比金钱重要万倍，因为它不会遗失也不会被偷。如果你有机会去研究那些成功人士，就会发现他们并非始终高居事业的顶峰。在他们的一生中，曾多次攀上顶峰又坠落谷底，虽起伏跌宕，但是有一些东西却永远伴随着他们，那就是能力、毅力与创新力。这些能帮助他们重返巅峰，俯瞰人生。

人们都羡慕那些杰出人士所具有的创新能力、决策能力以及敏锐的洞察力，但是他们也并非一开始就拥有这种天赋，而是在长期工作中积累和学习到的。在工作中他们学会了了解自我，发现自我，使自己的潜力得到充分的发挥。

不为薪水而工作，工作所给予你的要比你为它付出的更多。如果你一直努力工作，一直在进步，你就会有一个良好的、没有污点的人生记录，使你在公司甚至整个行业拥有一个好名声，良好的声誉将陪伴你一生。

有许多人上班时总喜欢“忙里偷闲”，他们要么上班迟到、早退，要么在办公室与人闲聊，要么借出差之名游山玩水……这些人也许并没有因此被开除或扣减工资，但他们会落得一个不好的名声，也就很难有晋升的机会。如果他们想转换门庭，也不会有其他人对他们感兴趣。

一个人如果总是为自己到底能拿多少工资而大伤脑筋的话，他又怎么能看到工资背后可能获得的成长机会呢？他又怎么能意识到从工作中获得的技能和经验，对自己的未来将会产生多么大的影响呢？这样的人只会无形中将自己困在装着工资的信封里，永远也不懂自己真正需要什么。

心相约：能力比学历更重要

每个人都渴望成功，每个人都希望在自己的人生履历上画上精彩的一笔，这可以说是放之四海而皆准的人类的普遍心理。然而，想什么就一定能得到什么吗？这显然不现实。人的企图心、理想与现实之间往往是存在差距的，而这种差距往往会通过一个人的能力最直接地表现出来。

你是否问过自己这样的问题：我渴望成功吗？你大概会嘲笑我：这是一个多么“弱智”的问题呀，有谁不渴望自己成功呢？是的，你说的不错，这个问题确实蠢了点，但是我还想问那些所谓的聪明人或者说是有智慧的人，你们知道自己该如何去做才能收获成功吗？这时候，我想一定会有人傻在那里，吞吞吐吐地说：“呵呵……这个……我还真是不知道……”

毋庸置疑，每个人都渴望成功，每个人都希望在自己的人生履历上画上精彩的一笔，这可以说是放之四海而皆准的人类的普遍心理。然而，想什么就一定能得到什么吗？这显然不现实。人的企图心、理想与现实之间往往是存在差距的，而这种差距往往会通过一个人的能力最直接地表现出来。

通过观察当今的社会现实以及研究现代人的心理，我们会发现现代人越来越意识到能力的重要性。即使你有再高的学历，即使你标榜自己有多么丰富的经验和阅历，如果你做不出相应的成绩的话，照样无法得到重用，更别提什么大的成功。

一位企业老总曾说过这样一句话：“在这个充满竞争的时代，职务只是瓷饭碗，好看好用易打碎；学历只是铁饭碗，好看好用易生锈；实际能力才是金饭碗，既不容易打碎，也不会生锈。”仔细想想，这句话确实是很有道理的。

最近以来的找工作难问题，让许多不断碰壁的青年认识到要适应瞬息万变的社会，就必须不断提高自己的能力，而掌握了更多的能力，你才会发现成功在一步一步向你靠近。

心理学告诉我们，成功的人生是让人羡慕的，而成功的取得又往往来之不易，“成功”看起来虽然只有简单的两个字，但它背后却有说不清的艰辛，道不尽的痛苦。成功不是凭空捏造的，任何人想要取得成功，都必须拥有多方面的能力。

一位心理学家曾说过这样一段话：如果你想做一名画家，就必须有完整的知觉能力、识记与再现表象的能力、目测长度比例的能力、使用线条表现实物的抽象力与想象力、估计大小或亮度关系的能力、灵活自如的运笔能力和透视能力等。

通过理解心理学家的话，我们可以得出这样一个结论：如果一个人在某一领域能力突出，他又善于把这种能力拓展到其他领域，并能很好地结合起来，出色地完成有关的任务，那么，我们就说他很有才能。其实，才能就是由各种能力组合而成的。

在工作中，一些人能把工作做得非常出色，他们之所以出类拔萃，是因为他们能把各种能力或主要能力完整地发展和结合，能创造性地完成多种或某一领域的任务，这些人我们通常说他们很有能力。

而所有成功者都还具有一些相同的能力特征，比如综合能力、观察能力、思维能力、创造能力、辨别能力、语言表达能力等等。这些能力，与人的先天条件有一定的关系，但更重要的是通过他们后天去获取。能力，是一种成功的资本，看看古今中外的成功人士，哪一个不是靠实际能力成功的？有多少人天生就是天才？所以在生活中，要不断地提高自己的能力，就必须让自己得到充分的锻炼和磨炼，就必须从一点一滴做起。

有的人会说只有能力而没有机遇也不行啊，他们常常抱怨：“为什么老天不给我机会呢？”其实这恰恰反映了他们没有足够的能力去赢得机遇，生活中，每个人或多或少都会获得一些机会。之所以有人成功，有人失败，其原因就是你有没有把握机会的能力。有机会只是客观优势，靠自己的能力、真才实学才是成功的主要因素。再好的客观条件，如果没有人的主观努力，即使机会就在眼前，还是会与其失之交臂。原因是他们没有这种把握机会的能力。

下面我们来看一则小故事：

林中的百鸟聚集在一起，商讨要选一位国王。小黄鹂首先向鸟类建议：“我们应该推选一位勇敢的国王来领导大家，谁是鸟类中最伟大的，我们就选他来当国王。”

这时候，孔雀先开口了："各位，大家选我做国王吧！我的羽毛是最美丽的！"说着，孔雀就张开他那美丽的尾巴。

鹦鹉附和说："真是太漂亮了！有这么漂亮的鸟做我们的国王，是值得骄傲的一件事。我们就选孔雀为我们的国王吧！"

这时，麻雀却不赞成地说："不错，孔雀确实非常美丽，但是，像我们这么弱小的动物，如果有别人来侵略我们时，他有什么能力来保护我们吗？与其选一个美丽的国王，倒不如选一个在危险的时候能够挺身保护大家的国王！"

众鸟听了麻雀的话，都点头赞成。

最后，大家经过投票，选举了强悍凶猛的老鹰为百鸟之王。

这虽是一则寓言，但里面的道理是不言自明的。

作为一个现代人，生活在今天这样一个经济快速发展的时代，面临的一个很大的问题就是就业、竞争的压力越来越大。所以人应该活到老，学到老，不断追赶时代的步伐也才能不断扩展我们的生活空间，虽然现代人的学业提升在这几年愈来愈热，很多人认为考研再深造就是通向就业大道的首项选择。他们往往误认为只有高学历才是走向白领、走向成功的绿卡，也只有高学历才会有美好的前途和未来。事实上，这种观点是不全面的。人类社会在不断进步，科学发展也在日新月异，学历早被打了时代的烙印！如果自己没有实力，没有真正的能力，知识不能经常更新和提高，光空守着自己原有的一张文凭而沾沾自喜、裹足不前，那么，就很难适应这个飞速发展的社会了。

对于普通人来说，在我们平常的工作中，必须培养自己的一技之长，努力学习专业技术知识，学到一身专业本领，不断地提高自己的各方面能力，真正能够做到学以致用，把实际价值发挥出来，才会有更大的竞争能力和就业空间，也才能更好地为社会服务。所以说，只有具备真正的能力，才能获得成功，才能立足于社会。

这是一个需要人才汇聚的年代，每个人的精力是有限的，人们不仅需要掌握很多知识，更重要的是有适应未来社会所需要的能力。社会不需要"书呆子"，学历成为一种参考，每个人都必须利用自身条件在复杂的实践中增长和积累丰富的知识和才干，不断挖掘潜在的能力，才能脱颖而出。因此，要想成功，实际的能力是很重要的一种资本。

心相约：能力出众则威重

心理学家经过研究发现，在中国人的心目中，有一种独特的能力崇拜情结。中国人的这种心理特点和思维方式让许多技术过硬、能力突出的人获得了相当高的威望。“出众则威重”这句话有力地证明了这一点。

在日常的工作与生活中，我们不难发现，一位在行业内技术水平出色的专业人才，往往会赢得同行们的尊重甚至是崇拜。而一位公司内部的技术领军人物，常常会成为许多迷恋技术的下属的“偶像”。

心理学家经过研究发现，在中国人的心目中，有一种独特的能力崇拜情结。中国人的这种心理特点和思维方式让许多技术过硬、能力突出的人获得了相当高的威望。“出众则威重”这句话有力地证明了这一点。

在工作中，许多专业技术人才都会磨炼出较好的专业水平，在自己所熟悉的领域中小有建树，这在一定程度上意味着——每个人都拥技术而自重，而其专业水平却处于伯仲之间，这必然会导致团队内部产生不和谐因素。而一个拥有绝对领先于他人，大大超越技术平均水平的人出现，势必会利用自己在技术上的绝对优势，“逼迫”众人对自己“俯首称臣”。

我们来看一则生活中的案例。

刘宁毕业于北京某名牌高校的计算机系，在大学期间，他就参加了几个大型项目的工作，对于计算机程序编写有着自己独到的方法。现在他供职于广州一家大型IT企业，是公司的技术总监。

刘宁在进入这家企业之前，还有过两年的独立项目开发及策划经验，那段时间，他每天闷在家里写程序，常常几夜不眠，他所编写的软件程序既简便又易于操作，在业内赢得了一致好评。

三年前，刘宁决定离开北京，到广州寻求自己事业的发展，通过网络，他获悉这家大型 IT 公司正在招聘程序高手，于是他决定去那里一展拳脚。刘宁顺利地通过了专业测试和人力部门的面试，于是他开始进入自己的工作岗位。

过了几天，刘宁就发现，这里的同事都有着比较深厚的软件编写功底，而且彼此不服气，他们都认为自己是员工中水平最高的，甚至连部门主管都不放在眼里。当项目进行移交的时候，接手项目的人都会对前任的工作大加批判，认为其完全是混饭吃，并且会立即将已经写好的程序推翻重写，并写出一套无比高难的程序来传给后面的人，以此来显示自己的水平高超。对于新来的同事，老员工还会常常分配一些最难写的程序，希望凭借这种手段来树立自己的权威。

注意到这样的现象以后，刘宁决定显示一下自己的技术，给那些同事一个下马威，于是当他接手了一个新项目后，他并没有像那些同事一样对其大加批判，而是利用一个通宵的时间，续写了一段程序。第二天，当接手他工作的同事看到这段程序的时候，不禁大吃一惊。原来，刘宁所写的程序不但简便易读，方便测试，而且还新颖别致，有许多地方都不按常理来进行写作，但又不违背程序整体的构造。

更令刘宁的同事惊讶的是，当他准备接着刘宁所写的程序往下写的时候，却发现自己根本无从动手，刘宁的程序竟然奇迹般地写出了一个看似完结，却陷入了一个需要无限循环论证的怪圈中。如果要接着他的写，就会被套进去，如果换种写法，就会导致整个项目的断裂，而刘宁的写法又让人产生了强烈的效仿情绪，这位同事只好把这件事情报告给主管。当所有的程序员都聚到电脑前观摩刘宁的程序时，众人都惊呼这简直是天才写出来的程序。从此，刘宁就成为了公司中当仁不让的技术权威，再没有人敢对他的工作提出任何质疑，相反，同事们还经常就一些技术上出现的疑难问题来请教刘宁。

刘宁逐渐成为这群程序员中的领袖，在业内声名鹊起，新来的员工，都把刘宁作为自己的“偶像”，甚至公司老板都要倚重于刘宁的技术。终于，在技术总监跳槽后，刘宁坐到了这一位置。而且刘宁在这一位置上做得非常出色，深得老板的赏识和下属的信服。

从这则案例中我们不难看出，能力对于树立权威有何等重要的作用。纵观几千年来的中国历史，凡是领导人物，都是具有某种突出的能力或在某些方面与众不同。只有这样，他们才有机会在复杂的纷争中站稳脚跟并获得更多的援手。因此，我们说一个人要想在茫茫人海中出头，仅仅踮起脚尖是不够的，要想让更多的人看到你，就要想方设法拉开距离，站得越高，眺望你的人就会越多。这就是树立权威的最直接方法。

心相约：能力是成功者必备的法宝

现实生活中，要让自己生活得好一些，这并不是一件困难的事情，只要勤奋一点，努力一些，就可以达到这个目标。但如果你要出人头地，成为成功人士，那你必须要具备一样东西——能力。

在这个社会里，任何时候，都有一些成功或失败的故事正在上演。我们看到大部分成功的人，他们一开始并非都是社会的精英，民众的宠儿，而是一些普普通通，甚至是处于社会最底层的人。

在报纸和电视节目中，我们经常可以看到在某个偏僻的穷山村里出现高考状元，然后了按照自己的人生目标一步一步走向某一领域的成功位置。有人或许要问：为什么同样在一个山村里，有的人一辈子还走不出来，而有些人却可以成为社会的精英？答案很简单——能力！

成功者本身就是具有突出能力的优秀人才，他就像那把藏在口袋里的锥子，不管这袋子是多么令人窒息他都会出人头地。能力可以靠天赋得到，也可以用勤奋或不懈的努力交换而来。这个道理是显而易见的，正像许多人都见过苹果从树上掉下来，但只有牛顿发现了万有引力。为什么呢？这都源于牛顿那善于观察生活、善于联系的科学能力。这种能力让他变得优秀，变得出类拔萃！

从客观上来讲，若想在人与人之间实现机遇的平等，是完全不可能的，有的人天生就具有获得成功的良好条件，他们一出生就在上层社会的家庭里，获得过良好的教育，有成功所需要的物质基础，可以说，他们要风得风，要雨得雨。而有些人则一出生就在一个物质条件匮乏的家庭中，这就造就了天生的机遇不公平。如果穷人家的孩子要奋斗到和富人家的孩子一样，就需要付出更多的血汗。

虽然这种现象存在，却不能代表全部。我们所要讨论的是为什么条件差不多的人，在境遇上却会有很大的差别，比如同在一个工作岗位上的两个人，若干年后，为什么一个人成为了成功人士，而另一个人仍然平平淡淡、默默无闻呢？这些都可以归结为一点，即是能力让成功者获得了成功，能力让他们得以崭露头角。

现实生活中，要让自己生活得好一些，这并不是一件困难的事情，只要勤奋一点，努力一些，就可以达到这个目标。但如果你要出人头地，成为成功人士，那你必须要具备一样东西——能力。

曾经有一位著名企业家对于成功者是这样理解的——能够在最短的时间里抓住机会的人；绝对不会被事物表象迷惑的人；能够以一晓百、一点就通的人；能立足于现在而对未来有清醒认识的人。很显然，所有这些都显示出成功者是具备突出能力的人。如果对这位企业家的成功者理论进行分析，帮助人获得成功的能力则可以总结概括为以下四种——敏锐、洞察力、逆向思维、前瞻性。

敏锐在这四种能力之中是最重要的一项能力，它决定了一个人对事物变化的反应是否足够迅速。这种反应能力十分有助于人在紧急情况下随机应变，做到临危不乱。

洞察力则反映了人对于事物的认识深度，这种能力可以帮助人对事物做出准确的判断，洞察力与判断结果的正确与否直接相关。

逆向思维可以解释为两个方面的内容，一方面的内容是更换思路，特指对待事物时的思维方式，如发散思维，从结论反推起因。这方面的能力可以帮助人扩展思路，更换思考问题的角度，这对于处理实际问题有着莫大的帮助。另一方面是换位思考，用一句中国的古语来说，就是推己及人。

前瞻性代表人的远景规划能力，这种能力在某种程度上反映了一个人的志向和目标。

这几种能力在实际生活中对人的成败起着非常重要的影响作用。敏锐帮助人随时保持冷静和警醒，从而达到“眼观六路，耳听八方”的状态，几乎所有的成功者在他的奋斗过程中都处于这种警觉状态中。当他遭遇到新生的事物或突发的事件时，他便利用他那洞若观火的观察能力来对事物进行迅速的分析，将其有利的因素转为己用，避免其产生不利影响。

当他在分析的过程中遇到用常理难以解释的艰深问题时，逆向思维就帮了他的大忙，他可以运用这种灵活的思维方式进行举一反三式的思考，也可以从结果进行步步为营的严密推理，而无论哪种手段，都会帮助他正确地理解问题。与此同时，其特有的前瞻性堪称一个伟大成功者的必备法宝，其高瞻远瞩的事业观，是其运用高屋建瓴的手段的先决条件。

具有优秀能力的人能够将这几项能力综合于一身，并能将其灵活运用。成功对于这样的人来说，永远都不是难事，能力就是他们成功的法宝。

心相约：充分相信自己，挖掘自身潜能

我们可以从心理学角度来分析能力与成功的关系。你要想取得成功，就要从自己的内心深处认识到，你自己是个具有巨大潜能的人，只要你相信自己，努力把自己的潜能挖掘出来，这些潜能立即就会变成可以让你成功的能力。

一个人能力的大小直接影响着其在社会中的影响力。

有人可能会对此有所疑问：在现实生活中，有许多人一生无所作为，难道都是因为他们不具备成功者的能力吗？这个问题很好。其实，每个人都有巨大的能力，只不过有些人没有把这种能力表现出来，我们把这种未表现的能力称为潜能。人的潜能如同浩瀚海洋中的宝藏，这些宝藏存在于每个人的身体里，但是出于某些内在或外在的原因，这片海洋中的宝藏并没有得到有效的开采，每个人的潜能就这样静静地潜伏着，得不到淋漓尽致的发挥。

大量科学研究的成果已经证明——每个人的身上都蕴含着大量未被开发的潜能。日本早稻田大学医学院脑科的研究结果显示，普通人只开发了他所蕴涵的所有能力的10%。在研究中，科学家发现，人的潜在能力大得惊人，而在我们平时的生活和工作中，普通人只发挥了极少部分的能力，以学习为例，一个人一生中如果能够发挥出大半的能力，就可以轻而易举地学会四十种语言，背诵整套的大不列颠百科全书，或练会至少十五种门类不同的乐器。

阿浩现在是上海一家大型会计师事务所的首席会计师，每年的收入可以达到六位数，在他宽敞明亮的办公室内，现代化的电器设备一应俱全。而在五年前，他还只是个蹲在格子间里的小会计，每天都要应付大量的财务报表，这可是个苦差事。他的薪水，每月也只有两千元，这些钱勉强可以维持他的基本生活。

一次，几家大公司同时要求事务所帮助审核他们的年度财务报表和票据，由于这几家公司的规模都超过了以往的客户，而且时间又十分紧迫，因此工作量相当繁重。

身居工作第一线的阿浩，自然是忙得不可开交。尽管是这样，仍然难以保证按期完成任务，而事务所的规矩是如果不能及时完成工作量，就请走人。眼看自己就要失去饭碗，在上海这个大城市，失去了固定的职业就意味着失去了生活的基本保障。为了保住自己的饭碗，阿浩开始加班加点地忙工作。在他看来，没有做不到，只有想不到，于是他每天拼了命地来工作，甚至下班后连家都不回，直接睡在公司里。

天道酬勤，就这样，随着对工作的熟悉，阿浩的工作效率提高很快，那些看似繁杂枯燥的表单也不再让人望而生畏，很快，他就完成了一大半的工作。在工作的收尾阶段，阿浩仍然像平常一样熬夜工作。一天夜里，事务所的投资人偶然间发现了他辛勤工作的场景，这位投资人很感动，毕竟如此负责肯干的员工已经不多了，于是他立即指示事务所的总经理，为阿浩加薪，并送他接受会计师联合会的培训。慢慢地，阿浩在事务所内的地位开始逐步提高，事务所里的首席会计师退休后，他坐上了这个位置。

阿浩的故事说明，一次工作或生活中的困难，实则是一次对自己的锻炼机会，而只有那些敢于正视困难的人，才会在这次机会中得以成长。

遗憾的是，很多时候，我们因为对自我估计不足，认识不到自己具有的潜力，当遭遇到意想不到的困难和挑战时，首先会产生自我畏惧的情绪，继而则会退缩，因此失去了许多超越自己，锻炼自己的宝贵机会，只能在原地踏步。

卡耐基先生曾经说过："在人的一生中，无论处于何种情形下，你都要不惜一切代价，走入一种能够激发你潜在能力的气氛中，融入可能激发你走上自我铸造、自我发达之路的环境里。因为只有这样，成功才会眷顾于你。"

因此，我们可以从人的心理学角度来分析能力与成功的关系。你要想取得成功，就要从自己的内心深处认识到，你自己是个具有巨大潜能的人，只要你相信自己，努力把自己的潜能挖掘出来，这些潜能立即就会变成可以让你成功的能力。

心相约：给自己不断“充电”

现在是一个信息爆炸的时代，知识的保鲜期越来越短，文凭的时效性也越来越短，面对市场的搏击，对每个人的知识要求也变得越来越苛刻。要想生存下去，就要学会“充电”，只有不断充电，才能提高在职场中的竞争力，才能在竞争中成为一位不败将军。

现代社会，科技发展突飞猛进，社会的发展要求人们必须不断更新自己的知识，不断提高自己的技能，只有这样才能跟上时代的步伐，这就要求我们必须不断给自己充电，只有这样，你才不会落伍。下面就是一个底薄成大器的典型：

肖军是一家杂志社的美术编辑，刚参加工作时，他们没有用电脑办公，所以肖军对电脑知识一无所知，但他渐渐发现手工制版很快都要变为电脑排版。于是，他就开始自学起来，并参加了电脑培训班。掌握了一定的基本知识后，肖军开始试着用电脑排版，他学得很快，很快就熟悉了，接着他又开始学习如何用电脑绘图。有一天，公司的确做出了他当初预想的决定，让老板感到意外的是肖军对这套东西并不陌生。于是只有专科学历的肖军，理所当然地成了杂志社不可或缺的人物。不久后领导就把他的职务提升了。

要知道，“抱着文凭过一生”的时代已经一去不复返了。如果你不勤奋学习、钻研以增加自身的“含金量”，最终还是会被淘汰，只有怀着一颗“战战兢兢，如履薄冰”的心，你才能不断进步。以下事例就说明了这一点。

有一家软件公司新来了两名大学生。一个叫小明，学数学的；一个叫小强，学计算机的。因为小强的专业很对口，所以他常常感觉自己很有优势，于是就很少继续学习了。除了工作，他把所有的精力都用在了玩上，要不就是打游戏，要不就是上网聊天，对于更深层次的软件开发研究，他丝毫没有涉猎，自己整天在轻松的氛围中度过。一段时间以后，他仍是个普通的程序员。而小明刚来到这家公司，虽然懂得少之又少，但他敢于从头学起，从认识键盘到安装制作软件，他一点一点地积累。为了弥补自己的不足，他常常早到晚走。简单的问题弄明白了，他又开始学习复杂的东西，渐渐地他成了一个行家，最终成了公司的软件分析师。一个是科班出身，却成绩平平，一个是行外人士，却担当了重任。可见我们应该不断地给自己充电，才能有所成就。

充电是为给自己以后的工作打个好基础。你在什么样的单位工作？你以后打算在什么样的单位工作？这对你要选择的充电方式和充电目标起着决定性作用。如果你还处于年轻积累工作经验的头两年，选择一些能迅速提高能力的充电班，如外语班、电脑班等，花费不多，见效快。如果你的目的是为了在某一行业长久性地发展，那还是选择有“名分”的充电方式比较好。比如读研究生、MBA 等。你如果由于缺乏专业背景和正规培训，在工作当中没有自信，那就应该选择一个与职业相关的专业，赶紧补补课，尽快提升自己的能力，使自己在职场中更有竞争力。

现代科技正在飞速发展，知识更新换代的速度非常快，社会中的脑力工作者原有的学历层次、知识水平已无法适应新的形势需要，只有不断地“充电”才能适应这个社会的要求。

不仅个人如此，一个企业更应该这样。只有不断地对企业员工进行“充电”，才能使企业持续发展。

假如把正在前进的你比喻成一辆疾速行进的电瓶车，那能力、才智与知识则是电瓶中的蓄电量。这个时候，职场中大大小小的坎坷也足以让你清醒地认识到随时充电的重要性了。

Ashley 在一家法国公司上海分公司做财务部副经理，她的表现让老总很满意，因此，在行政部经理离职后她兼管行政。但 Ashley 早就瞄准了尚在空缺的“财务经理”一职。没过多长时间，老总决定到招聘会招一名“财务经理”，Ashley 的职位并没有变动。老总说，希望她再提高一下法语水平，虽然在上海公司不必用法语，但作为财务经理需要经常和总部沟通，经常用翻译毕竟是不方便的；另外她的行文书写能力也还需培训。Ashley 意识到，原来以为只须提高财务管理能力的想法确实有些片面了，没有当上财务经理只能怪自己。

所以，为了让自己在公司中晋升得更顺利，我们必须清楚自己的弱势所在，列出大概的学习日程：比如学开车、学专业知识以及对其他知识的了解、知道最新科技的内容等，都需要一个合理的学习计划。是专门利用八小时以外的时间，还是上班时就能向其他同事学习讨教，或是专门抽出时间进行突击培训，这些都需要考虑。

现代社会的人们，在这种近于残酷的就业竞争压力之下，职场中人相当多的已经意识到了参加培训、给自己不断充电的重要性。曾在一家IT公司工作的吴先生说，他大学刚毕业就开始在这家公司工作，已经有四年的工作经验了，但是在这次公司业务调整中他却靠边等待分配了。虽然他并不认为他的技术已经过时，但是，他认为致命的原因是技术单一。所以，他意识到自己应该去充电，让自己的技术变得更加完善，只有这样才能很快适应公司的调整。他还说，现在知识更新非常快，如果自己追不上，一定会被淘汰的。

现在是一个信息爆炸的时代，知识的保鲜期越来越短，文凭的时效性也越来越短，面对市场的搏击，对每个人的知识要求也变得越来越苛刻。要想生存下去，就要学会“充电”，只有不断充电，才能提高在职场中的竞争力，才能在竞争中成为一位不败将军。

心相约：能力大小决定机会多少

一个想要找到金矿的人，就必须到蕴藏金矿的矿山去挖掘，在海滩上虽然容易挖掘，但永远找不到金矿。所以，不动脑子，工作懒散，则只能得到公司的解聘通知书；只有认真工作，不断提高工作能力，才可能得到上司的赏识，才会有加薪、升迁的机会。

要想长期拥有一份工作，就要认真地对待这项工作。工作是人生存的基础，遇到自己称心的工作，一定要学会珍惜，认真地对待工作。

如果一个人不能把本职工作做好，那他的信誉度就会降低，这样即使再找别的工作，也会让人对他的态度产生怀疑。如果一个人能把自己的本职工作做好，那么一些更好、更大的工作就会向你招手，你也就更有信誉和业绩，这就是所谓良性发展！

“认真”体现了一个人的职业道德，同样它也反映了一个人做人的态度。所以一些企业在招聘员工时，常常优先录用一些具备“认真”精神的人。

小张是一位毕业于化工大学的女生。毕业后，在一家橡胶公司试用6个月，因为缺乏实践经验，所以她感到很吃力，于是就经常向一些老员工请教，老员工却经常借工作忙不愿给她讲解，她很无奈。后来遇上公司改革，因业务不精被公司通知三天之内离职。还剩下三天的时间，按一般人的想法，应该马上准备一下，待公司结清工资走人。但她决定在这最后的三天里把工作认真地做完。最后一天的下午，她仍一丝不苟，像往常一样，把工作台擦得一尘不染，把烧杯和试管摆放得整整齐齐。经理看到她对待工作竟然这样认真，不禁大为感动。第二天她便接到公司通知，公司安排她到质检部报到。后来经理在一次大会上对员工们讲：“留她是因为她认真！马上就要离开却仍能认真地对待工作，这样的员工是非常难得的。”

工作没有贵贱之分，但人对于工作的态度却有好坏之别。一个人如果能认真地对待自己的工作，那么他就很容易把事情做好。人对待工作的态度不同，工作的效果也就大不一样。而一个人的工作态度，又与他本人的性情、修养、才能有着密切的关系。所以，看到一个人的工作态度，从某种程度上来说，也就了解了这个人。

如果一个人抱着消极的态度对待自己的工作，那么在工作中他也会感到艰辛、烦闷，工作往往也不会做好。现代的人们对待工作有一个错误的观念，那就是不把工作看成是创造一番事业，不去利用它去发展自己的人格，而是只把它当作衣食住行的供给者，认为工作就是对生活的付出，他们因此显得无可奈何、显得疲惫不堪。

如果不用一个良好的心态去工作，就常常会给自己带来负面的东西。当我们到了晚年，想到一些东西本来能够做好，却没能认真去做，那时我们是多么遗憾啊。现在有许多年轻人用自己的天赋来创造美好的事物，为社会做出了贡献，这些人才是我们学习的榜样。

小刘在一家民企做销售的工作，在公司工作他很有热情，所以公司的同事都很赏识他，但一段时间后，他对自己的工作感到很厌烦。

因为对公司经营的产品根本毫无感觉，所以他不知道怎样宣传产品的品质，不知道产品的卖点是什么，因此他只能跟在大家后面摸着石头过河。过了很长一段时间，他的成绩仍然不尽人意。这时他不去反省自己，却认为公司的产品一定有问题。

在一次公司召开的产品质量优化讨论会上，他大谈公司产品的劣势，并表示对产品的市场发展前景感到担忧。这让许多人不理解，因为事实印证公司推销的产品在市场是很受欢迎的。小刘的话也让公司的许多领导大为反感。会后，部门主管找他谈话，一方面表扬了他的工作精神，另一方面又对他提出了许多意见，其中一点主管让他千万要记住，那就是推销产品首先要喜欢这种产品，如果对自己的产品都不喜欢了，那就难免在推销时找不着方向。

对主管的话，小刘仍不以为然，后来很长一段时间，他的业务能力仍然没有长进。最后经过公司的讨论，他被公司解雇。

一个想要找到金矿的人，就必须到蕴藏金矿的矿山去挖掘，在海滩上虽然容易挖掘，但永远找不到金矿。所以，不动脑子，工作懒散，则只能得到公司的解聘通知书；只有认真工作，不断提高工作能力，才可能得到上司的赏识，才会有加薪、升迁的机会。

每个老板都希望拥有优秀的员工，希望这些优秀员工给自己的企业带来更大的发展。所以作为员工的我们，一定要认真地工作，安安分分地做好每一天的工作，只有这样才能创造自己的一片天地，才能过上那种自己想要的生活。

心相约：努力提高自己的综合素质

职业生涯的可持续发展要求我们必须有良好的综合素质。综合素质主要包括五大要素：人品、能力、知识、经验和业绩。任何一方面有问题，都不利于我们在职场上生存，所以只有提高自身的综合素质，才有可能在竞争激烈的条件下永远立于不败之地。

在现代社会，一个人如果仅有大量知识，其他方面都跟不上去，那么也很难立足，因为社会往往需要具有综合素质的人。

这些年，我们常常看到这样一种现象，就是某些人因为知识过于单一，失去了一些很好的机会，这是社会发展的需要，所以我们每一个人都应该提高自己的综合素质。

现代竞争力或实力不仅仅是专业能力，而是综合实力。综合素质的表现就是综合实力。只有综合素质高，才会竞争实力强。

有时候我们在做一些事情的时候，往往是“抓大放小”，眼睛总是看着那些大的方面，而对一些细枝末节的事，很容易忽略。这正是因为一些细微的地方没有做到位，从而使个人的综合素质也降低了。

现在职场上考查一个人，人们往往首先会看他的受教育程度，工作职位的高低。如果他毕业于名牌大学，或者有很好的教育背景，如果他拥有显赫的社会地位，拥有许许多多的财富，那么，人们就会觉得他的素质相对来说也会高一点。反之，如果一个人工作状况很糟糕，生活的环境不好，不讲究穿戴，说话语无伦次，那么，人们就会认为这个人不怎么样，素质低。所以，学历和外表也是素质的一个方面。

职业生涯的可持续发展要求我们必须有良好的综合素质。综合素质主要包括五大要素：人品、能力、知识、业验和实绩。任何一方面有问题，都不利于我们在职场上生存，所以只有提高自身的综合素质，才有可能在竞争激烈的条件下永远立于不败之地。

近几年来，企业在用人方面。已经与以前大不相同，他们不再单单追求一些高学历的人才，而是更注重适用和实惠，所以对求职者的综合素质更看重了。

高学历是受教育程度的证明，但是它并不代表综合素质。五大要素中的人品主要指人的道德；知识主要指专业水平；能力除专业能力外，还指其他方面的一些表现，比如在校期间做过学生干部的经历；经验主要指有没有企业实习的经历，有没有参加过社会活动；业绩主要看一些有实际价值的研究成果。

对一个企业而言，素质是综合的反映，它不但表现在井然有序的工作、赏心悦目的环境、科学有效的管理、团结有力的团队上，更表现在员工的一言一行上。

如果你有较高的综合素质，公司就会给你很多发展的机会。一切看工作、看表现、看实绩。谁能在竞争中脱颖而出，谁就能得到提拔和重用。

李小姐在一家规模很大的贸易公司做项目部助理。工作积极，人际关系搞得也很好，深得公司领导的信任，于是很快她就被提升为总经理助理。在提升后，她工作更加努力，不断学习新的知识，并认真总结工作经验，这样她的综合素质不断得到提高，后来，公司一位人事主管突然离职，李小姐顺利地补上了这个“缺”。做了人事主管后，她觉得新的工作必须要有相关的知识，于是又利用业余时间系统学习了人力资源的相关课程。她认为只有不断提高综合素质，才有可能获得晋升。所以她在自己的人生路上越走越好。

所以，在我们的工作中，我们要有不怕苦、认真完成工作的精神，这样我们才能不断地提高自己的综合素质。也只有这样，我们的事业才能步步攀高。

九

每天学点心理学——事业篇

心相约：梦想成就未来

心理学家认为，人们的各项活动都是在动机的驱使下进行的，内部动机愈强烈，则人的外部行动愈坚决，成功的可能性愈大。大凡对人类有巨大贡献的人，他们的伟大成就，往往是从有梦开始的。

从小我们就有自己的梦想，随着岁月的流逝，是否还记得自己曾经的梦想，人生路漫漫，要经历许许多多的事情，能坚持并实现梦想真的很难。

我们每个人生活在世上，都为了实现梦想而活，有了梦想就有了希望，它是我们每个人人生的固执的伴侣；梦想，总会给人一种精神上的充实；因而梦想也是财富，我们因有梦想而富有。

有这样的一个故事：老师给同学们布置了一个作业，就是写一篇题目为《我的梦想》的作文，第二天，老师打开其中一个同学的作文本，上面写着："我的梦想是在有山有水的环境里建造一个属于自己的别墅，有漂亮的庭院，鲜花四季盛开……"老师不假思索就把这个同学叫了起来，告诉他把这个作文重写一遍，这个同学固执地说："老师，可是这真的是我的梦想。"老师看到他的表现很生气，他警告这个同学，如果再这样写下去，他的语文成绩可能不会及格。孩子流下了委屈的泪水，但是第二天孩子交上来的作文还是和原来一模一样。

转眼间 20 年过去了，有一天，一位两鬓斑白的老师带着他的学生到山上旅游，他们在一个青山绿水的地方，惊喜地发现了一所别墅，别墅的主人同时发现他们后，就邀请他们到自己家里做客，并热情地招待了他们，就在这时候，老师终于认出了这个别墅的主人就是自己当年批评过的男同学，他感慨万千，没想到当年小男孩写在作文本上的梦想，居然真的变成现实了，老师掩饰不住自己的激动，他说："你是我教过的学生中，唯一没有被我的分数改变了梦想的人。"

有梦想的人不一定就能获得成功，但成功的人总是因为有梦想才成功的；这就是梦想的魅力，它总是激励着我们去成功。

事实证明，一个人越能去坚持自己的梦想，那他离成功的距离就越近，反之，不能坚持自己梦想的人，他与成功的距离就越来越远。当今社会，诱惑太多，能坚持自己当初的梦想显得尤为可贵，要学会重新审视自己的心理。保持良好的心态，安心做一件事，这样才能终有所获。

心理学家认为，人们的各项活动都是在动机的驱使下进行的，内部动机愈强烈，则人的外部行动愈坚决，成功的可能性愈大。大凡对人类有巨大贡献的人，他们的伟大成就，往往是从有梦开始的。

在古希腊神话中，有这样一个故事：皮格马利翁是塞浦路斯国王，他很不喜欢人世间的女子，于是就利用善于雕刻的本领，为自己雕刻了一个自己心目中完美的象牙少女像，为了让这个雕刻的女子更富有神气，他夜以继日地工作着，把全部的精力、全部的热情、全部的爱恋都赋予了这座雕像。

他几乎把雕像当成了他的妻子，他抚爱她，装扮她，还为她起了一个名字，叫拉泰亚，当他向爱神乞求的时候，爱神阿佛洛狄忒终于被他的精神所打动，赐予了雕像生命，并让他们结为夫妻。“皮格马利翁效应”成为只要对艺术有执着的追求精神，便一定会发生艺术感应的代名词。

我们不能失去梦想，那么怎样才能让一个人不因外在因素而阻碍自己的梦想呢？因为只有让更多的人坚持了自己的梦想，多数人才有实现梦想的可能。

美国心理学家曾做过这样的实验：有一位老师，他发给每一位同学一块软糖，并告诉他们，老师出去一下，希望同学们等老师回来以后再吃，并说如果发现谁没有吃就再给谁一块，老师回来后，发现有的孩子把糖吃了，有的没吃。等同学们都到了成家立业的时候，心理专家对那些人进行跟踪调查，结果发现，那些按老师所说，没吃软糖的同学，都取得了很大的成就；那些没有按老师所说，吃了软糖的同学，几乎没有取得多大成就的。

同理，我们无论做什么事情，都要想到不要为眼前利益所动，能够推迟享受，坚持把最重要的事做好，并能忍得住寂寞，坚持自己梦想的人，肯定会得到更大的回报。

心相约：制定一个合理的奋斗目标

很多人都知道目标对一个人的重要性，但成功的人还是很少，这说明一些计划根本没有落实到行动上，想成功的人就从此刻赶紧重新制定一个属于自己的目标，并按着计划一步步走下去，这样就能让希望及梦想实现。

目标对一个人的成功起着至关重要的作用。有人曾形象地描绘了这个世界上的人，他说这个世界上只有四种人：第一种人让事情发生；第二种人看着事情发生；第三种人想知道发生了什么事；第四种人根本不知道发生了什么事。

如果你是有目标的人，你就是第一种人，你就能按照自己的目标，让事情发生！

其实在现实生活中，给自己制定目标的人并不多。从心理学的角度来说，是因为我们缺乏享受充实生活的欲望。局限性的思维阻碍了我们进步。有一个这样的故事，有一个渔夫，他每次捉到鱼都要看一下鱼的大小，如果是大鱼他就又把它放回河里了，如果是小鱼，他就留下。有人问他为什么要这么做呢，渔夫回答："因为我家只有一只小平底锅。"大概大部分人之所以在生活中不能成功，就是因为他们只带着一只小平底锅吧。

很多人都拥有才能，而且比实际用到的多得多，而成功与否，关键不在于拥有多少才能，而在于是否有自己的目标。

在这个世界上，仅有3%的人在一生里有明确而具体的目标；10%的人有自己大致的目标，但不太明确；50%的人曾经想到过目标；而剩下的37%的人，则是根本没有任何目标地生活着。

一个人不知道往哪里走，那他又怎么抵达自己的目的地呢。所以说人的目标必须明确，要时刻提醒在一定的时间内去实现目标。

某个大学曾经对学生作过一个调查，他们发现有3%的同学在还没有毕业时就有了自己的人生目标。20 年以后经过跟踪调查发现，这 3% 的同学比其他 97% 的同学更富有，更成功。这 3% 的同学之所以更优秀，就是因为他们有明确的事情要做，并能列出将要克服的障碍。他们就是那些“让事情发生”的人。

人不但要有目标，而且制定的目标一定要切合实际。这样才能激起进取的欲望。

有一对父母，他们为了能让孩子有一个良好的基础，带着他到处去学艺。因为家长望子成龙，所以孩子也背负了巨大的压力，每当周末来临，各科老师就会轮番给他上课，结果他的厌学情绪也越来越严重。他开始学会做作业偷工减料，上课时也走神精力不集中。

父母认为再这样下去，肯定会更糟糕，于是就去请教一位心理学家，心理学家听了他们的讲述，说道:“目标不要太高，让孩子跳一跳，够得到。”

这对父母恍然大悟，从此以后他们经常和孩子促膝而谈，不再去给孩子太大的压力，孩子的学习成绩也开始不断提高，而且自觉性也提高了，与父母谈的话也多了起来。“目标不要太高”也许它能改变一个孩子的命运，改变一个家庭的命运。

我们的人生也是如此，不要把目标定得太高，要符合实际情况，如果野心太大，我们会很快因目标无法达成而感到沮丧。美国作家威廉福克纳说:“不要总是和同事去进行竞争，你应该在乎你要比现在的你强。”当然，我们崇尚远大的人生目标，也敬佩有远大目标的人，但是我们在确定目标时应该更理智。不要因为唱歌很风光，就想做歌唱家；不要因为羡慕航天英雄，就立志做航天人；不要因为看到体育健儿的荣誉，就发誓成为体育健将；不要因为看到比尔·盖茨很富有，就梦想自己也要腰缠万贯……

目标并不是一成不变的，要注意随时调整目标，这样才能让目标更切合实际。

如果一个大目标看起来很难实现，可以把它分成一系列的小目标，这样就可以很明确地去一步一步实现大的目标了。这也是我们实现自己梦想的途径。

很多人都知道目标对一个人的重要性，但成功的人还是很少，这说明一些计划根本没有落实到行动上，想成功的人就从此刻赶紧重新制定一个属于自己的目标，并按着计划一步步走下去，这样就能让希望及梦想实现。

心理学家提醒人们，不要好高骛远。期望过高的不切实际的计划是有害的。

如果目标定得太高，力量不足，能力不够，就会导致挫败，从而丧失信心，这是我们所不愿意看到的。只要我们的人生是有价值的，有意义的，就是值得肯定的。我们做不了太阳，就做星辰，在自己的位置上发热发光；做不了大树，就做小草，以自己的绿色装点希望；做不成浩瀚的大海，就做一条清幽的小溪滋润禾苗；做不了伟人，就做实在的自我！

心相约：保持一颗坦然的心

在我们面对失败时，要及时调节自己的心态。通过心理暗示，明确自我的目标。有了明确的目标，会很容易获得心理上的爆发力，相信你会如同一个有着凹点的高尔夫球一样，飞向成功的目标。

心理学家曾做过这样一个实验：缝衣针穿线的时候，你越是集中精力，线越是不容易穿入针孔。在科学界，这种现象被称为“目的颤抖”。这是由于人在聚精会神做某事时，就会产生一种紧张心理，这种紧张心理导致人心跳加速，精力涣散，动作失调等一系列负面反应。这时候越是坦然去做，成功的几率也就越大。

1942 年，反法西斯的盟军在登陆诺曼底的时候，最高统帅艾森豪威尔将军却作了许多失败的准备：包括怎样向罗斯福总统汇报；怎样避免士兵们士气的低落……艾森豪威尔是多么希望登陆能够取得胜利，但是在登陆开始之前，他并没有把所有的“精力”都集中在胜利上，即使是失败，他也作好了心理准备。

当时他除了准备了一份登陆胜利后演讲的稿子，还准备了一份截然相反的讲稿，那其实是一篇“失败后”的讲演稿子：我很悲伤地宣布，我们登陆失败了，这都是我个人的失误，我愿意承担全部责任，并向所有人道歉。

我们个人也是一样，我们做事情不可能总是成功，所以我们也应该作好失败的准备，坦然面对，这样才能更加集中精力地去做好某些事。

创业同样是一个道理，虽然我们需要创业的自信和激情，但应该未雨绸缪，做到有备无患，这才是创业者的心理状态。

这是面对创业一种必要的、理智的、客观的思想储备。只有如此，你才能更有把握地去创业，从而做到“一时之胜不足喜，眼前之失亦从容”，直到最终获得真正的成功。德国心理学家霍尔曼在成功心理学中提出过非常著名的“凹点”心理。

由于这条心理学定律来源于高尔夫球运动，又被人称做“高尔夫”特征心理。

高尔夫球运动刚兴起的时候，当时高尔夫球上没有凹点，有一些人通过积累打球经验发现，一些旧的高尔夫球要比新的好用些，特别是有划痕的球，非常好用，于是一些善于打高尔夫球的人就特意在高尔夫球上弄出许多不美观的伤痕。

根据空气动力学原理可以得知，有伤痕的球比光滑的新球有着更优秀的飞行能力。于是科学家设计出了现在高尔夫球的模样。上面的凹点，让高尔夫球的平稳性和距离性比光滑的球更有优势。

在成功心理学中，霍尔曼指出：有阅历的心灵，有着更持久的战斗力，因此也更容易达到个体所制定的目标。

一个人经历越多，就提高了心理的承受力，那样他就更容易获得成功。就如同高尔夫球表面有凹点，更利于它的飞翔一样。

所以有时候并不要去惧怕失败，也不要总是埋怨命运的不公平，一次次心理的冲击，一次次命运的打击，带给人的并不都是伤痛，还留下“疤痕和凹点”。而这些经历了风雨的心灵，将较其他人更容易达到理想中的目标。

打击和伤心的建设性在于明白，在于为人生的下一站作准备，如果不吸取任何教训，只会让自己的痛苦白白承担，因为你的心还在老地方。

就如同高尔夫球的飞行，除了自身表面的凹点起到作用外，也离不开击球的瞬间。而要求这一瞬间的最主要因素是爆发力，爆发力越大，高尔夫球具有的能量也就越大，同理，我们经历挫折的心灵也需要一种爆发力。而这种爆发心理，往往取决于你的个人态度。越是态度明朗的人，越容易获得心理上的爆发力。

在我们面对失败时，要及时调节自己的心态。通过心理暗示，明确自我的目标。有了明确的目标，会很容易获得心理上的爆发力，相信你会如同一个有着凹点的高尔夫球一样，飞向成功的目标。

心相约：别让拖沓误了你

在我们的工作和生活中，有20%的人过着习惯性的拖沓生活，心理学家指出，实际上拖沓的人往往比其他人更为焦虑，因为他们清楚地知道，拖沓危及了自己的前途，搅乱了内心的平静，但他们仍然重蹈覆辙。

我们都有这种感觉，面对工作带来的困惑，越是拖沓就越感到一种折磨。而当我们勇敢地去面对它的时候，反而觉得工作并不像我们想象的那样困难。加拿大渥太华卡顿大学的心理学副教授蒂姆·彼齐尔博士找了100名有拖沓问题的公司职员进行研究，这些人在任务期限内并没有好好地进行他们的工作，而是在任务期最后一周才开始工作，所以他们常常有焦虑感和内疚感，到了最后一周，他们自我认为在压力之下会把工作做得更好，结果他们发现在压力下并不利于工作的进行。

把任务都拖到最后一刻来做的坏习惯，就是拖沓，这种坏习惯常常对人的事业和日常生活造成很大的危害。失去重要的机会，混乱的工作时间，压力、紧张、怨恨、内疚等等都会成为其后果。

拖沓的人总是有各种理由。他们简直就是天才的借口发明人，自欺欺人还自认无辜。“我被堵在路上了，我临走时接了一个电话”等等。

“和一个慢性拖沓的人说：‘快开始吧！’就相当于和一个抑郁症患者说：‘你必须马上高兴起来’那样。”美国芝加哥德保罗大学的心理学家乔·法拉利说，“这些人亟需的是一次行为治疗。”

拖沓作为研究对象，还是从上个世纪80年代开始的。不过心理学家最早的发现就足以让人重视：慢性拖沓，也就是习惯性拖延做一件必需的事，并不是一个坏习惯。慢性拖沓和缺乏合理安排时间的能力也没什么关系，它其实是一种严重的工作干扰。

但是还有两种类型的拖沓问题不容小觑，那就是刺激型拖沓和逃避型拖沓。

刺激型拖沓：这种类型的拖沓者声称，他们直到最后时刻才会有创造力。他们甚至很享受最后期限前后那种匆匆忙忙的感觉。他们信誓旦旦，不到最后就没有想法。这些人似乎都自我暗示，不相信提前准备好的工作质量会更高。他们在大量积压的工作之下才能获得快感。

逃避型拖沓是不仅在不讨他们喜欢的事情前磨磨蹭蹭，而且还不愿意在小事上花工夫。他们更愿意别人认为他们缺少的是努力，而不是能力。可是当他们的能力也不够的时候，他们就说自己没有足够的时间。

在我们的工作和生活中，有 20% 的人过着习惯性的拖沓生活，心理学家指出，实际上拖沓的人往往比其他人更为焦虑，因为他们清楚地知道，拖沓危及了自己的前途，搅乱了内心的平静，但他们仍然重蹈覆辙。

小蕾是一名编辑部主任，她的工作自然是快节奏的、忙碌的。然而，她发现，如果有五天时间来看稿子，前四天她一定会毫无状态。只有到第五天，交稿时间逼近，她才连开夜车，秉烛夜读。总在最后一秒钟，她才搞定所有的事情，让悬着的心放下。

如果你认为小蕾工作得法、有张有弛，那么你就错了，其实，在无所事事的前四天里，她一直备受煎熬——每天她都告诉自己：该行动了，时间不多了！可她就是无法进入工作状态，总是沉溺于网络的八卦新闻中。等到下班，她又不断地谴责自己：又浪费了一天，真是无可救药！

习惯拖沓的人不会有计划、有效率地完成任务，这样对他们事业的进取心而言也是一种打击。

他们误以为把事情往后拖一拖能让自己很轻松。只是明日复明日，明日何其多，虽然他们认为自己在压力之下的工作表现会更好，但是心理学家指出："在压力下，他们的表现实在欠佳。"最后一分钟赶出来的活儿往往不让人满意。

《现在就干》的作者尼尔·弗瓦尔博士还分析"人们拖沓的主要原因是恐惧"。拖沓者害怕失败，因为他们没有相应的天赋或者技能，所以，宁愿被别人认为是没有下足够的气力，而不愿意被人认为是没有足够的能力。他们不愿意坦白自己根本不知道如何驾驭工作的现实，时间紧迫就成为一个借口，但是这对于工作中的进取来说就犯了大忌，想要取胜的人不会拖沓，他们会尽最大的努力按时完成工作！

心相约：有“舍”才能有“得”

人生路上也有许许多多的选择，有时候放弃，也许是最明智的选择，要知道想要得到自己真正想要的东西，就要有“失去”的勇气，你的智慧也在这种选择中得到体现，不要让一些留恋羁绊了你前进的步伐，“忍痛割爱”会让你的收获更大。

现代社会给我们描绘了一幅幅富丽堂皇的财富画卷，一个个传奇的成功故事，更令我们激情澎湃。于是，在众多的致命诱惑面前，太多的人忘却了理性的分析和选择，忘却了放弃，而任凭拥有和欲望的野马在陷阱密布的商界里纵横驰骋。也许此时，“放弃”是一种战略智慧。学会了放弃，你也就学会了争取。

懂得“舍得”是人生的大智慧，有时放弃比争取更有意义，这就是著名的“卡贝定律”。在热带丛林，猴子为了能吃到坚果，就中了人类给它设下的圈套，把爪子伸进了一个开个小口的木盒里，当它摸到了坚果想抽回爪子时，发现爪子已经抽不出来了。这种因小失大的现象在企业经营也经常见到。

精工舍是一家世界闻名的钟表企业，它的产品在世界各地都能找到，其销售量曾一度遥遥领先。在这个竞争激烈的社会里，能取得这样的成绩，原因在哪里呢，服部正次是精工舍的第三任总经理，他说他们的成功取决于他们的放弃战略。

二战结束后，日本遭到战争的重创，全国上下一片狼藉。精工舍也没有摆脱战争带来的负面影响，一直处于销量低迷的状态。这时候素有“钟表王国”之称的瑞士，却因为没有在二战中受到破坏，一下子占据了钟表行业的主要市场。精工舍的生存面临着巨大危机！

服部正次是一个敢于面对困难的人，他不屑于时局的不利，为企业制定了“不着急，不停步”的战略，他认为只有提高产品的质量，才能真正赶上甚至超过瑞士的钟表业。在他的带领下，10 年间精工舍取得了长足的进展，成绩可喜可贺，但落后于瑞士的事实却依然没有改变。

20 世纪 60 年代，瑞士的钟表业在世界上仍然是一枝独秀，不但销量大，而且行销世界 150 多个国家和地区，它的品牌劳力士和浪琴、欧米茄、天梭更是让各国达官贵人、富商巨贾垂涎，经过反思，精工舍感觉从质量上下功夫已经无法突破发展的瓶颈。

服部正次觉醒了，他认为应该放弃与瑞士表在质量上的对抗，改走一条新路，才能实现企业的进一步发展，他想到了对方的弱点，决定把公司工作的重点放在新产品的开发上，觉得只有这样企业的发展才有希望。

经过几年的努力，服部正次带领他的科研人员成功地研制出了一种新产品——石英电子表！石英表与机械表相比，它的最大优势就是走时准确。拿瑞士表中的佼佼者劳力士来说，它的误差是 100 秒左右，石英电子表的误差却不到 15 秒。1970 年，石英电子表投放市场以后，它的优势马上就显现出来，赢得许多人的青睐。20 世纪 70 年代后期，精工舍的手表销售量就跃居到了世界首位。

新的优势使精工舍的手表迅速占领了主要市场，1980 年，它收购了瑞士以制作高级钟表著称的“珍妮·拉萨尔”公司，开始向机械表王国发起了进攻。在很短的时间内，用名贵材料制成的高级“精工·拉萨尔”表赢得广泛认可，人们把它视为高质量、高品质的象征！

通过放弃战略，精工舍取得了巨大的成功。在风云变幻的商场，面对战略选择的诸多困境，选择放弃需要更大的勇气和胆识，需要非凡的毅力和智慧。

人生路上也有许许多多的选择，有时候放弃，也许是最明智的选择，要知道想要得到自己真正想要的东西，就要有“失去”的勇气，你的智慧也在这种选择中得到体现，不要让一些留恋羁绊了你前进的步伐，“忍痛割爱”会让你的收获更大。

有时候自己的选择难免会造成别人的误会，不要试图强作解释，这样会使你越陷越深，在许多时候，要保持沉默，勇于坚持自己的选择。

人都有一种被人理解的愿望，似乎做任何事别人认同了才能让我们心安理得，但这样做往往是让我们去为别人而活，以致最终失去自我。所以我们要明白一个道理：一个人不可能被所有人理解，也不可能永远被某一个人所理解，我们要做到的是要按我们内心深处的指令去行事，不要总是企图让每个人去理解我们的行为，因为每个人的心灵只有他自己能够读懂。

所以说只有找到自我，努力为自己而活才是人生的智慧，要懂得舍弃，懂得为长远的目标而去选择，这样我们才能做一个目光长远的人。

未来的世界属于不畏人言、不断创新的人。

在这里还要注意的一点是，我们切不可以处处按习惯办事，要知道世界上的事是瞬息万变的。在特定的环境条件下，你做对了一件事，并不意味着你永远都可以沿袭这一做法。“治世不一道，变国不法古”就是这个道理，所以我们要学会变通，只有这样才能赢得成功。

创新的品质不是一朝一夕就能养成的，要注意时时去训练敢于不断创新的心理品质，自信、适度冒险、求异、独立自主性、好奇都可以帮助我们具备创新的品质！

心相约：让自己一步步走向成功

成功永远属于那些抱有积极心态并付诸行动的人。挑战自己的消极想法、消灭自己的消极想法，这样才能避免让我们成为一个失败者。只有用最乐观的精神支配、控制自己的情绪，积极行动起来，才能一步一步走向成功！

美国社会心理学家弗里得曼做了一个有趣的实验：他吩咐助手去访问一些家庭主妇，请求被访问者答应将一个小招牌挂在窗户上，因为对被访问者的生活无妨碍，她们都答应了。过了半个月，实验者再次拜访这些人，要求将一个又大又不美观的招牌放在庭院内。这次，实验者还找了一些上次没有拜访的家庭主妇，也向她们提出了同样的要求。结果他们发现以前拜访过的家庭主妇中有 55% 的人同意他们的做法，而上次没有拜访过的家庭主妇中只有不到 17% 的人同意，前者比后者高 3 倍。后来人们把这种心理现象叫作“登门槛效应”。

还有人也做过一个相仿的实验，他们让两位大学生去拜访一些郊区的家庭主妇。任务是要求家庭主妇将一个小的标签贴在窗户上或在一个关于公益活动的请愿书上签名。在这个过程中家庭主妇的表现是非常配合，因为做到这些和她并没有什么大的厉害关系。

两周后，他们又让这两个大学生去拜访了一些家庭主妇，这些家庭主妇不但包括上次拜访过的，还有一些是没有拜访过的。这次任务是要求这些家庭主妇在家里竖立一个呼吁安全驾驶的大招牌。这个要求不是每个家庭主妇都能答应的。结果他们发现，那些第一次拜访过的家庭主妇，她们当中有 55%的人接受这项要求，而那些第一次没被访问的家庭主妇中只有 17%的人接受了该要求。

这个实验说明了人们的一个心理：人们都希望自己的形象在别人的眼里是保持

一致的，为了表现出助人、合作的态度，即便后来对方提出的要求有些过分，人们也愿意接受。

在现实生活中，人们也经常利用这种效应，比如精明的售货员为了让顾客能购买他们推荐的衣服，他们会很“慷慨”地让顾客把衣服试穿一下。然后把自己的热情都抖落出来，让顾客产生对他们的好感，最后，当他们再极力向顾客推荐时，许多顾客都会不好再拒绝。

我们要想成功，也应该懂得这个道理，不要指望什么事情都能一蹴而就，要时时保持一个乐观的心态，这样我们才能离成功越来越近。

美国和英国的两个心理学研究所曾联合对中学毕业照中的部分学生进行了长时间的跟踪调查。他们收集了许多初中和高中全班同学的毕业照，虽然每个毕业照上面的人数不同，但从每一张毕业照上都可以看到一个现象，那就是，一部分同学面带善意的微笑和自信的光芒，还有一部分同学面部表情忧郁。

研究人员通过长期的跟踪调查发现，从总体上看，毕业照中面部表情比较好的这部分人，其事业的成功率以及生活的幸福程度，都远远高于那些面部表情不好的人。这个现象怎么解释呢？其实那些总是充满自信的人，那些时时洋溢笑容的人，他们无意间不断用到“登门槛效应”，许多人更容易与他们接近，更容易与他们沟通，所以在人生的道路上他们自然就走得更顺畅一些。

相反，如果一个人从年轻的时候就选择了消极的心态，那么消极的心态就会一步一步地干扰其走向成功和幸福。所以说选择了不同的心态，就会对人的一生产生截然不同的影响。

根据心理学家的统计，每个人每天大约会产生五万个想法。如果心态积极，乐观，就能把这五万个想法转换成正面的能源和动力；如果心态消极，悲观、软弱，就会把这五万个想法变成负面的障碍和阻力。

最后，请大家读一个小故事：

一个小男孩，参加完学校的运动会，兴高采烈回到家里，他的父亲问：是不是拿了第一名啊。小男孩说，没有，是第二名。父亲好奇地问，那你还这么高兴？他眉飞色舞地回答：“哎呀，你不知道，那个第一名被我追得有多惨。”可见这个小男孩是多么乐观和自信，在这种心态下，他肯定能生活得很好。

在工作中，一些初出茅庐的年轻人，常常感觉自己被搁置在一个阴暗的角落里，他们因为不受部门重视而苦恼。因为受到无端批评、指责而感到自卑消沉。

这时候一定要有个信念，那就是成功永远属于那些抱有积极心态并敢于行动的人。挑战自己的消极想法，消灭自己的消极想法，这样才能避免让我们成为一个失败者。只有用最乐观的精神支配、控制自己的情绪，积极行动起来，才能一步一步走向成功!

心相约：把精力放在有价值的事情上

不值得做的，就一定不要做，把时间尽量多地用在选择的奋斗目标上，这样才能成功。要注意的是，“选择你所爱的，爱你所选择的”，才可能激发我们的奋斗毅力，也才可能有所作为！

在一定时期内，每个人的精力都是有限的，有限的精力只有用在做有价值的事情上，才有意义，所以一定不要把大量精力与时间消耗在一些不值得做的事情上。否则，你会发现该做的事一件都没有做，而自己却已疲惫不堪。

一些成功人士往往能够抓紧时间去做一些重要的事情，而对于一些不重要的事，他们常常会忽略或推迟去做。如果某件事非做不可，他们也会找出一个简便的做法，决不会浪费时间。还有一点就是，他们会找自己喜欢的事情去做。我有一个朋友，他的工作很好，收入也很高，但前一段时间他辞职了，原因就是他觉得那个工作让他提不起精神来，他总觉得自己在浪费时光。

某些工作过于忙碌，就会让人没有时间去思考问题，这样就会严重影响人的视野，从而使自己变得狭隘，所以在时间允许的情况下，还是应该广泛涉猎，多去向他人学习，这样才能有所成就，假如你过于专注于自己小小的领域，就不会知道其他领域对你目前从事的事有影响的信息和思想。所以工作之外的许多事情还是值得我们去做的。

在许多时候，我们要认清哪些事情是值得做的，哪些事情不值得做，要分清主次，这样我们才不至于过于盲目。自己认定的事情，就要坚持去做，千万不要受其他人或事过多的干扰，成功的秘诀就是抓住重要的目标不放。

在现代都市里，人们为了缓解经济压力，常常选择做一项或几项兼职工作，这渐渐成了一种都市新时尚。这样一来，让本来就很忙碌的都市人更加充满了紧张感，他们就整天诉说压力如何如何大，人的精力都是有限的，工作量大了，人与人的交往也频繁了，肯定是很累的。这是人正常的心理反应，当人体经过脑力激荡或剧烈运动，甚至焦虑不安后，就会有暂时性的疲劳感出现，不过经过一番适当的休息和调养，会在短时间内恢复。除此之外，在医学上一些疾病也会导致人出现疲倦感，这就很难通过休息来恢复。例如，癌症、自身免疫疾病、各种感染、内分泌疾病等。

如果一个人身兼数职，在努力扮演好各种角色时，就会忘记自己的需要，身体就会受到损害，倘若得不到缓解的机会，许多慢性疲劳症候就会在身上一一出现。

也许你会说造成这样的后果，一定是忙碌和劳累所致，有时候不可避免，但事实并不完全是这样。有一个心理学调查显示，人类精力的 60% 以上用于抵抗压力的侵蚀、完成责任以及对规章制度的遵循上。许多无效的人际交往浪费着我们的创造力，消耗我们的热情，剥夺我们的人生乐趣，机械地强占我们的时间和生命，这样一来生命的浓度就在不知不觉中降低了。

这就要求我们学会选择，找到我们值得做的事情，那么什么样的事情值得我们去耗费自己的精力和时间呢？这往往和我们的价值观密不可分，要找到符合自己价值观的事情，这样我们才会满怀热情去做。还有一点，就是考虑到我们的个性气质，如果某个工作符合自己个人气质，那就很容易做好。比如业务工作往往需要一个生性活泼的人去做，而管理档案往往需要一个偏内向的人去做。

有一次，比尔·盖茨像往常一样，吃完饭在自家的后花园里散步，突然发现地上有一张十万美元的支票，于是他就弯下腰，把这张支票捡了起来。管家看到了他的举动，好奇地问他："先生，我记得上次你也看到了这张支票，为什么当时没有捡，而现在才捡呢？"盖茨哈哈一笑说："上次没有捡是因为我正在上班，我弯腰和打电话的时间都不只赚十万美元，而这次可不同！吃完饭散步都有钱捡，值得啊！"

所以说，不值得做的，就一定不要做，把时间尽量多地用在选择的奋斗目标上，这样才能成功。要注意的是，"选择你所爱的，爱你所选择的"，才可能激发我们的奋斗毅力，也才可能有所作为！

心相约：细节决定人生成败

人的注意力受到很多细节的干扰，细节对于我们来说非常重要。所以每当我们要做一件事情时，一定要注意自己的一些细节行为。如果我们能不断地改善自己的每一个细节，那么我们的将来将会更加精彩！

美国心理学家詹巴斗曾经做过一个“偷车”实验，他将一辆轿车放在一个环境很好有许多上层人士出入的社区，结果好几天过去了，轿车仍然完好无损。而他将一个一模一样的轿车放到一个环境比较脏乱的贫民区，结果贫民区的车很快被偷走了；他将上层人士社区的那辆车的天窗玻璃打破，几个小时后，那辆车也被偷了。

在此实验基础上，美国政治学家威尔逊和犯罪学家凯林提出了有名的理论，那就是如果有人打坏了一栋建筑上的一块玻璃，又没有及时修好，别人就可能受到某些暗示性的纵容，去打碎更多的玻璃。

可见细节对人有很大的暗示效果，细节对事件的发生有着不容小视的重要作用。

而知道了这一点，我们就应该时时注重自己的细节。在生活中，马马虎虎的毛病随处可见，“差不多”先生比比皆是，好像、几乎、似乎、将近、大约、大体、大致、大概、应该、可能等等模糊不清的词语随处可以听到。运用这些词汇的人，做事也往往只停留在计划上。他们不去做一些实际的工作，把大量的时间耗费在富丽堂皇的构想上。

有位心理学家，他每每打电话，总是注意一个细节，那就是向对方说谢谢的时候，就加上一个90度的鞠躬。你会觉得奇怪，对方根本看不见，为什么还要这样做呢？其实事实并不像你想象的那样，人都有一种对音调变化的辩别力，当鞠躬时，对方也能从声调中感觉到你的动作，你的真诚。因此他会对你产生良好的印象。在谈话时露出点笑容，对方同样能够感受到。

一个做事不追求完美的人，是不可能成功的。而要做事完美，就必须注重细节。古人云“千里之堤，溃于蚁穴”，就是强调伟大的事业不要忽视微小的细节。在工作中，每一个细节，都能看出我们做人做事的态度。比如当电话铃声响起，如果能尽快地接过电话，就会让对方感到你这个人又敏捷又具有活力。听电话的时候，把电话内容记清楚，才能更好地传达。

说话当中许多细节也都是我们应该注意的。

大声讲话可以体现一个人自信，自己认为正确的东西就应大声讲出来，哪怕是在聊天，也不要忘记这一点。

如果领导命令自己去做事，在你做这件事之前，你在领导面前再提纲挈领地重复一遍，做事的效果将会更好。

在日常生活中，要学会尽量把数字精确到尾数。这样，上司也会因为你工作精明细致，对你产生良好的印象。同时，他也会更加信赖你。

一位研究心理学的朋友向他的领导申请一笔资金，他的领导是出了名的难说话。领导仔仔细细地看了申请报告。一个细节让领导很感兴趣，他问道：“为什么不申请10万元，偏偏要申请9.5万元？”朋友镇定地回答：“9.5万元就够了。”领导被这位部属能够计算出带尾数的数字的严谨态度所感动，立刻盖上了批准的印章。

美国心理学家研究显示，陌生人见面，只需30秒就会对对方产生初步印象，只需10分钟，就可认定自己喜不喜欢对方。而犀利睿智的女人通常只要5分钟，就能观察到男人的50个细节，并大致猜到眼前男人的品性。

这些，并不是因为心理学家有一双透视眼，而是因为他们具备观察细节的能力！心理学家布罗德本特和特瑞斯曼认为：外界的信息是大量的，而人的神经系统在加工外界传入的信息时是有限度的，不可能对所有的信息都进行加工。他们通过一系列双耳分听实验，证明了当我们感知到的各种信息进入神经系统时，首先要经过一个过滤机制，只有一小部分的信息可以通过这个机制，接受进一步的加工，而其他的信息就不能被加工了。布罗德本特将这种过滤机制比喻为一个狭长的瓶口，当人们往瓶内灌水时，一部分水通过瓶颈进入瓶内，而另一部分水由于瓶颈狭小，通道有限而被留在了外面。

这表明，人的注意力受到很多细节的干扰，细节对于我们来说非常重要。所以每当我们要做一件事情时，一定要注意自己的一些细节行为。如果我们能不断地改善自己的每一个细节，那么我们的将来会更加精彩！

心相约：竞争的最高境界——“双赢”

双赢强调的是双方的利益兼顾，即所谓的“赢者不全赢，输者不全输”。这是营销中经常用的一种理论。多数人所谓的双赢就是大家都有好处，至少不会变得更坏。“双赢”模式是中国传统文化中“和”的思想与西方市场竞争理念相结合的产物。

社会心理学家认为，竞争是每个人与生俱来的一种天性，每个人都希望自己比别人强，每个人都想在众多的人当中崭露头角。因此，人们在面临残酷的现实时总会选择竞争，拼个两败俱伤也在所不惜；有时即使发现对双方都有利益的事情，人们也不会坐下来，选择协商的办法去解决。当代社会，这种个人英雄主义的行为渐渐被人们所唾弃。人们往往更喜欢在和谐的前提下实现共赢。所以我们做任何事情，都应该学会与他人合作，学会协调关系，这样才能共同发展，从而达到真正的团队合作最高境界——双赢。

“双赢”的理论，有助于消除竞争过程中带来的负面作用，因此我们应该推崇。一个集体的成功需要合作，合作也为我们每一个人营造了一个发展的空间。著名的心理学家荣格有这样一个公式：“我 + 我们 = 完整的我”。绝对的我是不存在的，只有融入我们的“我”。

合作就需要双方都抱着良好的态度，如果充满敌意或竞争，就很难合作下去。

心理学上有这样一个经典的实验：让许多学生两两结合，成为一组，要求每个组的两个人，在不商量的情况下，分别写出一个钱数。如果他们两个人写的钱数加起来，等于 100 或者小于 100，那么，他们就能得到相应的钱数；如果两个人的数字之和大于 100，那么，他们两个人就要分别付给心理学家自己所写的钱数。

结果很遗憾，每个组所写的钱数之和都大于 100，他们总想着得到更多，却没料到自己要为自己的野心埋单。这个实验告诉我们，要想实现共同的目标，就必须考虑到对方，只有兼顾共同利益，才能实现共同发展，才能达到双赢。团队合作也是一样，只有将团队的共同远景与成员的个人目标结合起来，才能有益于每个成员，才能更利于实现团体目标。

双赢强调的是双方的利益兼顾，即所谓的“赢者不全赢，输者不全输”。这是营销中经常用的一种理论。多数人的所谓的双赢就是大家都有好处，至少不会变得更坏。“双赢”模式是中国传统文化中“和”的思想与西方市场竞争理念相结合的产物。

我们经常听到这样的话，那就是“竞争才能生存”。企业为了生存，甚至可以不择手段。后来又有人提出“和谐高于一切”，指出一味地竞争，不利于给双方带来双赢的局面。其实和谐与竞争的统一才是企业经营的最高境界。 市场经济是竞争经济也是协作经济，是社会化专业协作的大生产，因此在市场经济条件下的企业运作中，竞争与协作不可分割地联系在一起。

近年来，很多人提倡“合作竞争”，提出了“竞合”概念、“双赢”模式。就是说企业与企业之间不但要有竞争意识，还要有合作精神，只有这样才能共同创造价值，才能在现代经济条件下共同取得前所未有的赢利能力与市场竞争力。

在一个团队内部，为了实现一个共同的目标，也需要领导人对成员的个人差异进行分析，争取让每一个成员能够发挥他们最大的作用，这样既挖掘了团体的潜力，又让每个成员找到自己的价值。

在团队中，有些服务意识很强的人，他们往往会冲破各种规则的束缚，去实现自己的愿望。这样做就很容易失去与他人的沟通，最终失去团队的整体优势。卡耐基曾经说过：一个人的成功 15% 是靠专业知识，85% 是靠人际关系与处事能力。所以说，要想实现个人的成功，也必须要通过人与外部世界的联系才能达成。

成功，其实就是被承认，被他人、被社会所承认。在这个世界上，要想获得任何一种成功，就不可避免要与外界进行交流、沟通、推广。这也就是实现双赢的过程。

在团队中，有服务意识的人全身带着无穷的能量和热情，他们会自觉维护自己的服务能力发挥赖以依据的基本规则，如果规则妨碍他们达成期望，他们会设法影响规则，并全心全意地实现它。而且在实现双赢的道路上要注意与任何合作人都应该有效沟通。

心相约：精心守护好自己的事业

成功地创造了自己的事业以后，如何管理就成了最重要的问题，创业者没有三头六臂，事事关心，只能让自己感到无所适从。创业者的精力有限，过多的事务又让自己不堪重负。所以应该适当地分散一下权力，让员工积极参与到事务的管理当中去，这样才能更好地处理好面临的各种问题。

人们常说：创业难，守业更难。人们创业的过程往往是很艰难的，多少次摸爬滚打，历经风风雨雨，尝遍人间的酸甜苦辣，终于有所成就，有了自己的事业，积累了让人羡慕的家产，当美好的梦想变成了眼前的现实，那份洒脱和自豪是常人难以想象的。但很快烦恼也接踵而来，怎样让这美好的一切成为永久呢？守护好辛辛苦苦创下的事业就成了人们的愿望。

那么创业者该如何守护好自己的事业呢？

创下了大业，要拥有更大的发展变得更难了，这时人往往没有了以前创业时的豪迈激情，以前的激流勇进也变成了唯唯诺诺。经营好所拥有的事业，也不是简单的事情，风险无处不在，这无疑让守业者背上了一个沉重的包袱。逆水行舟，不进则退。他必须让自己经营的商业大机器继续运转。守业者积累了他成功的经验，而成功的模式，又禁锢了他本来活跃的思维，面对新的困境，他又常常裹足不前，因为他怕大刀阔斧地改变现在的运营方式会给他带来更大的损失。守业往往就是这么难。

市场经济是变幻莫测的，它要求每一个守业者能够顺应不断变化的世界。这样他才能得到更大的发展，那些墨守成规的人往往无法突破发展瓶颈，新的环境要求守业者在巨大的机遇面前要学会大胆，学会突破自己，否则只能被市场淘汰。在市场上，变化是唯一不变的规律。如果一个企业不能敏感地改变自己而顺应形势，企业的成功就不会维持太久。

也许你的事业正处于辉煌期，但要明白的是应该继续面对新的挑战和压力。这样才能使事业的大厦屹立不倒。人们常说“富不过三代”，切忌不要被眼前的成绩蒙蔽了双眼，要知道没有继续奋斗的精神，一味满足于现状，或只顾享受成功带来的物质需求，只会让自己不断地走下坡路，最终让艰难创业得到的成果付之东流。“守业难”，难就难在要时刻保持清醒的头脑和不懈奋斗的精神与干劲，要时刻看到不断变化的市场形势。

成功地创造了自己的事业以后，如何管理就成了最重要的问题，创业者没有三头六臂，事事关心，只能让自己感到无所适从。创业者的精力有限，过多的事务又让自己不堪重负。所以应该适当地分散一下权力，让员工积极参与到事务的管理当中去，这样才能更好地处理好面临的各种问题。

如果向员工授权，创业者就会减少很大的压力，员工也会产生很大的责任感和义务感，不失为一个良策。通常是上面传达，下面执行，许多任务就可以让有相关能力的员工解决了，这样工作也会更加细化，效率也会明显提高。有时候创业者要让员工参与制定决策，这就需“分权”了。“分权”是一把双刃剑，员工一旦掌握了一定的实际权力，就可能对企业的发展产生重大影响。在这方面，创业者一定要考虑周到。

那么什么样的事情需要创业者自己来做，什么样的事情可以让员工放手去做呢？这是每一位创业者都应该考虑的问题。一般来说，创业者需要掌管人事安排、审批销售计划、财务预算、生产计划等事关根本和全局的工作，因为这都是一些关乎公司发展的核心工作。对于客户拜访计划、员工的行动管理、加班申请等就可授权给中层管理人员负责。创业者不要太注重管理的一些细节，应该把更多的精力集中在战略性问题的决策上。拥有适当的权力的员工会有一种受重用的感觉，他们会更加积极地工作。

对于一个企业而言，一定的激励机制是必不可少的。创业者不能只考虑自己的利益，考虑更多的应该是员工或合伙人的利益。这样才能形成强大的凝聚力。要知道正是因为员工的忠诚、艰辛才换来企业的不断发展，给予他们相应的回报是应该的。也只有这样员工才能与企业同患难，共命运。如果企业是合伙建立或几个人共同创立的，就更应该注意分配上的公平。因为利益分配而出现的企业裂变，会给企业带来很大的伤害，甚至使企业一蹶不振。

制定一些激励机制时，“创业者”应该与员工进行良好的沟通，不要总是主观地去分析。要做到一视同仁，特例或特殊照顾只会打击员工们的积极性。当然，“老人老办法，新人新制度”也是创业者常常需要遵循的原则。如果“创业者”只制定了激励机制而没有严格执行，会让员工失去对企业的信任，所以企业一定要遵守自己的承诺。

激励机制是为企业的现在考虑，除此之外还要更多地为企业的前景考虑，这就需要创业者有深远的战略眼光。企业的未来规划是一个复杂的系统工程，只有为企业规划好未来的发展道路，才能为企业未来的发展奠定一个良好的、可靠的基础。许多创业者在“创业”成功后通过对管理的提升来促进企业的不断发展。

“富不过三代”的古训，曾应验在多少现代人身上啊！这似乎成了一种定律。但我们完全有办法不把这个循环再重复一遍——只要我们把守业当做创业来看。曾经看过一个短评，讲述的是荣毅仁家族富过三代的创业经历，他们的成功就是永远追求不断进取的结果。纯粹的守业者最终将会失败；而敢于创业的后来者则可能会把企业在原来的基础上推上一个又一个新高峰。

十

每天学点心理学——财富篇

心相约：致富需要有良好的心态

积极的思想能吸引财富，消极的思想将拒财富于千里之外。现在你可以从积极的思想出发，向前迈出你的第一步。有时你可能也会受到消极思想的影响，不过决不要轻易放弃努力，尤其当你距离到达目的地只不过一箭之遥时，你更不可停下来。

众所周知，犹太人是最会赚钱的。这不仅仅是因为他们的智商和经济头脑，更因为他们的性格与信念。犹太人是乐观的，在不断流浪迁徙，被人屠杀的那些濒临绝望的日子里，犹太人始终抱定一种生活和命运一定会好转的信念，假如不如此，也许现在走遍全世界也找不到一个犹太人了。

一直以来，在犹太民族中都流传着一则名为“飞马腾空”的古老故事。

古时候，有一个犹太人因惹怒了国王而被判死刑，这个犹太人向国王请求饶一命，他说：“只要给我一年时间，我就能使国王最心爱的马飞上天空。”

他说，假如一年过后，马儿仍然不能翱翔天空，那么他就愿意被处死刑而毫无怨言。国王答应了他的请求。

一个囚犯朋友对他说：“你这不是信口开河吗？马儿怎么能飞上天空呢？”

这个犹太人说：“在这一年之内，也许国王会死，也许我自己病死，说不定那匹马会先死。总之，在这一年，谁知道会发生什么事呢？所以只要有一年的时间，说不定马儿真能飞上天空！”

这个故事告诉我们：人生有许多变数，只要存有一线希望，就不要轻易放弃。在致富这个问题上，关键是你采取一个什么样的心态。对于渴望赚钱致富以改变自己贫穷命运的人而言，如何认识自己目前的“一无所有”，对其以后的发展至关重要。一般说来，持“反正我也是一贫如洗，再怎么努力奋斗也无济于事”态度的人，往往会一事无成，贫困终生；而抱“虽然我眼下一无所有，但我将努力去奋斗……”想法的人则将成为真正的胜者，走上正确的白手创业赚大钱的道路，有很多的“立体人”就是如此。

如果一个人丧失积极的进取心，那么必将阻碍其致富。

1929 年的一天，奥斯卡在美国中南部的俄克拉何马州首府俄克拉何马城的火车站上，等候搭乘火车往东边去。奥斯卡是麻省理工学院的毕业生。他在气温高达 40° C 以上的西部沙漠地区已经待了好几个月。他正在为一个东方的公司勘探石油，据说他已把旧式探矿杖、电流计、磁力计、示波器、电子管和其他仪器结合成为用以勘探石油的新式仪器。当奥斯卡得知他所在的公司因无力偿付债务而破产后，他沮丧极了，因为这意味着他失业了。于是，奥斯卡灰心丧气地踏上了归途。

由于奥斯卡必须在火车站等待几小时，他就在那儿架起他的探矿仪器来消磨时间。仪器上的读数表明车站地下蕴藏有石油。但心浮气躁的奥斯卡不相信这一切，他在盛怒中踢毁了那些仪器。“这里不可能有那么多石油！这里不可能有那么多石油！”他十分反感地反复叫着。奥斯卡由于失业的挫折，正处在消极思想的影响下。即使他一直寻找的机会就躺在他的脚下，但是由于消极思想的存在，他也不肯承认它。他对自己的财富创造力失去了信心。

那天，奥斯卡毁弃了他用于勘探石油的新式仪器。于是，他也就丢下了一个富饶的石油矿藏地。不久之后，人们就发现俄克拉何马城地下埋有石油，甚至可以毫不夸张地说，这座城就浮在石油上。

奥斯卡的事例证明了：积极的思想能吸引财富，而消极的思想只能排斥财富。

对自己充满信心是重要的成功致富的原则之一。检验你的信心如何，看看在你最需要它的时候，你是否应用了它。积极的思想能吸引财富，消极的思想将拒财富于千里之外。现在你可以从积极的思想出发，向前迈出你的第一步。有时你可能也会受到消极思想的影响，不过决不要轻易放弃努力，尤其当你距离到达目的地只不过一箭之遥时，你更不可停下来。

心相约：财商影响贫富，致富需要规划

恐惧和不安全感会让贫苦将你的潜意识吞噬掉。要想致富，你首先要把失败的恐惧抛之脑后。在“只要想赢就决不会让奖金被别人拿走的女子”的海伦妮·韩塞身上，你可以得到这样的印象：短暂的失败表象没有关系，继续上去，你就可能取得最后的成功。

为什么有的人会一生贫困？这其中很大的一个原因是与他们的“财商”有关系。首先，我们要弄清楚财商的概念。财商是指一个人认识金钱和驾驭金钱的能力。指一个人在财务方面的智力，是理财的智慧。它包括两方面的能力：一是正确认识金钱及金钱规律的能力；二是正确应用金钱及金钱规律的能力。

财商低的人会贫困，因为他们不会发现致富的途径，没有去利用自己的智慧开发自己的财商，他们或许会有发财的梦想，但那永远只是梦想而已。

我们来看这样一则有趣的故事。

两个穷人一道赶路，边走边聊。其中一个人说：“老兄，咱俩这么穷，要是能拾到一笔钱该多好啊。喂，你说，要真拾到钱，咱俩该怎么办？”另一个人说：“那还用说，咱俩一人一半啊。”

“不对，”第一个人说，“钱这东西，谁拾到就是谁的，凭什么我要分你一半呢？”

“嘿，咱俩一块出门赶路，拾到钱，你还要独吞不成？真是个守财奴，不够朋友。不够朋友的人就是衣冠禽兽。”另外一个越说越激动。

“你说什么？衣冠禽兽？你再说一遍。”

“说就说，我怕你呀，衣冠禽兽！”

话音未落，两人就扭打在了一块，你一拳我一脚，不可开交。

这时从对面走过来一个人，见状上前拉架。二人竟不肯住手，口中也叫骂个不

停。劝架的好不容易弄明原因，不禁哈哈大笑，说：“我还当真拾到钱了呢，还没拾到就打得鼻青脸肿呀！”

两人这才回过神来，打了半天，其实根本没拾到钱，耽误了赶路不说，还把衣服弄破了，两人鼻青脸肿都挂了彩，连他们自己也觉得好笑起来。

故事中的两个穷人明显财商都比较低。如果说财商低是致富的桎梏，那么还有一点就是，很多人之所以贫穷，还与他们不能用合理而适当的方式解决在致富途中遇到的问题有关。我们再来看一则故事。

汤姆是一位孤独的老人，无儿无女，又体弱多病。为了生活更方便，他决定搬到养老院去。当汤姆宣布出售他漂亮的住宅时，购买者闻讯蜂拥而至。住宅的底价是 9 万英镑，但由于很多人都想买下这套房子，于是很快就将它炒到 12 万英镑了，而且价钱还在不断升攀。这些人来找汤姆先生。希望能够得到漂亮的住宅的人们都认为这是一个很好的发财机会。老人深陷在沙发里，满目忧郁，是的，要不是身体不好，他是不会卖掉这栋陪他度过大半生的住宅的。他犹豫地拒绝了一个又一个人。

这时候，一个衣着朴素的青年来到老人跟前，弯下腰，低声说：“汤姆先生，我也好想买这栋住宅，可我只有 2 万英镑。”

“你不知道它底价就是 9 万英镑吗？况且现在它已升到 12 万英镑了。”老人淡淡地说道。

听完这些话，青年并不沮丧，他诚恳地说：“如果您把住宅卖给我，我保证会让您依旧生活在这里，和我一起喝茶，读报，散步，天天都快快乐乐的。相信我，我会用整颗心来关爱您！”

汤姆脸上露出了满足的笑容。他站起来，对大家说道：“朋友们，这栋住宅的新主人已经产生了。”老人拍着青年的肩膀，“就是这个小伙子！”

显而易见，故事中的青年就是一个高财商的人。虽然他只有 2 万英镑，按理说根本没资格与别人竞争，但他却用自己的真诚打动了老人。对于老人来说，青年的这几句真诚的话语就是一笔远远超过 12 万英镑的“财富”。青年之所以能成功，就是因为他选择了最恰当合理的方式，让老人从内心里接受了他。

青年不但是个高财商的人，更是一个高情商的人。他有着追求成功的强烈信念，这从他只有2万英镑却去竞争十几万英镑的房子这一点上就很容易看出来。许多人之所以想致富而无法致富，就是因为他们往往自我设限，怕这怕那，结果错过了很多机会，却什么也没得到。

许多追求财富者被一个问题给绊住了：要怎样才会知道哪一条是连接致富之路的小径？恐惧及不安全感是穷人的老调，他们对于作错决定这件事变得极度关切，深恐选错路径。而一个高财商者是一个有创造力的生命体，他们在能力的发挥上是毫不受限的。

著名的成功学大师拿破仑·希尔在《思考致富》一书中说道：大多数人之所以不能致富，就是因为他们不会持之以恒地想办法来克服在致富过程中的失败。假如你的第一个办法不能奏效，就再换一个；假如这个还是不行，就再换一个，直到你找到有效的办法为止。

大富豪迈克·塔德说道："我常常会破产，但从未贫困。"请记住，贫困或穷苦只是一种心理状态。

恐惧和不安全感会让贫苦将你的潜意识吞噬掉。要想致富，你首先要把失败的恐惧抛之脑后。在"只要想赢就决不会让奖金被别人拿走的女子"的海伦妮·韩塞身上，你可以得到这样的印象：短暂的失败表象没有关系，继续上去你就可能取得最后的成功。

现在，要考虑的第一件事并非是你要如何找到财富，而是要从何去着手得到财富。令人惊讶的是，许多人一辈子都不知道何去何从。大多数人最后便是遵循着别人的意思过一辈子。他们的父亲、母亲、丈夫、妻子替他们作了决定，你可是替别人的生活、计划、梦想在过日子？你可是依着你自己的抉择做事？除非你已经决定了你个人的成功目标，否则你终究会在一个并非你真正的生命终点落脚。因此我们找借口躲在自己的牢笼里，自己的舒适区里。大多数的人不会利用这时间来设定成功致富的目标。看电视似乎更简单一些，那儿没有贫穷的恐惧——只要扭开开关，盯住那个"箱子"……看着别人的财富！完成任何事情都应进行事前的规划，致富也是一样，不懂如何规划使大多数渴望致富的人似无头苍蝇撞来撞去，是造成大多数人不能致富成功的主要原因。

心相约：致富路上，后来者可以居上

后来者居上，也是客观事物发展的一个规律。它需要有不甘落后的志气，奋起直追的勇气，后来居上的豪气，不断实现赶超和跨越。最重要的是心态决定一切，机会总是留给有准备的人，让对手感受到你对他的重视。

对于成功者来说，他们不畏惧自己来得稍微晚了点儿，他们善于用“情绪吸尘器”清除掉自己的烦恼念头和悲观情绪，在不利环境中也设法发掘出积极因素来。他们在头脑里储存的是“来得正好、亲切、重要、喜欢、高兴、了不起”一类的词语。

相反，不想求改变，心里一直失望地认为“我的起步晚了，想赢不可能”的话，就难以扭转你所处的环境或条件。

黑暗的心情会在心底播下不良的种子，而这种不良的作用会反复地传达下去。因此，还是要尽量以明朗的心情来努力比较好。假设现在被厄运打垮，也应该抱着“过去已成过去，今后情况一定会变好”的心态。这种将心中由黑暗改变成光明的方法，会慢慢地改变周围的环境或条件。

所以我们应该抱着“环境或条件虽然不好，我也要做做看”的心情去奋斗。如此，就会在心底播下好的种子，并且由于这样的作用，环境或条件就会慢慢地变好。

一个人成功需要良好的心态，一个企业要成功同样需要团队上下的良好心态和努力。

你能想象一个企业，从原本处处都要依赖国外的技术，到有了自己过硬的技术，再到把自己的技术返销给国外吗？

一个原本依赖国外技术的企业，通过不断地创新发展，竟然让国外企业花了100多万元向自己买技术。

这一系列质的飞跃，实际上就是我国上海宝钢做到的。在宝钢建设初期，国内冶金技术水平和国际先进水平之间存在着很大的差距，所有的设备基本上都是从国外引进的，国产设备仅占12%。

在这样一种技术水平非常落后的情况下，想要创新是非常难的，宝钢集团已然意识到了创新的重要性，因此创新再难，也势在必行。

首先，宝钢集团成立了技术创新委员会，要将宝钢从体制上进行突破。

宝钢在评审重大科技奖项时增设“门槛”，规定申请一等奖的必须要拥有发明专利，科技人员在完成科研项目时，通过专利体现技术的创新性与先进性。

宝钢集团科技发展部一位高级主管这样说：

“技术创新里程累积制，即‘铁马制’，进一步激发了科技人员的创新积极性。宝钢技术中心专利受理数已达84项，占到了全公司的1／3。2005年，宝钢还首次评选了专利金奖和专利实施奖、专利创意奖，有力地推进了知识产权工作。”

在多年以前，宝钢在引进一台发电机组时，采用了法国阿尔斯通公司独创的技术。

但机组投产后，出现了不小的问题，给宝钢造成了非常严重的损失。尽管阿尔斯通公司多次努力改进，但都收效甚微。

自己没有相关的技术，从国外引进的技术又存在着严重的问题，该怎么办呢？在困境中，宝钢不但没有倒下，反而坚强地站起来，走在了时代的前头。

宝钢投入精兵强将开展技术攻关，负责攻关的两位高级工程师，在外方没有提供说明书的情况下，知难而上，终于取得了技术上的胜利。结果如何呢？阿尔斯通公司花费了100多万元人民币把宝钢的技术买了回去，将其移植到存在同样问题的国外同类机组中。

这一戏剧性的结果既出人意料，却又在情理之中。从一个只能买别人技术的企业，到一个把技术返销给他人的企业，这其间的飞跃，如果没有集团的创新力，是绝对无法实现的。

现在我们国内的很多企业往往是这样一种情况：自己没有技术，便去引进技术，当技术不适应时代的要求，被淘汰后，再去引进更新的技术。就这样，很多企业都陷入了一个引进、应用、淘汰、再引进的恶性循环中。

这些企业虽然看到了技术的不断变化，也跟着最先进的技术在变化，比那些连变化都看不到的企业要强很多，但它们却永远只能是跟在别人身后一路小跑。

就像我们上面所说的宝钢，在建设初期也是如此，但他们在消化、吸收的基础上，坚持走上了开放式创新的道路。

现在，宝钢的自主创新能力已大大提高。宝钢已成为世界500强企业行列中的一员。

核心竞争力靠引进是办不到的，自主知识产权必须靠自己去创造。宝钢的经验，是值得大家借鉴和参考的。

广州有一家地处僻静小街的个体服装商店，有两个门面，服装的品种不少，也能跟上潮流，价格也适中，可是这一切都不能使这家店的生意兴隆。原因很简单，广州的服装业同行太多，竞争太激烈，而这家服装店的地理位置先天不足，要使生意兴隆，非有特殊的促销方法不可！这家服装店的马老板挖空心思寻找妙计，终于想出了一条计策。

一天，几家报纸同时登出一则广告：佳丽服装店新进了一批超豪华男女服装，一经穿上，定能使你拥有贵族风度，每件价格3200元至5300元不等。

这就像一颗炸弹引爆一样，使高消费的广州人为之咋舌。为了一睹超豪华服装的风采，众多的广州人以及来广州旅游的外地人都纷纷慕名涌向佳丽服装店一饱眼福，僻静的小街顿时喧闹起来。

在马老板的精心布置下，小店已装潢得金碧辉煌。店堂的一边挂着超豪华服装，真丝手工绣花女式套装，男式毛料西服套服，款式新颖，做工精致，用料考究，确是高档服装。但不管如何高档也难值5300元呀！观者都露出怀疑的眼光。

5300元，对于收入颇丰的广州人来说也不是一笔小数目，于是超豪华服装只是成了展览品。而店铺的另一边，与超豪华服装对面的衣架上则挂满了仿制的超豪华服装，款式与对面挂着的3200元、5200元一套的服装一模一样，只是用料、做工逊色一些，但一眼看去也能以假乱真，而这种仿制品的价格只是真品的零头，每套200元至300元不等。

那些慕名前来参观超豪华服装的人都大饱眼福，之后都顺便在店堂内转了一圈，来者看了仿制品后，大都萌发了购买欲。与超豪华真品相比，这些仿制品实在太便宜了。带一套仿制品回去，也不枉走一趟，于是仿制超豪华服装很快脱销。最高纪录是女式仿超豪华套装，每天售出 2500 多套，男式西装每天也售出 2000 余套，名不见经传的小小服装店从此名震广州服装销售界。

积极的心态和自主的创新能够使后来者居上。

后来者居上，也是客观事物发展的一个规律。它需要有不甘落后的志气，奋起直追的勇气，后来居上的豪气，不断实现赶超和跨越。最重要的是心态决定一切，机会总是留给有准备的人，让对手感受到你对他的重视。

心相约：财路在绝望中产生

如果我们观察现实生活中的那些经商失败的人，会发现他们也会出现习得性无助的特征。事实上，当一个人发现无论他如何努力，无论他干什么，都以失败而告终时，他会觉得他控制不了整个局面，于是，他的精神支柱就会瓦解，斗志也丧失了，最终会放弃一切努力，并陷入绝望的心境之中。

1975 年，心理学家塞里格曼用狗做实验，生动地演示了绝望心境形成的过程。

塞里格曼把狗分为两组，一组为实验组，一组为对照组。

第一步：先把实验组的狗放进一个笼子里，这个笼子是狗无法逃脱的，里面还有电击装置。给狗施加电击，电击的强度能够引起狗的痛苦，但不会伤害狗的身体。实验者发现，实验组的狗在一开始被电击时，拼命挣扎，想逃脱这个笼子，但经过再三努力，仍然发觉无法逃脱后，挣扎的程度逐渐降低了。

第二步：随后，把实验组的狗放进另一个笼子，这个笼子由两部分构成，中间用隔板隔开，隔板的高度是狗可以轻易跳过去的。隔板的一边有电击，另一边没有电击。当把经过前面实验的狗放进这个笼子时，实验者发现它们除了在前半分钟惊恐一阵子之外，此后一直卧倒在地接受电击的痛苦，那么容易逃脱的环境，它们连试也不去试一下。

而把对照组中的狗，即那些没有经过前面第一个程序实验的狗直接放进后一个笼子里，却发现他们全部能逃脱电击之苦，轻而易举地从有电击的一边跳到安全的另一边。

这个实验所产生的现象，在心理学上称之为“习得性无助”。后来有很多学者采用其他动物进行重复实验，均得到了与上面相同的结果。

当然，我们不能用人来做这种残酷的实验，因为它对人造成的心理创伤也许是无法恢复的，这不符合心理学研究的伦理准则。

但是，如果我们观察现实生活中的那些经商失败的人，会发现他们也会出现习得性无助的特征。事实上，当一个人发现无论他如何努力，无论他干什么，都以失败而告终时，他会觉得他控制不了整个局面，于是，他的精神支柱就会瓦解，斗志也丧失了，最终会放弃一切努力，并陷入绝望的心境之中。

这个实验的结果在心理学界引起了相当大的影响。因为习得性无助而产生的绝望、抑郁、意志消沉，正是许多心理和行为问题产生的根源。

绝望让人痛苦，绝望让人茫然，绝望让人看不到希望，但是绝望又总能产生奇迹。

利普顿火腿加工厂的生意一直不好，可是产品不管是从肉质，还是从口感上来说都应该深受消费者欢迎，但是上市好长时间，反应一直很平淡。

厂长着急了："这该怎么办才好呢？"

他来来回回地在厂子里巡视，到底是哪儿出了问题了呢？

正想着，他走到了屠宰猪的场所，忽然灵机一动，想出了一个好主意。他请来一位善于画画的人，让他按照自己的要求画出了一幅引人注目的漫画。

这副漫画很特别，画上是一只肥硕的小猪，正在痛哭流涕，表情就像一个无辜的孩子，惟妙惟肖，它正对人们说：

"我成了可怜的孤儿，我的父母、兄弟、姐妹和所有的亲戚都被送到利普顿工厂加工成了火腿……"

漫画做成精美的印刷品，张贴在工厂门口，又分发到各个超市和食品店。

大批的顾客到了超市和食品店都要寻找这副风靡一时的漫画，"利普顿孤儿"渐渐深入人心。一个星期之后，这家火腿加工厂的生意越来越好。

当初美国伟克斯公司研制了一种有效治疗感冒的药物——"耐魁儿"，但它的缺点是容易让人产生昏昏欲睡之感。

这个缺点令行销人员深感头痛，于是有位行销员以逆向思考的方式，提出了一个好点子——他将"耐魁儿"昏昏欲睡的缺点当作优点大打广告，他强调"耐魁儿"是第一种适合在晚上睡前服用的感冒药品，它能有效克制因喉咙的不舒服，而造成病人整夜无法入眠的困扰，让病人可以安静地入睡。

此广告推出之后，很快使这个产品名声大噪，成为该公司最为成功的药品，在同类药品的市场上居领先的地位。

著名的通信公司摩托罗拉，它的创始人保罗·高尔文在做手机之前是做车载收音机起家的。

当时他们研制了车载收音机，正准备推向市场时，却面临了严峻的挑战：经历了美国历史上最严重的经济危机，而高尔文的父母也在此时相继去世。

这一系列的打击都把高尔文和他的公司逼到了绝境。如果不能把他发明的收音机推向市场，那么公司就将面临倒闭的危机。

可是正在高尔文准备推广收音机时，又产生了一个新的问题。

当高尔文带着这个苦心经营出来的成果去收音机制造商协会时，他居然没有一点钱在会场租到一个展位。眼见已经走到山穷水尽的地步了，难道就任凭自己苦心经营的公司就这样在绝境中倒下去吗？

当然不会！

这时，高尔文发挥他的创新力，想出了一个绝妙的办法：他将汽车停在会场外，把研制的样机安装在车内。这样一来，前来展会参观的人还没有进入场内，就可以在第一时间看到他的收音机。这比在场内租个展位取得的效果还要好。

高尔文这一成功的创意为公司带来了足够的订单，使他对车载收音机的未来满怀信心。

高尔文将他已颇有名气的收音机取名为摩托罗拉，第一代商用车载收音机就这样诞生了，他的公司也就这样起死回生了。

心相约：相信“没有什么不可能”

如果我们觉得什么都不可能，那么即使是机会来到我们面前，我们也不会伸出手去。在这个角度上来说，能否有正确的思维方式和科学的管理时间的办法就非常重要，决定着可能成功的事情是否真的能够成功。

美国哈佛大学心理学家威廉·詹姆士研究发现，一个没有受到激励的人，仅能发挥其能力的20%至30%，而当他受到激励时，其能力可以发挥至80%。

因而，即便是完善的个性，由于缺乏前进的动力，也很难实现创富的目标。创立“心理创富学”的希尔博士曾揭示出五个赚钱的自我激励的“黄金”步骤：

首先，你要在心理，确定你所希望拥有的财富数字。如果笼统地说“我需要很多、很多的钱”是没有用的，你必须确定你渴望得到的财富的具体数额。

然后，实实在在地想好，你愿意付出什么样的努力和多大的代价去换取你所需要的钱，世界上是没有不劳而获的。

其次，规定一个固定的日期，一定要在这个日期之前把你希望得到的钱赚到手，没有时间表，你的船永远不会“泊岸”。

再次，制订一个实现理想的可行性计划，并马上进行，你要习惯“行动”，不能够只沉溺于“空想”。

最后，将以上四点清楚地写下，不可以单靠记忆，一定要白纸黑字。不妨每天两次地大声朗诵写下的计划的内容。

这都是鼓励人们相信自己，相信没有什么不可能。有人说：“机会像小偷，来时无声无息，走后我们却损失惨重。好想找份兼职增加一点收入啊！”

如果我们觉得什么都不可能，那么即使是机会来到我们面前，我们也不会伸出手去。从这个角度上来说，能否有正确的思维方式和科学的管理时间的办法就非常重要，决定着可能成功的事情是否真的能够成功。

20 世纪初，爱因斯坦从别人最不怀疑的概念入手，发现了相对论。你如果说那是因为他这方面的知识渊博。那就错了，要知道，他发现相对论时年仅 20 多岁，只是一家专利机构的小专利员，而当时物理学界有着许多科学家，他们的知识都比爱因斯坦要丰富得多。

为什么偏偏是爱因斯坦这么一个小专利员发现了相对论呢？有人曾问过他这个问题，爱因斯坦是这么回答的：

“我本人并没有特殊的天才。有的只是持续的好奇心、专心致志和顽强的自信，以及将它们与自我批评相结合。”

由此看来，天才也并非天生之才，他们也要有不断创新的意识以及顽强的信念，也要通过各种方法将自己的智力潜能发挥到极限。

第二次世界大战末期，同盟军的最高决策层作出横渡英吉利海峡在法国登陆的决定后，从三个可供选择的登陆地点中选中了相对较为理想的诺曼底。

但是与此同时，也遇到了一个比较大的难题，在诺曼底没有大型码头，无法停靠大型运输舰。如果把运输舰停在海上，先用登陆艇进攻，那么重型武器就将无法上岸，登陆艇就容易被德军击退。

这就要求必须迅速兴建一个大型码头，可是这谈何容易。根据众人的一致经验，即使用最短的时间，也至少要一两年。此事迟迟没有进展，成了诺曼底登陆这一战略计划付诸实施的“瓶颈”。

后来美国的巴顿将军提出了一个令人匪夷所思，被视为异想天开的新设想：像用预制件建造房屋那样，用预制件来建造大型码头。到需用的时候，只要将准备好的预制件运到诺曼底，很快就能装配出几个大型码头来。

虽然人们囿于自己的实践经验，对这一大胆的创新设想一时都很难接受，但经过多次研究和实验，终于被证明这是一个可行的办法。

码头的主要构件是用混凝土建造的大船，由一些很重的首尾相连的“箱子”组成，当它沉入海底后，能够经受住任何风浪的冲击。

在发起进攻前，用潜艇将各种预制件运到登陆地点，先完成水下部分的建造，登陆时再完成水上部分。采用此办法，盟军在很短的时间内就建造成了十余英里长的大型码头，可供几十万人的机械化部队登陆使用。

万万没想到盟军会从诺曼底登陆的德国军队，在这次战役中被打得措手不及、晕头转向。

诺曼底登陆的成功，作为辉煌的战例被载入了世界军事史册。

而值得我们深思的是：作为这一创新构想的提出者，并不是其他人，而是巴顿将军。在我们的印象中，将军的主要智慧大都是在打仗的时候才能够体现出来，怎么还能提出这样一个带有创造发明性质的构想呢？

这一故事说明了这样一个道理：我们都有自己所看不到的创造性想法和创新潜能，只要你用心去挖掘，这份潜能就有可能被挖掘出来。

一提到天才、创造者，我们往往都会羡慕不已。可是你是否想过，自己也可以是一个天才的创造者。很久以来，我们只忙着对那些发明家、创造者顶礼膜拜，却似乎把自己也有创造的潜能这件事丢到九霄云外去了。

你应该相信："没有什么不可能。"——我们就是天才！我们也能像爱因斯坦一样创造，如果崇尚"没有什么不可能"，就能创造出人们想象不到的奇迹。

汽车大王亨利·福特，被誉为"把美国带到轮子上的人"。

一次，他想制造一种 V8 型的发动机。当他把这个想法跟工程师交流时，工程师们都认为这只能在图纸上设计，但绝对不可能在现实中制造出来。尽管工程师已经表示出了无能为力，但福特仍然坚持说：

"想办法制造出来。"

工程师们迫于无奈，很不情愿地开始了尝试。几个月后，他们给福特的回答是：

"我们无能为力了。"

可福特还是说：

"继续尝试！"

一年多过去了，依然毫无结果。所有的工程师都觉得无论如何都该放弃了，但福特仍然坚持"必须做出来"。就在这时，有一位工程师突发灵感，竟然找到了解决办法。福特终于制造出了"绝不可能"成功的 V8 型发动机。

为何工程师们认为"绝不可能"的问题，却在福特的"逼迫"之下最终解决了呢？

其中的关键就在于永不满足。把“不可能”的戒律放在一边，而只想我自己是否完全尽力，是否想尽了一切办法，穷尽了一切可能。

如果我们的心不满足现状，那么我们的头脑就能够保持快速高效的运转，千方百计解决一切“不可能”的问题。只有不满足，才有进取的动力，才会有改变现状的创新结果。

心相约：走在别人前面去淘金

我们必须超越自己，自觉地把自己放到创新的大环境中去比较，到创造的最前沿去淘金。这样，才能产生最理想的创新效益。

有人做过一个有趣的实验：把六只蜜蜂和同样多只苍蝇装进一个玻璃瓶中，然后将瓶子平放，让瓶底朝着窗户，会发生什么情况?

你会看到，蜜蜂不停地想在瓶底找到出口，一直到它们力竭倒毙或饿死；而苍蝇则会在不到两分钟之内，穿过另一端的瓶颈逃逸一空。事实上，蜜蜂正是由于对光亮的喜爱和坚持，才走上了灭亡之路。苍蝇则对光亮毫不留意，它们只顾逃命，四下乱飞，结果误打误撞地碰上了好运气，最终发现那个出口，并因此获得自由和新生。

从这个实验我们可以想到，企业生存的环境可能突然从正常状态变得不可预期、不可想象、不可理解，企业中的“蜜蜂”们随时会撞上无法理喻的”玻璃之墙”，怎么办?只有努力创新!创新才会有前途，墨守成规而不思改变，到最后一定会失败。

几乎每一天，都会有新的企业在我们身边成立，又几乎每一天，我们都可以见到某个企业倒闭的报道。每一个公司的领导者和员工都希望自己的企业产生日新月异的变化，持续健康地发展。为此他们也想尽了各种各样的办法，但有时却又收效甚微。

其实到创造前沿去“淘金”是最容易有成效的方式之一。因为在前沿地带，是无人涉足的地带，非但是完全空白的市场，更是未来的导向。

在创造的前沿地带，如果能够发现那些重要的但被别人忽略或研究不透的问题，并把解决它们作为突破口，往往能够收到事半功倍的效果。

从前，几乎所有人都认为只有硬件才能赚钱，比尔·盖茨是第一个看到软件前景的商人，而且”以软制硬”，把其软件系统应用到所有的行业或公司。

微软还是第一家提供股票选择权给所有员工作为报酬的公司。结果，创造了无数百万富翁甚至亿万富翁，也巩固了员工的忠诚度，减少了员工的流动。这一方法被别的企业竞相采用，取得了巨大的成功。

微软处处领先，靠的是什么，就是创新。要最大限度地发挥人的潜能，就不要受制于自缚手脚的想法。成功者相信梦想，也欣赏清新、简单但很有创意的好主意。

雅虎创始人杨致远领先一步走到了前沿，看到了搜索网站的门户作用，于是在 30 岁时个人资产就超过了 30 亿美元。

很多领导人都有机会带领企业成就一番事业。关键要看是否能到创造的前沿去淘金。

让我们一起来看一下杨致远的创业轨迹吧。

杨致远在美国斯坦福大学毕业后，留校与大卫·费罗合作，一起进行项目的研究，于是开始了两个人的博士课程。

杨致远和费罗的博士课程本来研究的是自动控制软件，不过不久后他们就发现这个方向已经被几个公司垄断了，发展的机会很小。而就在这时出现了第一个 web 网浏览器，而这使得他们的命运发生了改变。

有了浏览器，杨致远很快就意识到这才是主导潮流的方向，他决定到最前沿去淘属于自己的金子了。

两人每天要把数小时的时间花费在网上，分别将自己喜欢的信息链接在一起，上面有各种东西，如科研项目、网球比赛信息等，雅虎就从这里发展起来。

当时网上已存在一些同类搜索引擎，但同雅虎比较起来，这些索引搜索工具过于机械化。雅虎则建立在“手工”分类编辑信息的基础之上，相对而言更具智能性、更实用。

到 1994 年年底，雅虎很快就成为了业界领袖。

时至而今，雅虎的发展已经有目共睹。

当然，到前沿去淘金绝非一件易事，它需要我们付出相当大的努力，其中或许困难重重。

日本著名的科学家汤川秀树于 1949 年获得诺贝尔物理学奖日本有重视理论物理学的传统。从一开始汤川秀树就树立了远大的目标，他立志要在理论物理学，特别是量子理论方面一显身手。

当时，由于量子力学刚刚兴起，它的影响还未普遍地传播到日本，老师对新的量子力学也不了解，更没有开设这方面的讲座。

汤川秀树只有依靠自学，直接从原始论文中获取这门新兴学科的知识。

由于量子力学最早是在德国发源，当时根本没有相关的日文翻译著作。为了能更好地研究这门科学，汤川秀树决定自学德语。

汤川秀树通过不断的努力，终于取得了巨大的成功，他成为日本第一个拿到诺贝尔物理学奖的科学家。

之后，以汤川秀树为核心的日本物理学界成了国际上一支不可忽视的力量。他成了日本量子力学的领头羊。

汤川秀树不但为日本争得了荣誉，也激励了日本国民对科学的进取心。

如果每一个企业员工都能像这位科学家一样，不但有超前的眼光，更有在创造前沿拼搏的精神与毅力，那我们的企业又怎么能够不快速壮大呢？

改革开放后，我们一直强调加快发展的步伐，但有很多企业员工在工作岗位上，仅仅是自己跟自己比，没有把自己放到大环境中去比较，结果只能是自我麻醉，离创造的前沿很远。

这样一来，就永远只是在随波逐流中去淘金，其效果并不理想。

为此，我们必须超越自己，自觉地把自己放到创新的大环境中去比较，到创造的最前沿去淘金。这样，才能产生最理想的创新效益，也才能把我国发展成为创新型国家。

心相约：想赚钱必须把钱看轻

在心理学家看来，金钱所带来的竞争意识、雄心、荣誉感，甚至骄傲和适度的虚荣，都属于我们意识中更富有想象力的高级层次，这些感情把我们从感观世界唤醒，激励我们追求理想和社会目标。

在这个高度物质化的社会，人们都在追求着物质的丰富，为了提高生活水平，为了生活得更宽裕，想要一定的物质基础无可厚非，但人们追求物质的同时往往忘了积累物质的终极目标，心理学专家提醒人们，累积幸福才是理财的终极目标。许多人好像只为了财富而追求财富，，忽略了理财开始时的意义和目的，他们不停地奔忙着，换来的却是无法享受这种财富带来的快乐和幸福。

因为追求财富的目的变了，人往往活得很糟糕，想得到自由的人，发现有了钱以后，似乎更不自由了，想通过金钱得到别人尊重的人，发现有了钱以后，似乎别人看到的只是他的钱，他的人际关系搞得更加糟糕了，这是因为我们背离了理财的本意，所以才导致这个后果。

心理学家发现，人对财富的欲望总是无休止的，比如一个人拥有了100万，他就想拥有150万，而当拥有了150万的时候，他又想拥有200万，就好比在一台跑步机上跑步，如果维持一开始的速度奔跑，只能原地不动，只有加快速度，才能超过跑步机的速度，在适应了一个状态后，他就要更高的强度、更大的刺激才有同样的快乐，所以人的欲望是无止境的。

“快乐跑步机”的效应，让一些人迷恋上了炒股票，开始觉得每年有10%的收益很满足，可是真的达成后，就觉得有30%的收益才会开心。

如果将金钱的获得变成是一种数字游戏，它就会严重变质，而背离了它本来的意义，只有将它变为一个幸福生活的构建者，金钱才会不失去它的真正价值，所以不要为理财所累，在财富面前应该拥有平衡的生活状态，不要把它看做是生活的全部，要把它看成是生活的一部分而已。

真正懂得理财的人，总是把家庭的幸福放在第一位，即使失去了财富，或是获得更多的财富，他们都不会有太大的情绪波动，他们明白越是努力追求财富，越会被财富所困扰，循序渐进投资理财，才是幸福之道，所以他们往往去追求生活的内涵，注意锻炼身体，培养兴趣爱好，建立良好的人际关系，他们在财富面前显得很轻松，他们宁可做一个轻松的投资者，也不去做一个失魂落魄的理财家。

有这样的故事，讲的是一个财主，临终前把三个儿子叫到身边说，家里有 17 匹马可当遗产分，大儿子分得 1/2，二儿子分得 1/3，三儿子分得 1/9。

17 匹马的 1/2 是 8 匹半，难道要杀掉一匹马分马肉吗?

三个儿子百思不得其解，于是他们做了一个广告，要请一个高人解决问题，如果谁能把这个问题解决，定有重谢，但是人们议论纷纷，却没有人能有一个好的方案解决这个问题。

三天三夜过去了，终于有一个叫智伯的老者来了。

智伯是为了解决分马的问题而来，但是他来的时候，从自己家里牵来了一匹马凑成 18 匹，大儿子得 1/2 是 9 匹，二儿子分 1/3 是 6 匹，三儿子分 1/9 是 2 匹。9 ＋ 6 ＋ 2 等于 17 匹，还剩下一匹，就是智伯从自家牵来的，自然又牵了回去。

但它包含的心理学道理却给人们以深刻的启迪。先自己拿出“一匹马”，把问题解决，再牵回这匹“马”，甚至更多的“马”。

从财富心理学的角度来说，生活中的这种例子也比比皆是。

将欲取之，必先予之。适当付出不仅让你毫发未损，还会获得丰厚的回报。

把钱看得轻一些，用在人际交往上，同样可以让我们建立良好的人际关系，我认识一个编辑，他为了组到一部好书稿，想得到一位著名作家的帮助，于是他就时不时地去作家家里拜访，虽然花了许多精力，但他觉得很值得，懂得适当付出的人才会有回报，最后他终于感动了那位著名作家，两人成为朋友，以后的确得到了很大的帮助，而另一家出版社的编辑也想去认识这位著名作家，但他只是打打电话而已，连登门拜访的诚意都没有，总觉得不该为了一点小事，去付出那么多，结果他最终因小失大，一事无成。

注意人际沟通的人不会把钱看得特别重，他们往往在一些看似普通的人际交往中显得很大方，为了让对方有一个好心情，让对方留下一个好的印象，他们会选择最适宜、得体的形式，即便仅仅是吃饭。这样的人往往能建立起良好的人际关系，因为他们更能显示出他们的诚意，他们体现了真正能够使双方受益的精神，他们把人际关系看得比金钱更重要。

会花钱的人不会把钱看得庸俗，他们往往把金钱用在一些高品质的生活上，比如去做一些善事，做一些有意义的投资，收集一些有意义的事物等等，他们在利用金钱时，把它看得很轻，而觉得换来的东西才是最珍贵的。由于追求不同，所以金钱被利用的价值也不同，那些把金钱用来追求卓越、追求人生境界的人，他们就能够坦然看待人生的得失成败，看待世间的风云变幻，从而在心理上立于不败之地。

曾经看过一部电影，片中的一个总经理招聘员工的方式很特别。他没有把招聘的标准放在员工的专业水平上，而是要他们谈一谈自己怎么花钱，乍一看这位总经理不会招聘，但仔细想想，通过观察一个人对金钱的态度，就很容易了解到一个人的品位、眼光和境界，了解到对方对工作、对成败、对他人的真实想法，由此，他大胆挑出了按一般招聘模式化很难被选中的人，这个人就是影片中的男主人公，他后来果然是做出了一番大事业。

在心理学家看来，金钱所带来的竞争意识、雄心、荣誉感，甚至骄傲和适度的虚荣，都属于我们意识中更富有想象力的高级层次，这些感情把我们从感观世界唤醒，激励我们追求理想和社会目标。

我们应该有一个积极向上的追求，不要被眼前的金钱所迷惑和折磨，追求更高远，我们才会赢得更多!

心相约:“错误”有时也是机会

在追求财富的过程中，人难免出现错误抉择，但千万不要因一个小小的失败而因噎废食，这是胆小怕事的表现。拿投资来说，从心理学的角度分析，投资不仅仅是赚钱的问题，也包含了个人尊严、自我认同在其中；每个投资者都试图使他们的交易记录看起来更好。

从心理学的角度来说，人不能沉浸在以往的“错误”里不能自拔，要知道“错误”有时候也孕育着机会，关于这一点，知名的雀巢企业就非常有发言权。

1938 年 4 月 1 日，雀巢公司把他们原汁原味 的 100%速溶咖啡产品正式推向市场。这种产品在世界上还是首创。

他们总以为推出这一产品后，会受到人们极大的欢迎，因为在以前人们要想喝到咖啡需要费很大的力气，花很多的时间去研磨。要不就到咖啡馆去，而在咖啡馆价格很高，一般老百姓又难以长期承受。有了这一产品后，他们就极大地方便了想喝咖啡的人，他们没有想到的是，由于世界各地具体制作方法不同，各地的人们对咖啡的品味不同，他们的需求也出现了很多细微的差异。

这样一来，虽然它的推出让人省去了许多烦恼，但是购买雀巢咖啡的人还是很少。

经过认真的商讨，他们认为他们所面临的一个棘手问题就是，如何冲破传统咖啡文化的抵制。

所谓传统咖啡文化，就是制作饮用咖啡中的那些细微差异，被人们喜爱，被人们鼓吹，最后发展为传统文化的一部分。当然，差异赖以产生的基础，即烦琐的咖啡传统制作方式，也成为他们的咖啡文化中不可分割的部分。

和文化碰面，产品肯定吃败仗。雀巢公司算是知道了真正的对手。

这时候二战爆发，这对雀巢公司来说更是雪上加霜，1939 年雀巢的利润更是一路下滑。他们欧洲的生产基地，也遭受到了毁灭性打击。

在万分危急的时刻，雀巢公司决定作一个重大转变：他们想把速溶咖啡做成一种更厉害有产品，以应对传统文化的影响。

最终，雀巢公司通过说服美国政府，成了美军的配给物资供应商。于是，他们的速溶咖啡作为供应的一部分，迅速出现于每个美国大兵的餐桌上。

由于战争中，美国大兵根本喝不到传统咖啡，所以他们不得不端起桌上的雀巢咖啡。

就这样，雀巢咖啡饮用简便且保留原汁原味的优点终于有了用武之地。它也很快得到美国大兵们的认同，而且成为他们的最爱。二战后期，随着美军在战事上的变化，雀巢速溶咖啡开始影响世界。

有一段时间，雀巢速溶咖啡甚至成了盟军的心理战武器。他们常常在德军占领区投下一包包咖啡“炸弹”，以激起连咖啡也喝不到的占领区百姓对纳粹的怨恨。

就这样，战后已经依恋上雀巢速溶咖啡的大量美国退伍军人，把对雀巢咖啡的偏爱带回美国，从此喝雀巢速溶咖啡成为了美国人的习惯。

雀巢公司终于把生意做成文化，也让它获得了极大的发展。今天，雀巢速溶咖啡已行销世界各地，每天全世界要喝掉三亿多杯雀巢咖啡。

由此可以看出，错误并没有将雀巢击垮，他们恰恰是把错误当做了机会，立即转换策略想办法，从而使自己有了更大的发展，对于人生来说，我们也需要这种把错误当做机会的精神。

在追求财富的过程中，人难免出现错误抉择，但千万不要因一个小小的失败而因噎废食，这是胆小怕事的表现。拿投资来说，从心理学的角度分析，投资不仅仅是赚钱的问题，也包含了个人尊严、自我认同在其中；每个投资者都试图使他们的交易记录看起来更好。

作为一个投资者，不要总是沉浸在不切实际的幻想里，要理性地分析要实现的目标，这样才能避免与市场发生矛盾，同时要善于在错误中不断总结经验，不断调整自己，这样才能获得巨大的成功。

心相约：智慧是永远的财富

心理学家告诉我们，世界上绝大多数人都和那辆汽车一样，我们所用的能力只占我们所拥有能力的 2%—5%。很多时候，我们即使遇到了商机，但不懂运用我们的大脑去发现它，结果只能是让它从我们的身边溜过。就好比那个印第安人一样，对自己领地的石油毫无知觉，从不肯用自己的智慧去发掘它。

有位老印地安人，他过了一辈子贫穷的生活，当他发现所属的领地有石油后，才终于变成了一个有钱人，有钱后他买了一辆凯迪拉克旅行车，因为不会插入钥匙去发动引擎，所以他的车每天都必须用两匹马拉着去附近的奥克拉何马城。这样一来车子就很不平稳，一下子开到左边，一下子开到右边，旁边的人看到他的豪华轿车很特别，也都围过来，不停地和他打招呼。其实这辆车一点毛病也没有，汽车内部有一百匹马力，而现在许多人都误以为那辆汽车只有两匹马力而已。

心理学家告诉我们，世界上绝大多数人都和那辆汽车一样，我们所用的能力只占我们所拥有能力的 2%—5%。

很多时候，我们即使遇到了商机，但不懂运用我们的大脑去发现它，结果只能是让它从我们的身边溜过。就好比那个印第安人一样，对自己领地的石油毫无知觉，从不肯用自己的智慧去发掘它。

事实证明一个人拥有了知识也不一定就会成为一个财富的获得者，财富和知识之间也不是画等号的，要把知识和智慧结合起来，才能获得财富。

下面这个引人深思的小故事，就能给我们很大的启发。

很早以前有一个小村庄，这个村子没有一口井能打上来水，村民们用水非常艰难，后来经过村民们协商，决定对外签订一份送水合同，让人专门送水到村子里来，以方便村民们用水，有两个人非常愿意接受这份工作，他们就和村子签订了送水的合同。

拿到合同的其中一人名叫艾德，他立刻行动了起来，开始不停地奔波于一里外的湖泊和村庄之间。他在村子里修了一个蓄水池，一次一次地把从湖中打来的水倒到蓄水池里。为了能够满足整个村子的用水需求，他每天早早地就起床了，而当夜幕降临的时候，他还在忙碌着。虽然他的工作很艰苦，但没过多久他就开始挣钱了，艾德很高兴，他为能够拥有两份专营合同中的一份而感到满意。

就在艾德很得意的时候，他发现另一个获得合同的人比尔不知去向。他想这也正好，少了一个人跟他竞争，他可以挣到更多的水钱。就这样他一连几个月都没有见到比尔。其实这时候比尔并没有放弃这个机会，他做了一份详细的商业计划书，并在后来一段时间组建了自己的公司。一段时间后，比尔果然回到了村子，这次他带了一个施工队，也带来了一个让村民们大吃一惊的计划。他告诉村民，在不久的将来，这里将有一个不锈钢管道直接把湖泊里的水输送到村子。

实现了自己的设想，比尔又想，其他的村庄和这个村子差不多，为什么不建一个输水的网络，这样其他的村子也就不会为吃水犯难，于是他重新制订了他的商业计划，开始把他的送水系统向全国甚至全世界的村庄推销，虽然每送出 一桶水他只赚一便士，但是每天他能送几十万桶水。

就这样，流入他银行账户的钱就像流向村庄的管道的水一样，源源不断，显然，比尔是充满智慧的，他的这一做法使他拥有了源源不断的金钱。而艾德在他的余生里仍拼命地工作，最终还是陷入了“永久”的财务问题中。

这个故事发人深省，每当我们要进行某项决策时，不禁要问问自己：“我究竟是在修管道还是在运水？”“我是在拼命地工作还是在聪明地工作？”

财富需要创造，需要用智慧创造。要有一颗智慧的大脑，这样财富才会到你身边。

心相约：财富需要我们去发现

心理学家说普遍的急躁不安是我们当今社会的一大特征，有很多人也养成了急功近利的心态，希望通过某些“技巧”、“点子”、“窍门”、“谋略”、“捷径”迅速成功、迅速致富，甚至有些人走到投机、诈骗和阴谋诡计的道路上。但是一般获得成功的伟大人物之所以能够收获一生的美满果实，是因为它们早已具备一双慧眼！

有一个老妇人，她因为生活十分困窘，于是就打算把家里的一只黑色玩具猫拿到街上去卖掉，以补贴家用。她给这个玩具猫的标价是 500 美元。因为这只玩具猫看起来没有什么特别，外形也不美丽，所以过了很长时间，也没有人来过问。

后来有一个年轻人发现这只玩具猫的眼睛似乎很特别，于是他就认真地观察起来，他觉得这只眼睛好像是珍珠做的，于是就出了 300 美元，只买了这只猫的两只眼睛。回到家里，经过鉴定他发现这只猫的眼睛果然是珍珠做的。

他的朋友来到他家做客，他就把这件事告诉了朋友，朋友听了他的话，赶忙花了 200 美元从老妇人那里把猫身买了回来。朋友用小刀刮掉猫身上的外壳，发现原来猫身是金子做的。

同样是一只玩具，三种人由于眼光不同，就有了三种不同的结果：老太太觉得它只不过值 500 美元；而第一个人只看到了眼睛的与众不同，却没有想到既然眼睛都是珍珠做的，那身体一定也不会差。第二个买主想到了这一点，他的眼光是这三个人中最好的。其实生活中并不乏有价值的东西，只是由于我们缺少一双发现的慧眼。

有一个很经典的例子，说明了这个道理。1974 年翻新美国自由女神像，用掉了很多金属材料，当然下脚料也堆得跟小山似的，为了处理这些垃圾，美国政府开始向社会广泛招标，很长时间过去了，竟没人敢应标。许多业内人士认为，这些垃圾并没多少回收的价值。而且弄不好就会遭到环保部门的起诉。

一个在法国旅行的犹太商人知道这个信息后，非常惊喜，他立即停止旅行，赶往纽约。收购了这些垃圾后，他开始进行别具匠心的处理，他让人把废铜熔化，做成了许多栩栩如生的小自由女神，又把废铅、废铝做成纽约广场造型的钥匙，他甚至能把那些从自由女神像扫下的灰尘点石成金，把它们包装起来出售到花店。

他的做法竟让他大赚了一笔，在不到3个月的时间里，那堆垃圾换来了350万美金，每磅铜的价格竟然翻了10000倍。许多业内人士看到他的做法后都恍然大悟，纷纷为自己的短见而懊悔不已。

在这个物欲横流的年代里，我们需要一双穿透眼前的迷雾、看到灿烂的阳光的慧眼！

心相约：投资前的心理准备

在投资前要作好心理准备。要认识投资风险所在。的确，投资必定伴随着风险，风险越高，获利越大，风险低，获利就小。这是投资的“铁律”。进行投资，有必要认识各种风险并将风险置于控制之下。

在你选择投资行业时，如果已经考虑过该怎么做并考虑自己的计划是否可行，那么现在你所要了解的是自己该如何去投入。个人企业的生活与一般工薪阶层的生活有所不同。在个人企业中，你要始终头脑灵活，并需要不断地制造卖得出去的东西，熟悉财务上的周转金，能够做到节约，与人很好地相处。

在公司上班，薪水会有保障。而在个人企业中，即使你已经开始赚钱，也不能确定什么时候能有收入。你需要财务上的周转资金，而且必须存款以防账款过期未入。当你是个雇员时，如果你还没有想到下一步要做什么，你的老板或你的主管告诉你，凡是你所想到的主意还能获得红利。而在个人企业中，你必须无时无刻有着新的计策，决不能有丝毫惰性。

在你创立个人企业之前，与工薪时期作个比较，就会明白许多道理。这样会使你知道，个人企业在创立一开始就相当艰辛，你要努力地工作，在你尚未踏入这个领域之前，请先作好充分的心理准备，要想好在个人企业里你要的是什么样的生活。

1.安全感。无论是在创业开始时，还是开始投资时，这种感觉都是很少的。有些人会因缺乏必要的准备、资金、精力以及对生意的敏感度而使自己的事业以失败而告终。个人企业就像是赌博，其赌注大小因个人发展而有所不同，因此，在下注之前，必须有所准备，尤其是开始时不要太过乐观，这样结果真的亏了，心理上也能承受。

2. 财富。很多人经营个人企业都相当成功，而且赚了大把大把的钱，但是也有一些人赚钱极为有限。为了生活，你必须不断地工作。任何高品质的生活背后总是艰辛的劳动。

3. 家庭。无论你是在家赚钱还是在外赚钱，都应与家里的人更为接近。但实际上，你不可能真正与家人有更多的时间相处。尤其在刚创立个人企业时，你会把大量的时间投入到工作中，以尽快创造财富。

4. 休假。在你还是工薪阶层时，即使是放假日，你仍然有薪水；而在自己的个人企业中却没有。一旦你创立自己的企业后，就会明白自己根本不存在休假的机会，你会尽心尽责地为自己的企业工作。

此外，在投资之前，你还要分析自己是否能够承担风险。每个人所能够承受的风险都有一定的限度，超过限度，风险就变成了一种负担，这样就会对你的情绪或心理造成伤害。因为过度的风险会带来忧虑，忧虑则会影响到你的健康、工作、家庭生活、交友休闲等各个生活层面。

在投资前要考虑自己能够或愿意承担多少风险，这就与个人的条件及个性有着相当关系。人们面对风险表现出来的态度，通常可分为四种类型，即保守型、极端保守型、急进型和中庸型。

对于保守型的人来说，他们往往为了安全获取眼前的收入，宁愿放弃存在一定风险性的高收益。极端保守型的人几乎不愿承担任何风险，宁可把钱放在银行里。急进型的人愿意接受高风险以追求高获利。中庸型的人愿意承担部分风险，求取高于平均的获利。

下面提供两组问题让你自我测试，看你属于哪一类型的人。

1. 你认为钱是不断赚来的吗?

2. 你在压力之下还能表现得很好吗?

3. 你能免于过度忧虑吗?

4. 你是否宁可买风险高的股票，而不愿把钱存入银行?

5. 你对自己的决定是不是多数时候具有信心?

6. 你是不是喜欢自己处理投资?

7. 在投资时，你能控制住情绪吗?

如果你的答案有6个或7个“是”，那么可以肯定你就是急进型的人；如果答案有3到5个“是”，你可能是中庸型或保守型的；如果只有一两个“是”，那就是极端保守的人。

上面这一组问题测验的仅仅是人面对风险的态度，真正要确定一个人承受风险的程度，还必须考虑其他的客观因素，像家庭的收入、开销、抚养孩子等。

总之，你在投资之前，必须有心理准备。在投资前要作好心理准备。要认识投资风险所在。的确，投资必定伴随着风险，风险越高，获利越大，风险低，获利就小。这是投资的“铁律”。进行投资，有必要认识各种风险并将风险置于控制之下。请记住：在同一时间或面对一种投资时，想要回避所有的风险是不可能的；一般而言，最好在年轻时承担风险；要获取预期的报酬，就必须承受风险；风险越高，获利越大，风险低，获利就小；进行投资，有必要认识各种风险并将风险置于控制之下。

心相约：合作可以成为追求财富的途径

在致富的道路上，团结合作就是最好的成功助推器。尤其在当今这个风云变幻、竞争激烈的时代，要想仅凭个人的力量，单枪匹马地闯出一条康庄大道，那将是一件极为困难的事情。只有与有能力的人合作，才更容易做出一番事业。

我们经常讲“团结就是力量”。这是一条亘古不变的，且在各行各业都适用的真理。致富自然也不例外。在致富的道路上，团结合作就是最好的成功助推器。尤其在当今这个风云变幻、竞争激烈的时代，要想仅凭个人的力量，单枪匹马地闯出一条康庄大道，那将是一件极为困难的事情。只有与有能力的人合作，才更容易做出一番事业。

我们来看一则案例。

一个星期六的下午，在美国纽约一家公司的办公室里，戴维斯整理完文件后，正准备离开。这时，投资公司的马克先生敲门进来了，他们的办公室在同一栋大楼的同一层。马克很有礼貌地问戴维斯，他到哪能找到一个人来帮忙，因为他有些工作必须在当天做完。

戴维斯对他说，现在他们公司所有的人都已经下班了，如果他晚来五分钟，连自己也已经走了。但戴维斯很高兴地说愿意留下来给他帮忙，马克非常高兴。戴维斯替他做完了这些工作。他问戴维斯应该付给他多少钱，戴维斯开玩笑地回答说：“哦，既然是你的工作，大约要一千元吧。如果是别人的工作，我是不会收取任何费用的。”马克脸上露出微笑，向戴维斯道谢。

戴维斯本来是跟马克开玩笑说要付给他一千美元，但没想到，马克先生竟然真的这样做了。随后马克又诚恳地邀请戴维斯到他的办公室工作，职位比现在要高出一个级别，月薪也比戴维斯现在的薪水多出一千美元。

在那个周六的下午，戴维斯放弃了一点休息的时间，没想到，他的这一合作精神，不仅为自己增加了一千美元的现金收入，而且为自己带来一个比以前更为重要的新职位。

这里还有一则强强联手，共获成功的案例。

1997 年 2 月 5 日的摩根斯坦利与迪恩威特两大公司合并事件，成为国际金融服务领域最具有冲击力的事件之一。此次合作创造了一个总市值达到 210 亿美元的新型投资银行，规模堪称华尔街之最。更重要的是，此次合并是一种高层次投资银行与零售证券经纪行破天荒的结合。

在华尔街，多家投资银行是按照战略结构和服务取向分为两大类的：专门争取大机构、大公司客户的蓝筹股投资银行，以及专门为个体投资者服务的证券经纪行。

在历史上，摩根斯坦利曾是美国著名大银行 J.P. 摩根的投资银行一翼，在 20 世纪 30 年代美国经济大萧条之后，于 1935 年正式成为独立公司。此后，它一直在美国投资银行界处于领先地位，为国际上的蓝筹股公司和机构客户进行资产经营、外汇买卖、公司融资、证券发行等全方位金融服务，并一再在市场上设计和推出新的金融产品。如今，这家公司在全世界 19 个国家有几十个中心分行，数万名雇员。

作为经纪行，迪恩威特并非等闲之辈，它合并之前的总市值就已经达到了 130 亿美元。摩根斯坦利的投资银行家专门与大公司、大人物打交道，开账户至少百万美元，而迪恩威特的服务对象却是真正的小人物，经管 1000 美元的账户就得面对一个“上帝”。它过去曾经属于美国的一家经营百货连锁店的大公司西尔斯—罗伯克公司，至 1993 年才成立独立上市公司。十多年来，迪恩威特在西尔斯百货店的货场隔壁办公，专为普遍老百姓买卖股票，最终发展起了不少成功的，以散户为中心的证券经纪网络。

摩根斯坦利与迪恩威特的“联姻”，摩根斯坦利是主动的“追求方”。摩根斯坦利总裁约翰·马克后来承认，自从三年前迪恩威特脱离西尔斯之后，他和摩根斯坦利主席理查德·费舍尔就开始考虑与迪恩威特联手。他还透露说，在一次公司高层管理人员的会议上，当他提起与迪恩威特联盟时，有人问道："谁有'发现'信用卡？"马克立即取出钱包，亮出了自己的"发现"。

摩根斯坦利力促合并的初衷是"金融服务业正在进入史无前例的集中与聚合新时期。一个公司若想在下世纪掌握自身命运，必须在全部业务中拥有市场位置，平衡自身收入，获得广泛的客户基础，而且以全球性姿态出现在供应者与需求者面前"。

此番合并对两大公司的重大意义是华尔街公认的现实：摩根斯坦利·迪恩威特成为一家拥有强大的机构和散户业务的"双翼"投资银行。无论对于摩根斯坦利还是其新伙伴迪恩威特而言，此次合并都是一次根本性的战略转变。摩根斯坦利通过合并迅速扩大规模，重组资产，进而把高风险的投资银行、证券交易业务与收益稳定的信用卡业务结合起来，求得更理想的业务组合，它们正是着眼于未来竞争的战略调整。

从技术层面来看，摩根斯坦利选择合并与其资产管理和基金业务上的拓展有非常直接的关系。投资银行界从 20 世纪 90 年代开始看重资产管理业务，视之为公司接近大客户与确保金融机构收益稳定的重要布局。国际上收购基金与资产管理公司管理的资产总额已高达 1710 亿美元，在《国际金融评论》排行榜名列第二。然而，当今美国基金市场，特别是最走俏的互惠基金市场正是散户聚集之地。此外，迪恩威特经管的散户资产也有 900 亿美元，二者合并后自是华尔街第一。

收购消息公布当天，摩根斯坦利和迪恩威特的股票即大幅攀升，前者升到 65.25 美元，升幅 14%；后者升到 40.625 美元，升幅 5.2%。此后一周内，两家股票仍保持升势。

通过上面的案例，我们可以得出这样的结论：合作可以比"单打独斗"给你带来更大的成功与财富。

心相约：节俭是财富大厦的基石

有不少人对这种精打细算的节俭作风不以为然，认为节俭是迂腐的表现，太苛刻自己。他们不仅花费巨资换取物质生活的舒适，更重要的是还企图用钱买回自我优越感，于是炫富摆阔，奢靡无度。可以断定，这种生活方式，即使家有万金，也会“坐吃山空”。

如果用三个词来描述富人，会是哪三个词呢？答案就是：节俭！节俭！再节俭！

下面是美国的一个电视栏目作的一个关于百万富翁的生活的报道，这个节目将告诉观众什么呢？我们来看一看吧。

主持人讲道：“先生们，女士们，这是约翰尼·卢卡斯。他是一位百万富翁。我将向卢卡斯先生问几个关于他的购买习惯的问题。这些问题来自我们的电视观众。首先，卢卡斯先生，有位观众J.G.先生想知道你购买一套服装，最多花过多少钱？”

卢卡斯把眼睛闭上片刻。显然，他在认真回忆。观众悄然无声，很多人都料想他会说：“大约在一千美元至六千美元之间。”

然而我们的调查表明，观众的想法是错的。卢卡斯回想了一段时间后，这样说：“我买一套服装花钱最多的一次……最多的一次……包括给自己买的，给我妻子琼买的，给我儿子巴迪、达里尔和给女儿怀玲、金格买的……最多一次花了399美元。噢！我记得那是我花得最多的一次。买那些服装是因为一个十分特殊的原因——我们结婚25周年庆祝宴会。”

观众对卢卡斯的陈述会有什么反应？可能是先大吃一惊，然后不相信。观众的预期和大多数美国百万富翁的实际不一致。

据调查，典型的美国百万富翁给自己或他人买一套服装不超过399美元。超过50%接受调查的百万富翁所买的最贵的服装在399美元以内；只有大约十分之一的人买过 1000 美元左右一套的服装；只有大约百分之一的人买过 2800 美元左右一套的服装。相反，25% 的百万富翁所买的最贵的服装为 285 美元左右一套，十分之一的百万富翁所买的最贵的服装为 195 美元左右一套。

在调查中，有将近 14% 的人告诉我们说，他们继承了财富。如果将继承财富的百万富翁与自我创业的百万富翁分开，那将有什么变化呢？自我创业的百万富翁购买服装及其他高档商品的最高价款，要比继承财富的百万富翁的低得多。典型的自我创业的百万富翁购买一套服装的最高价是 360 美元，而典型的继承财富的百万富翁所付最高价款为 600 多美元。

即使一个人很有钱，如果他肆无忌惮地胡乱花钱，终有一天会坐吃山空的。而一个人即使现在比较穷困，如果他懂得利用现有的资源和财富来培育出更多的财富，那么他终有一天会富有起来的。

有一个年轻的穷人在路上捡到一个鸡蛋，回来后，他便高兴地对妻子说："我们可以致富了，我们现在有了一个鸡蛋，这只蛋可以借邻居家母鸡育成小鸡，鸡长大又生蛋，再孵小鸡，再买牛，卖得的钱可以买更多的东西，日复一日，年复一年，我们就可以得到更多的钱……"

我们发现这个人虽然穷，但他是很有致富思维的。只要他能够真正按照自己的想法努力去实践，我想他的成功是迟早的事情。之所以说这个人会致富，有一个关键点，那就在于他的思想和态度。如果这个人不把得到的蛋拿去孵鸡，而是吃掉，恐怕就难以实现创富目标。社会上确有一些先富起来的人，他们只顾眼前，不思长远，总想把"鸡下的蛋"吃光，盲目攀比、盲目消费，就像梦中发了横财，不知如何是好，于是就整天花天酒地，吃喝玩乐……结果很快把自己积攒起来的财富花光了。因此，创富者应该明白家有资财万贯，不如投资经营的道理。钱再多也是有限的，坐吃必然带来"山空"。钱财只有流通起来才能赚取更多的利润，才能使优裕的生活得到保证。

养成勤俭节约的美德是渴望成功致富的人必须具备的素质之一。从创业成功的人身上，我们都能见到节俭的共同本质。洛克菲勒的成功，就得益于他精打细算的才能，刚步入社会谋生时，他的年薪只有 180 美元，四年以后他已经积蓄了 1000 美元，计算之精，可见一斑。

然而，也有不少人对这种精打细算的节俭作风不以为然，认为节俭是迂腐的表现，太苛刻自己。他们不仅花费巨资换取物质生活的舒适，更重要的是还企图用钱买回自我优越感，于是炫富摆阔，奢靡无度。可以断定，这种生活方式，即使家有万金，也会“坐吃山空”。

一位成功人士曾对资金打过这样的比喻：资金和企业就好比是血液与人体。他告诉我们，即使一个已拥有一定财富的人，如果把钱用于盲目的消费，而不愿意用来周转，那么对于未来的事业来说，就像人体有了充分的血液，但心脏已经坏死，不再能够促进血液循环一样，其事业也会静止不动而死亡。只有把手中的钱再合理地运用到经营投资活动中，才能获得更高效益，赚到更多的钱。因此，如果你想使自己的优裕生活得到保障，就不应一时心血来潮，盲目消费，要积累拓展生意，并养成勤俭节约，不乱花钱的好习惯，只有这样，才能更好地致富。